Martin Danesch

Urvertrauen

Gewidmet allen Menschen, die sich ein freies, selbstbetimmtes Leben wünschen, das man nur dann wirklich erreichen kann, wenn man die großen Zusammenhänge unserer Schöpfung versteht.

Urvertrauen auch im Internet: https://urvertrauen.jetzt

Inhalt

Und doch ein Vorwort

Ich persönlich mag Prologe nicht, aber Reaktionen von Testlesern veranlassen mich nun doch dazu, eines vorne dran zu hängen. Vielleicht ist es ja auch gut, dass Sie gleich erfahren, was Sie erwartet.

Beziehungsweise zuerst, was Sie *nicht* erwartet.

Dieses Buch ist keine wissenschaftliche Abhandlung und Sie werden sehr wenige Quellen finden, mit denen ich meine Aussagen belege. Genau genommen sind es gar keine Belege für Aussagen, sondern Hinweise auf andere Werke, die Teilen meiner persönlichen Weltsicht entsprechen oder die sich in die Sicht einfügen beziehungsweise sie ergänzen.

Auch keine eine philosophische Abhandlung über unsere Welt erwartet Sie hier.

Schlussendlich werden Sie auch auf keine psychologische Anleitung stoßen, wie man zu Urvertrauen gelangt.

Was aber darf ich Ihnen *dann* anbieten?

Sicher hören Sie auch immer wieder aus Büchern, Videos und in Gesprächen das Wort ›Bewusstsein‹. Man solle bewusst werden. Schön und gut. Aber was ist das: ›bewusst sein‹ …? Irgendwie scheint das Wort doch mit ›Wissen‹ zusammenzuhängen. ›Bewusst sein‹ scheint aber nichts weniger als das, sondern wie eine vage Verbindung zu etwas tief in uns innen drin zu sein, von dem aber niemand sagen kann, was es ist. Da wird von dem höheren Selbst gesprochen, vom Wachsein im Gegensatz zum Schlaf, von komplexen neurophysiologischen Prozessen oder einfach nur von der Eigenwahrnehmung. Wo kommt bei all den Erklärungen aber das vor, was das Wort ›Wissen‹ beinhaltet? Meiner ganz persönlichen Ansicht nach können wir nur dann wirklich bewusst sein, wenn wir *wissen*. Und dabei al Erstes um unsere Herkunft, unser globales Ziel – als Individuum ›Mensch‹ – und unser ganz persönliches Ziel, also unsere aktuelle Aufgabe; und vor allem auch um den Sinn des ganzen Spektakels ›Leben‹. Von diesem Wissen sind wir meilenweit entfernt. »Weil wir es nicht erlangen können, denn das kann niemand«, werden Sie nun vielleicht denken. Ich wage, dagegen zu setzen, das wären nur faule Ausreden. Wir können sehr wohl, wenn wir nur wirklich wollen. Das allerdings ist nicht so sehr bequem, weil wir in der Folge gezwungen sind, unsere Werte zu hinterfragen – und dann auch noch Konsequenzen daraus zu ziehen. O-o, wer will denn das wirklich?

Wenn Sie dazu nicht bereit sind, dann lesen Sie bitte nicht weiter. Denn was Sie lesen werden, wird Sie in manchen vagen Vermutungen bestärken, wird Sie aber eventuell vor den Kopf stoßen. Es wird Sie in jedem Fall verwandeln. Außer Sie sagen, das, was Ihnen begegnen wird, wäre Quatsch. Doch dann lesen Sie ohnehin kaum weiter, geschweige denn bis zum Ende.

Eines ist immerhin sicher: Meine Aussagen sind alles andere als vage spirituelle Vermutungen. Ich möchte sie im Gegenteil als wissenschaftlich bezeichnen. Wenn Sie am Ende angelangt sind, werden Sie das in diesem Sinne sicher bestätigen: *»Wissenschaft ist eine forschende Tätigkeit auf ei-*

nem Gebiet, die neue Erkenntnisse schafft« beziehungsweise *»Die Wissenschaft ist das konzentrierte Ergebnis produktiven schöpferischen Denkens und Handelns«* (beide www.dwds.de). Allein daraus lässt sich der Irrtum erkennen, es bräuchte für wissenschaftliche Erkenntnisse physische Beweise – wie man uns gerne weismachen möchte. Das ist allein deshalb unlogisch, weil die Quantenphysik uns mittlerweile lehrt, dass es mehr gibt als das Sicht- und Messbare. Es geht in diesem Buch nicht um Glauben, sondern um Wissen – auch wenn Ihnen diese Behauptung vorerst kühn erscheinen mag.

Zeitlebens war es meine Gewohnheit, für Problemlösungen einen Blick in die großen Zusammenhänge zu werfen. Sie konnten gar nicht groß genug sein, sodass sich letzten Endes für mich als Grundlage für alle Überlegungen das ergab, was tatsächlich auch die Grundlage von allem *ist:* Die mystische Quelle, aus der alles entstanden ist und von der es weiterhin am Leben erhalten wird. Nennen Sie es, wie Sie es gewohnt sind, sei es ›Die Quelle‹, ›Der Ewige‹, Gott, Allah, Brahman, Adonaj, Elohim, Jahwe, Prussi, Kheda, Goezur oder Xian. Hauptsache, Sie haben einen möglichst passenden Bezug dazu. Geht man von dort oben aus abwärts, so erschließt sich einem die ganze Schöpfung auf wunderbar einfache Weise. Beim umgekehrten Weg hingegen verirrt man sich sehr schnell in einem unendlich komplexen Gewebe, wodurch man schnell die Übersicht, den Mut und zu guter Letzt die Motivation zum Verstehen verliert. Dann bleibt einem nichts anderes übrig, als sich irgendeiner Glaubensrichtung anzuschließen, wobei selbst das so gut wie nie eine bewusste Entscheidung ist. Damit aber legt man sich in ein eventuell bequem erscheinendes Bett und verliert jeden Beweggrund, weiter zu suchen – und verliert damit seine Selbstbestimmung.

Nun fragen Sie sich vielleicht, wie ich dazu komme, über solche Themen etwas zu *wissen* – schließlich ist etwa die Frage nach dem Sinn des Lebens eine, an der sich die Philosophen schon seit Jahrtausenden die Zähne ausbeißen. Meine Antwort darauf ist schlicht: Tief in meinem Inneren weiß ich tatsächlich, dass es so ist, wie ich es beschreibe. Und diese Gewissheit nimmt auch noch fast täglich zu. Aber das ist weder gechannelt noch habe ich große hellseherische Fähigkeiten. Ich habe viel gelesen, gehört und beobachtet und habe meine Fähigkeit der *inneren Wahrnehmung* gut entwickelt. Zugegeben hatte ich das Glück, Grundlegendem und Hilfreichem zu begegnen, die für meinen Weg notwendig waren. Wie Sie später lesen werden, steht jedem von uns mit dem Werkzeug der inneren Wahrnehmung etwas zur Verfügung, das uns blitzschnell erkennen lässt, ob das, mit dem wir gerade zu tun haben, stimmig ist oder nicht. Natürlich werden Sie auch hören, was ich unter ›stimmig‹ verstehe. Diese Sicherheit ist etwas Selbstverständliches, das sich aus dem tiefen Verlangen heraus entwickelt, zu verstehen. Sie werden ebenfalls lesen, warum es gar nicht anders sein kann; denn diese Sehnsucht ist dem menschlichen Geist eingeboren.

Weil es sehr viele Menschen gibt, die allem ›Jenseitigen‹ gegenüber skeptisch sind, also dem, was man nicht sehen und messen kann, möchte ich an dieser Stelle einen Neurochirurgen zu Wort kommen lassen, den seine Arztkollegen seiner sehr seltenen Art einer Meningitis wegen als hoffnungslosen Fall abgeschrieben hatten: Dr. med. Eben Alexander. Als ersten Eindruck können Sie sich auf Youtube das Video *Die Reise eines Neurochirurgen ins Jenseits – Eben Alexander im Gespräch* ansehen und dann, wenn es Sie interessiert, sich auch seine Bücher ansehen und bei Gefallen lesen – es lohnt sich schon deshalb, um einmal Erfahrungsberichte darüber zu erhalten, wie es sich denn ›drüben‹ so lebt. Alexander war ein typischer wissenschaftlich ausgerichteter Schulmediziner, für den das Bewusstsein seinen Sitz im Gehirn hat und verschwindet, sobald man stirbt. Durch seine ausführliche Nahtoderfahrung, von der er in seinem Buch *Blick in die Ewigkeit* berichtet, hat sich für ihn alles auf den Kopf gestellt.

In seinem Interview sagt er unter anderem, dass Erinnerungen nicht im Gehirn gespeichert werden, sondern es vielmehr lediglich ein Filter wäre, was aus einem Allbewusstsein zu unserem persönlichen Bewusstsein durchgelassen wird; nebenbei: Man kann dieses Spektrum etwa durch Meditation erweitern. Er sagt unter anderem in dem Video: »… die gute Nachricht an all dem, dass das materialistische Weltbild falsch ist, also dass nur die physische Welt existiert und dass, wenn unsere Körper sterben, das Bewusstsein erlischt. Das ist falsch. Es stimmt einfach nicht. Die moderne Wissenschaft ist um Beweise bemüht.

Aber jeder Wissenschaftler, der behauptet: ›Ach ja, das Gehirn erzeugt Bewusstsein, wenn Sie sterben, haben Sie kein Bewusstsein mehr‹, weiß nichts davon oder er ignoriert die vorhandene Literatur absichtlich.«

Nach dem, was Sie in dem vorliegenden Buch *Urvertrauen* erfahren werden, können Sie solche Erlebnisse in Zukunft ganz leicht einordnen. Sie werden aber auch erkennen, dass Aussagen – auch von sogenannten Medien – vager und oft unrichtiger werden, je weiter sie sich von unserer ›Realität‹ entfernen. Das ist der Tatsache geschuldet, dass man trotz allem im Einordnen und Verstehen üblicherweise nicht über seinen wahren Ursprung hinaus kann – aber dazu kommen wir noch. Deshalb sind wir für solches Wissen auf zuverlässige Quellen angewiesen, die das können. Ob diese Quellen tatsächlich glaubwürdig sind, dabei hilft uns unsere innere Wahrnehmung. Also kann alles, wenn man sich darauf einlässt, in sich schlüssig sein. So haben Sie nun eben auch gleich einen kleinen Ausblick auf das erhalten, was Ihnen auf den folgenden Seiten begegnen wird.

Abschließend noch, warum das Kapitel mit dem Namen des Buches erst so weit hinten kommt. Bitte springen Sie nicht gleich dorthin, die Position des Kapitels ist Absicht!

Urvertrauen kann jeder erwerben, selbst wenn man eine noch so traumatische Kindheitsgeschichte hinter sich haben mag – die Kindheit soll ja laut der Psychologie für das Urvertrauen zuständig sein. Um zu verstehen, warum das so ist, sind die Kapitel bis dorthin notwendig, weil sie langsam auf dieses Ziel hin aufbauen. Überhaupt bitte ich Sie, das erste Mal nicht querzulesen, sondern die Kapitel in der vorhandenen Reihenfolge aufzunehmen – wie gesagt: Sie bauen aufeinander auf.

Nun möchte ich Sie aus dem Vorwort entlassen und wünsche Ihnen nicht nur eine gute Zeit mit diesem Buch, sondern dass es Sie dabei unterstützen darf, ein Leben mit mehr innerer Sicherheit zu leben, das voll von Hoffnung und Zuversicht ist, egal, wie die Zeiten gerade sein mögen.

Martin Danesch
Im November 2021

Verblendung

Die Wissenschaft hat uns das beschert, womit wir nun konfrontiert sind: die kalte Diktatur seitens weniger Mächtiger, die durch ausgefeilte Technik möglich geworden ist. Wenn Sie einen unbeeinflussten Blick auf die aktuelle Situation werfen, werden Sie merken, dass es gar nicht anders kommen konnte. Lassen Sie uns diesen Blick gemeinsam tun.

Der Mensch hat zwei herausragende Fähigkeiten. Wie alle einem Yin und Yang zuordenbaren Gegensätze sollten auch sie im Gleichgewicht sein.

Die eine der Fähigkeiten ist unser Verstand. Seine Domäne ist die Wissenschaft. Wir sind in der Lage, Gebäude von atemberaubender Höhe mit über 800 Metern zu bauen – der Burj Khalifa in Dubai ist 830 Meter hoch – und eine Bibliothek von einer Million Büchern auf einem daumengroßen Stick zu speichern. Wen nimmt es da wunder, wenn man den Verstand, der dermaßen Unglaubliches zustande bringt, auf einen goldenen Sockel stellt?

Und dann ist da noch das andere. Zugegeben, es ist wohltuend, lindert Schmerz, lässt Herzen sich öffnen. Aber hey, was ist das im Vergleich zu einer Rakete, die einen in den Weltraum bringt, wodurch man die Erde als den Blauen Planeten wahrnehmen kann? Ist dieses andere wirklich so … na ja, nett, aber nicht wirklich wichtig? Die Menschlichkeit zeigt sich mir zurzeit wie ein verschüchtertes Kind, das sich artig im Hintergrund hält, solange die Erwachsenen reden.

Ja, so weit sind wir tatsächlich gekommen in unserer Verstandesüberheblichkeit. Wir haben es tatsächlich fertiggebracht, dass nur das zählt, was man messen und über das man Gutachten schreiben kann. Das, was man als Menschlichkeit bezeichnet, ist degradiert zu einem Nice-to-Have auf dem Level einer elektrischen Brotschneidemaschine. Es ist so unwichtig geworden in unserer Gesellschaft, dass es im schlechtesten Fall gar nicht wahrgenommen wird und im besten zu Ärzten ohne Grenzen oder einer gefüllten Kirche führt. Weiter nicht und schon gar nicht einen Stellenwert erhält, der gegenüber dem Verstand so etwas wie Gleichgewicht bedeutet.

Mit anderen Worten: Wir haben unsere Wurzeln verloren. Oder vergessen, aber das ist auch nicht besser.

Haben denn alle vergessen, dass wir geistige Wesen sind, aus deren Heimat Sicht das, was wir hier so begeistert feiern, so nett aber auch so unwichtig ist wie ein Schiffchen aus Papier?

Es geht nicht um Menschlichkeit oder, wie man gehobener sagt, um Humanität. Allein wenn ich dem eben geschriebenen Satz nachfühle, wird mir übel vor so viel Überheblichkeit und Dumm-Schlauheit. Klug wird darüber gesprochen, wie man Menschen in der Dritten Welt helfen kann, was man für die Umwelt tun kann (die man vorher selbst zugrunde gerichtet hat), ob soziale Marktwirtschaft besser wäre als Neoliberalismus. Wissen Sie, wie mir das vorkommt? So wie dieser Witz:

Zwei Frauen treffen sich, die eine fragt die andere:

»Sag mal, wie macht ihr das, dass ihr eine so tolle Ehe führt?«

»Ganz einfach: Mein Mann entscheidet, was wichtig ist, und ich darf dafür die unwichtigen Dinge entscheiden.«

»Und das ist für dich okay?«

»Aber natürlich! Schau: Er entscheidet, wer der nächste Präsident wird, wie man die schnittigsten Autos baut und welche Fußballmannschaft gewinnt. Ich hingegen entscheide, wo und wie wir wohnen, wie wir unsere Kinder erziehen, was wir essen und wie wir miteinander umgehen.«

Nein, das ist gar nicht witzig, aber es ist wahr.

Wissen Sie, was herauskommt, wenn man Intelligenz von Empathie trennt? Unmenschlichkeit.

An dem, wie aktuell die Eliten unserer Erde, die wenigen Finanzmächtigen, mit dem Rest der Welt umgehen, können wir das sehr einfach erkennen. Um es besser sichtbar zu machen, lassen Sie mich die beiden Optionen gegenüberstellen.

Aktuell, wie es ist:

Wenige Menschen (eine wirklich erschreckend geringe Anzahl) wollen uneingeschränkt über den Rest der Menschheit bestimmen. Sie wollen entscheiden, wer berechtigt ist zu leben und wer nicht, denn wir sind angeblich zu viele Menschen. Sie wollen alle Menschen impfen, ob die wollen oder nicht. Diese Agenda soll mit aller Härte erpresst werden – angeblich natürlich nur zum Wohl der Untertanen. Dass sie mit ihrem schier unfassbaren Vermögen auf einen Schlag den Hunger auf der Welt beenden könnten, interessiert sie nicht, sie wollen vielmehr auch noch den Rest der Menschheit enteignen, selbst alles besitzen und es dann gnädig verleihen. Natürlich nur an die, die ihnen wohlgefallen, indem sie ihre Regeln befolgen. Auch das alles nur zum Wohl aller Menschen, denn Besitz macht nur unglücklich.

So sollte und könnte es sein:

Jeder Mensch erhält die bestmöglichen Voraussetzungen, um seine Fähigkeiten und Stärken individuell zu entwickeln, um ein glückliches Wesen zu werden, das mit sich, den anderen und der gesamten Umwelt in harmonischer, gegenseitig befruchtender Weise lebt.

Spüren Sie die unglaublich unterschiedliche Energie dieser beiden Absätze?

Wir befinden uns derzeit an einem Scheideweg. Wir, und damit meine ich jeden Einzelnen von uns, müssen uns entscheiden, welchen der beiden möglichen Wege wir wählen wollen. In der Vergangenheit war es für uns nicht einfach, diese Entscheidung zu treffen, denn wir waren viel zu sehr in unseren Alltag eingebunden und mit anderen Problemen und Problemchen beschäftigt.

Die aktuelle Krise, so unangenehm sie auch wirken mag, ist ein, nein *der* Weckruf für uns alle, uns zu entscheiden, wohin wir in Zukunft gehen wollen – und damit, wohin *es* gehen soll. Es liegt nicht an den Regierungen oder den anderen Mächtigen, wie sich unsere Welt in Zukunft gestalten wird. Denn die Mächtigen nehmen sich nicht die Macht, sondern wir geben sie ihnen.

Nein, es liegt ausschließlich an jedem einzelnen Menschen. An mir, an Ihnen, an all Ihren Freunden, Verwandten und Bekannten, an allen Menschen unserer Länder und Kontinente und der gesamten Erde. Es geht nicht darum, dass einige wenige für uns entscheiden, was für uns besser ist, sondern darum, dass ein jeder von uns sich selbst entdeckt, sich seiner Einzigartigkeit bewusst wird und vor allem sich dazu bereit erklärt, für diese, seine Einzigartigkeit auch einzustehen – unter Rücksichtnahme auf die Einzigartigkeiten der anderen.

Die Zeiten, in denen für uns entschieden werden konnte, sind vorbei. Zugegeben, es ist bequem, wenn man zu einem Arzt laufen kann, um sich heilen zu lassen, Politiker hat, die für ein funktionierendes Staatswesen sorgen, Menschen, die für einen eine gesundheitliche und soziale Grundversorgung aufbauen, Chefs, die die Firma leiten, in der man arbeitet – Männer hat, die bestimmen, was wichtig ist.

Nur leider widerspricht das alles dem Sinn, warum wir hier auf dieser Erde leben.

Dass es zu so einem Chaos kommen konnte, liegt lediglich daran, dass wir uns verloren haben – ich, Sie, Ihre Verwandten und Bekannten, alle Menschen unserer Länder, Kontinente, der ganzen Erde. Wir haben vergessen, warum wir hier sind und was wir sollen. Verwundert es dann, wenn wir unbewusst ständig auf der Suche sind nach Leitbildern, die uns sagen, wo es lang gehen soll?

Doch das ist nicht der Sinn der Sache, die Leben heißt!

Der Sinn liegt darin, dass wir bewusste Menschenwesen sein wollen, die in jedem Moment bewusst tun, was sie tun, stimmig für sich und ihre Umgebung. Allerdings ist die Voraussetzung dafür, dass wir wissen, was überhaupt ›stimmig‹ ist für uns und die anderen um uns herum. Und wir haben vergessen, dass wir das im tiefsten Grunde unseres Herzens wollen. So sind wir unablässig auf der Suche und wissen nicht, wonach.

Die Zeit des kindischen Spielens ist vorüber. Es ist an der Zeit, dass wir uns unserer Menschlichkeit bewusst werden, den Geist in uns erkennen und nach ihm leben, anstatt uns an glänzenden Glasperlen zu berauschen.

Dieses Buch soll Ihnen Wege dazu eröffnen. Es liegt ausschließlich an Ihnen, ob Sie es weglegen und als ›auch eine Möglichkeit‹ abtun, oder sich ernstlich mit dem Inhalt beschäftigen, der Ihnen den nötigen Überblick gibt, damit Sie als bewusstes und glückliches Wesen auf diesem Planeten leben können, egal, wo und in welcher Situation Sie sich auch momentan befinden mögen.

Nur das Herz sieht …

Mit diesem Kapitel erinnere ich auch gerne an Saint-Exupérys *Der kleine Prinz*, dessen Geheimnis des Fuchses ich rückhaltlos teile: ›Man sieht nur mit dem Herzen gut, das Wesentliche ist für die Augen unsichtbar.‹

Das Herz ist seit jeher der Gegenspieler des Verstandes. Seit einigen Jahren hat es durch den Bauch Gesellschaft bekommen, aber das tut hier nichts zur Sache. Von den Organen sieht man das Herz als das wichtigste an, denn es ist zuständig für die Aufrechterhaltung unseres Kreislaufs. Ethisch und emotional wird es ebenfalls als zentrale Kraft gesehen; es steht für Liebe, Hilfsbereitschaft, Empathie, Uneigennützigkeit, schlichtweg für all das, was für die meisten einen guten Menschen ausmacht.

Mit dem guten Menschen ist aber schnell Schluss, wenn es um ›echte Sachen‹, um Beruf, Weiterkommen, Wissenschaft und alle ›wirklich wichtigen‹ Arbeiten geht. Im Gegenteil werden dort gerne herzlose Handlungen sogar noch als sportlich bezeichnet und bewundert, etwa wenn man jemanden schlau übervorteilt, schneller oder besser ist, selbst wenn andere dadurch Schaden erleiden – hätten sie eben besser aufpassen sollen. Das Herz hat da nicht viel verloren – außer vielleicht bei Chirurgen oder Fleischermeistern. Dort, also im sogenannten wirklichen Leben, gibt der Verstand den Ton an. Ich kann das verstehen, denn auch ich bin ein großer Verfechter der Logik.

Selbst bei Beziehungsproblemen ist es hilfreich, wenn man sich seiner bedient, und bei Konfliktsituationen versucht, das Sachliche aus dem emotionalen Wirrwarr herauszuschälen. So teilt zum Beispiel die *Gewaltfreie Kommunikation* nach Marshall Rosenberg jeden Konflikt in vier Bereiche, deren äußerster die reinen Fakten sind, also das, was übrig bleibt, wenn man Gefühle und Bedürfnisse subtrahiert. Auch das *Vier-Ohren-Modell* nach Friedemann Schulz von Thun beobachtet, dass beim Handeln und Kommunizieren die Sachebene von drei weiteren begleitet wird (der Beziehung, dem Appell und der Selbstoffenbarung). Da aber praktisch alles eine Art der Kommunikation ist – selbst wenn ich durch ein Mikroskop blicke, ist nicht nur der Verstand beteiligt – haben wir es offenbar ständig mit irgendwelchen vagen Dingen zu tun, die über das rein Sachliche hinausgehen.

So betrachtet ist auch das Herz bedeutend mehr als nur ein Muskel, der dafür sorgt, dass unsere Körperteile mit Blut und somit Sauerstoff versorgt werden. Es spielt eindeutig viel mehr in unser Leben hinein, doch all dieses Geheimnisvolle hat keinen wirklichen Stellenwert in der Wissenschaft. Dort geht es nur um reine sogenannte Fakten, also um Sicht- Mess- und somit Beweisbares, das man in Form von Gutachten belegen kann.

Wie wir jedoch bei den eben gemachten Überlegungen zur Kommunikation gesehen haben, ist das nun einmal nicht alles. Was ist also das wirkliche Herz des Herzens und somit von uns?

Neben den rein sachlichen Gegebenheiten – und seien sie auch noch so klein oder groß, gibt es definitiv noch etwas anderes. Wenn wir das Sachliche genauer betrachten, ist es leblos. Ob Stein, ob Schraube, ob Blatt oder Nervenzelle, alles ist reduziert auf mechanische Funktionalität. Zwar weiß die Physik sehr wohl, dass es mehr gibt, irgendeine magische Kraft im Hintergrund, die erst eine Zelle zum Verstoffwechseln bringt, alles zum Leben erweckt. Beziehungsweise wenn das Leben ein ›Lebewesen‹ erst einmal verlassen hat, dann ist es kein solches mehr, sondern lediglich wissenschaftlich zerleg- und, nun ja, bis zu einem gewissen Grad erklärbare Materie.

Egal, wie man es dreht oder wendet, es gibt etwas Essenzielles hinter allem, an das sich kein Wissenschaftler herantraut, weil er dann aus dem Zirkel seinesgleichen als Fantast, Esoteriker oder Träumer hinausfliegen würde. Das Herz hat ganz offensichtlich zwei Komponenten: eine rationale und eine mystische. Die sachliche Seite kennen wir recht gut – glauben wir jedenfalls. Aber das Eigentliche, die Herzqualität – was ist das? Was geschieht, wenn wir uns etwas zu Herzen nehmen, wir herzlich kommunizieren oder uns das Herz gebrochen wird? Teilweise können wir nachweisen, dass bestimmte Emotionen eigene Areale im Gehirn befeuern, aber das wars auch schon. Für mich ist das sehr unbefriedigend. Zudem finde ich es symptomatisch für uns heutige Menschen, dass wir es beinahe schon akribisch vermeiden, etwas außerhalb unseres Verstandes Befindliches in unsere Welt zu lassen. Und wenn doch, dann wird es sofort rosarot und himmelblau. Leider ist das aber auch verständlich. Gerade die Coronakrise beleuchtet sehr hell: Sobald man sich erlaubt, eigene Wege zu gehen, wird man aus der Allgemeinheit ausgegrenzt.

Vielleicht ist genau das unser großes Problem? Diese Vogel-Strauß-Vorgehensweise kommt mir so vor, als ob man sich bis ins Detail mit einem Kochtopf beschäftigt, in dem ein schmackhaftes Gericht vor sich hin brodelt, um alles bis ins kleinste Detail zu analysieren. Die Qualität des Topfes, dessen Einfluss im erhitzten Zustand auf die darin befindlichen Lebensmittel, die Auswirkung der Kochdauer auf die Konsistenz der Zutaten, das Verhältnis der Gewürze zu ihnen – alles bis ins kleinste Detail. Aber niemand fragt sich, woher eigentlich die Hitze kommt, die den Topf zum Kochen bringt und warum dem einen das Essen schmeckt und dem anderen nicht.

Das Herz, das Herzstück des Körpers, das Zentrum, dessen physische Funktion und Zusammensetzung man bis ins Detail erforscht hat. So gut, dass man es durch ein anderes ersetzen kann. Aber weiß man etwas um das echte Zentrum eines Lebewesens? Warum es lebt? Was Leben ist? Wie Leben zustande kommt? Nichts von dem. Ich weiß nicht, ob ich das als kindlich naiv einstufen soll – ein Kind fragt sich schließlich auch nicht, wie ein Legostein zustande kommt – als inkonsequent-nachlässig oder einfach nur desinteressiert und dumm. Aber weshalb dann das ganze Forschen bis in die kleinsten Winkel der Materie? Lernt man nicht beim Organisieren, oben zu beginnen, und erst dann ins Detail zugehen? Es kommt mir so vor, als wäre das Erkunden all der zentralen Fragen ein Tabu, das einen bösen Fluch auf alle loslässt, die es wagen, ihm näher zu kommen.

Oder ein anderes Beispiel für Unsinnigkeit. Stellen Sie sich vor, ein Abteilungsleiter in einer Firma braucht einen Rat oder Informationen, um seine Abteilung effizienter in den Firmenprozess integrieren zu können. An wen wird er sich üblicherweise wenden? Eher an seine Vorgesetzten, die die Zusammenhänge kennen sollten oder an einen Lehrling, der vor einer Woche eingetreten ist? Mit dem Vergraben in Details und im immer Kleineren Lösungen zu finden, kommen mir Forscher so vor wie der Abteilungsleiter, der in den untersten Schubladen herumkramt, anstatt sich kompetente Informationen aus übergeordneter Ebene zu holen.

Warum erlaubt man sich nicht, die Ebene des Verstandes zu erweitern, um die der Spiritualität mit einzubeziehen? Es liegt wohl daran, weil man diesen Ebenen mit dem Kopf nicht mehr folgen kann. Das scheint ein großes Problem zu sein, weil wir uns im Laufe der Jahrhunderte ausschließlich auf unseren Kopf konzentriert haben – nun sind wir hilflos, könnten wir doch lediglich *ihm* vertrauen. Es ist eine Art Verstandeshochmut, die so entstanden ist. Wie sonst konnte es so weit kommen, dass es einem Personenkreis, den ich als wirtschaftlich-wissenschaftliche Intellektuelle bezeichnen möchte, gelungen ist, die Deutungsgewalt über unser aller Leben an sich zu reißen? Betrachten wir die aktuellen Entwicklungen, dann scheint es tatsächlich so zu sein. Allerdings hat bei der Partnerschaft Wirtschaft und Wissenschaft Letztere eindeutig den Kürzeren gezogen, da sie ja abhängig ist von Drittmitteln aus der Wirtschaft. Mit anderen Worten: Ökonomen bestimmen heute unser Weltbild. Das, mit Verlaub, ist in etwa so, als ob ein Schmied die Geschicke eines Philharmonieorchesters lenken wollte. Nichts gegen Schmiede. Aber ich glaube, wenn sie keine Hobbymusiker sind, fehlt ihnen einfach die notwendige Erfahrung auf diesem Gebiet. Dabei ist die Kluft zwischen der menschlichen Seele und der Finanzwelt noch um Lichtjahre größer.

Womit wir dort sind, dass wir für grundlegende Antworten unser Herz, dieses magische Werkzeug, mit einbeziehen sollten. Mit unseren gewohnten Tools sind wir am Ende angelangt, es wird demnach höchste Zeit, dass wir uns das eingestehen und danach handeln.

Was bedeutet aber in diesem Zusammenhang ›Herz‹? Gemüt? Gefühl? Bauchgefühl? Intuition?

Dass die Intuition es am ehesten trifft, werden wir während der nächsten Kapitel gemeinsam erforschen. Die Folgen sind weitereichend, die Veränderungen für manche vielleicht nicht unerheblich. Aber sie sind machbar. Dass es jetzt vielleicht etwas schwieriger ist, liegt lediglich daran, dass wir es gemütlich haben laufen lassen und die langen Jahre des Friedens, zumindest in den westlichen Ländern, nicht genutzt haben. Die Zeit ist weitergelaufen und nun stehen wir vor einer Entwicklungsstufe, die für unsere seelischen Beine etwas hoch geraten ist. Steigen geht leider nicht mehr, sondern wir werden uns schon eine Leiter zimmern oder intensiv Hochsprung trainieren müssen.

Da wir uns über eine so unglaublich lange Zeit die Fähigkeit der Intuition aberzogen haben, ist es nun eben schwer. Was man nicht trainiert, das beherrscht man leider irgendwann einmal nicht mehr. Diese Unsicherheit macht es uns noch einmal schwerer, uns darauf zu verlassen. Denn wir können nicht mehr unterscheiden, ob es Intuition ist, was wir fühlen oder ob es sich um Angelerntes und Erfahrungen handelt, wie etwa ›alle Menschen mit eng zusammen stehenden Augen sind gefährlich‹, weil wir unter einem Vater mit eng zusammen stehenden Augen gelitten haben. Durch das einseitige Training des Verstandes sind unsere feinen Antennen ins Hintertreffen geraten, dabei sind es aber gerade die, die uns aus dem Dilemma heraushelfen können und werden.

Unser Herz ist nicht nur unser körperliches Zentrum, sondern ich möchte es auch als spirituelles Zentrum bezeichnen, auch wenn das so nicht ganz stimmt. Doch zu viele Begriffe passen allzu gut zu diesem Bild. Also denke ich, es lässt sich für unsere Suche nach einem neuen Kapitän ganz gut verwenden. Wir können Lösungen für uns nur, wie schon Saint-Exupéry seinen Fuchs sagen ließ, mit unserem Herzen erkennen, denn nur es ist in der Lage, hinter die Dinge zu blicken. Warum diese feine Instanz, die ich hier der einfacheren Verständlichkeit halber ›Herz‹ nenne, in uns in der Lage ist, uns zielsicher durch unser Leben zu begleiten, darauf werde ich immer wieder kommen.

Wahrheit ist nicht nur ein interessanter, sondern ein wichtiger Begriff, dem ein Kapitel zu widmen dringend nötig ist. Ich höre ständig, dass es keine Wahrheit gäbe, sondern nur bald acht Milliarden kleine Wahrheitchen. Diese Ansicht ist das Ergebnis eines Denkfehlers, der ebenfalls mit unserer rein kopfbezogenen Orientierung zusammenhängt und im nächsten Kapitel geklärt werden soll.

Kompakt:
Wir haben zwei Herzen. Das eine ist ein Muskel, der angeblich für unseren Blutkreislauf zuständig ist. Doch wir haben noch eines, das uns menschlich, empathisch und herzlich sein lässt. Leider bleibt es allzu oft auf der Strecke.

... die Wahrheit

Wie bereits beim vorigen Kapitel ›Nur das Herz sieht ...‹ gezeigt, fehlt uns die Fähigkeit, uns an etwas Übergeordnetem orientieren zu können. Im Vergleich zur Weisheit des Schöpfers des Universums ist der menschliche Verstand ein armseliges Staubkorn. Unser Wissen um Quarks, diese kleinsten Elementarteilchen der Materie, und dass wir langsam dahinter kommen, dass es dunkle Energie gibt, aus der aufgrund irgendeiner noch unbekannten Willensenergie Materie entsteht, ändert daran auch nichts; das sind Fortschritte im Erfassen des Universums von sehr bescheidenem Ausmaß. Wie weit wir von der Wahrheit entfernt sind, zeigt, dass die meisten Menschen behaupten, es gäbe sie nicht, allenfalls in Form von unzähligen kleinen Wahrheiten, nämlich je einer pro Mensch.

Für mich ist das ein weiteres Indiz dafür, wie weit wir uns von einem allgemeinen Verstehen entfernt haben, beziehungsweise es noch nie hatten. Ist das aber ein Grund dafür, zu behaupten, es gäbe sie nicht, also *die eine Wahrheit?* Ist es vielleicht eine Art von Futterneid nach dem Motto: ›wenn ich sie nicht finden darf, dann auch niemand anderes‹?

Dabei kommt es mir gar nicht so schwierig vor, wenigstens eine Marschrichtung zum Finden der Wahrheit festzulegen – rein logisch betrachtet. Muss man, wenn man einem Fluss gegen die Stromrichtung folgt, nicht zwangsläufig irgendwann bei seiner Quelle ankommen? Findet man nicht, wenn man bei einem Blatt beginnt, irgendwann den

Stamm des Baumes? Das ist der eine Weg, der meines Erachtens mühsame. Aber wir gehen nicht einmal ihn, sondern vergraben uns immer tiefer in Details. Anstatt die Quelle zu suchen, untersuchen wir die Kiesel im Bachlauf, anstatt dem Stamm näherzukommen, ergründen wir die Zellen der Blätter oder deren Wachsen und Vergehen.

Auf den anderen Weg weisen uns die Weltreligionen hin: ›Gott ist vollkommen‹ oder ›Allahu akbar‹ (Gott ist der Größte). Das genügt als Ausgangspunkt, finden Sie nicht auch? Vielleicht antworten Sie: »Nun, ja, der Schöpfer des Universums mag zwar vollkommen sein, aber seine Schöpfung ist es nicht, weil …« – und dann folgen Aufzählungen an Ungerechtigkeiten wie verhungernde Kinder oder unterschiedliche Lebensvoraussetzungen. Lassen wir uns bereits von solchen Argumenten ausbremsen, haben wir schlechte Karten für eine große Erkenntnis. Und nein, dass Kinder verhungern, während andere in liebevolle Umgebungen geboren werden, die einen optimalen Lebensstart ermöglichen, sind keine Ungerechtigkeiten, auch wenn Sie das vielleicht nicht gerne hören. Sie sind vielmehr ein Zeichen dafür, dass wir versuchen, Gott mit unserem Menschenverstand nachzuvollziehen. Mit anderen Worten: Wir gehen bei solchen Schlussfolgerungen einfach von den falschen Parametern aus. Ich komme aber noch darauf. Später.

Wieder einmal hat uns unser Verstand ein Bein gestellt und des Zweifels Sand ins Getriebe der Wahrnehmung gestreut.

Wenn wir uns das Ziel setzen, große Höhen in der Hierarchie des Universums mit unserem Verstehen zu erklimmen, dann müssen wir uns zuerst über eines klar werden: *Ausschließlich* mit dem Verstand wird das nicht funktionieren. Er ist zwar ein hilfreiches Werkzeug, aber nicht der Steuermann auf dieser Fahrt. Der Grund dafür ist sehr einfach: Das Universum besteht nun einmal aus viel mehr, als nur unserer sicht- und messbaren groben Stofflichkeit – dem, was wir als ›Realität‹ bezeichnen – an dessen Grenze aufwärts der Verstand nicht mehr mithalten kann. Wollte man nur mit dem Verstand über die Sphäre, in der wir leben, hinaus, wäre das gleichzusetzen, fliegen zu können. Außer in Träumen geht das aber, außer abwärts, nicht. Wir brauchen schon ein Hilfsmittel dafür. Man sagt Flugzeug dazu.

Vielleicht verzweifeln Sie jetzt, weil Sie, wie die meisten von uns, gewohnt sind, sich entweder auf den Verstand zu verlassen oder schlicht zu *glauben.* Es gibt aber noch einen anderen Weg. Wir *sind* nicht unser Körper, sondern wir *haben*, *bewohnen* ihn. Dass es so ist, kann man ganz einfach feststellen. Wenn Sie irgendeine Emotion spüren, Freude oder Zorn oder sonst eine, dann beobachten Sie sich doch einmal selbst dabei. Wo kam die Emotion her? Was bewirkt sie bei und in Ihnen? Oder Sie können beobachten, wo Ihre Gedanken herkommen. Sie werden sehen, dass die irgendwo plötzlich aufblühen und dann durch Ihr Bewusstsein schweben – oder toben. Emotionen und Gedanken gehören schon zu den sehr feinen Ebenen unserer Körperlichkeit, aber immerhin sind sie noch physisch. Da

Sie selbst jedoch noch etwas anderes als der reine Körper sind, können Sie selbst diese feinen Komponenten der Körperlichkeit beobachten. Sie sehen allein an diesem einfachen Beispiel, wie hilfreich reine Logik sein kann, um mehr über unsere grobstoffliche Welt zu erfahren. Wenn man es zudem schafft, zu akzeptieren, dass der Schöpfer von allem vollkommen ist, dann muss demnach auch seine Schöpfung logisch sein.

Dass wir in der Lage sind, unseren grobstofflichen Körper samt seinen feinen Werkzeugen wie Emotionen und Gedanken zu beobachten, zeigt also, dass wir eine feinere, höhere Instanz unser selbst sind, als nur unser Körper, selbst wenn man alles dazu rechnet, was wissenschaftlich bekannt ist. Bei der Benennung dieser höheren Instanz verlaufen sich allerdings die Erklärungen oft in vagen Annahmen, von denen man weiter nicht viel weiß. Man spricht von Unterbewusstsein oder von dem höheren Selbst, von Geist und Seele und dann kommt sehr gerne auch irgendwo das Ego vor. Menschen, die channeln, erklären uns, wie die Welt sein soll und das in unterschiedlicher Weise. Weitverbreitet ist auch die Ansicht, wir Menschen wären in unserem Innersten göttliche Schöpferwesen. Hand aufs Herz? Seien Sie froh, dass es nicht so ist. Denn *dann* wäre wirklich die Hölle los auf unserem Planeten.

Was ist nun diese ominöse eine Wahrheit? Können wir die überhaupt kennen?

Nein, die ganze sicher nicht, denn kein Wesen kann etwas oberhalb seines eigenen Ursprungs sehen, geschweige denn verstehen. Das bedeutet aber nicht, dass wir nicht einen gültigen Kompass finden können, der uns etwas als im Sinne der einzigen Wahrheit stimmig oder nicht stimmig erkennen lässt.

Für uns Menschengeister geht es nicht darum, das Universum in allen Sphären zu verstehen. Es genügt völlig, zu wissen, wann wir im Sinne der Schöpfungsgesetze handeln und wann nicht. Also ob etwas, mit dem wir konfrontiert sind, mit diesen Gesetzmäßigkeiten im Einklang steht oder nicht. Wir können wahrnehmen, ob etwas in dieser Wahrheit schwingt oder nicht. Eine Fähigkeit, die jedem Menschen eingeboren ist, und auf die er zurückgreifen kann – theoretisch. Verweigert man hingegen die Einsicht, dass es etwas außerhalb unseres verstandlichen Begreifens gibt, dann verschließen wir uns vor dieser Fähigkeit ganz bewusst und können sie auch nicht nutzen. Damit wird aber das Leben auch unglaublich kompliziert, denn wir müssen alles versuchen zu verifizieren, haben ständig das Bedürfnis, uns abzusichern und verwenden so unglaublich viel Zeit auf vermeintlich notwendige Sicherheit, die aber nie eine echte sein kann.

Ein Vergleich dazu: Die meisten Menschen können sehen. Um sich den Unterschied zwischen Wissen und Sicherheit zu veranschaulichen, schließen Sie die Augen und drehen sich ein paarmal im Kreis, sodass Sie nicht mehr wissen, wie Sie aktuell im Raum stehen. Nun versuchen Sie, den Raum zu verlassen. Bei offnen Augen gar kein Problem. Können Sie jedoch nicht sehen, dann müssen Sie sich den Ausgang mühevoll ertasten. Stellen Sie sich nun das Universum als ein unendliches Labyrinth aus Zimmern vor, in dem Sie sich nur durch zum Beispiel dem Folgen unterschiedlicher Lichtcodierungen zurechtfinden, dann ist es praktisch unmöglich, ohne Augenlicht ein Ziel zu erreichen. Mit hingegen ist es einfach. Wie immer finde ich auch hier wieder einmal die Parallele interessant, dass man ›sehend‹ sein muss, um ins Himmelreich eingehen zu können, wie es in religiösen Schriften heißt.

Das Sehen unseres Beispiels kann man mit der Wahrnehmung von ›stimmig‹ oder ›nicht stimmig‹ im Sinne der universellen Gesetze vergleichen. Ist man beim Nichtsehenkönnen auf ein ständiges Versuch-und-Fehler-Handeln angewiesen – verbunden mit dem verständlichen Bedürfnis, sich abzusichern, um entschädigt zu werden, wenn etwas dabei schief geht, so kann man sich mit einer intakten Wahrnehmung mit schlafwandlerischer Sicherheit völlig entspannt durchs Leben bewegen. Wie enorm der Unterschied zwischen sehend und nicht sehend ist, kann man in Krisensituationen besonders gut erkennen – zum Beispiel jetzt.

Diese eine mystische Wahrheit ist also nicht das Wissen, wie es bei Gott aussieht, sondern das Wissen um das Bestehen der Schöpfungsgesetze und das Wissen um die Vollkommenheit dessen, der alles erschaffen hat. Mehr braucht man nicht.

Der Kompass zum Zurechtfinden ist unsere innere Wahrnehmung, ob sich etwas im Fluss dieser Gesetze bewegt oder nicht. Als Hilfsmittel haben wir seinerzeit von Religionsgründern Richtlinien erhalten wie etwa die zehn

Gebote. Die sind jedoch nur eine Stütze und nicht notwendig, wenn man seine innere Wahrnehmung so geschult hat, dass man sie jederzeit einsetzen kann. Wie erwähnt, ist das nicht einfach und bedarf der Übung.

Und die vielen kleinen Wahrheiten, die von jedem Einzelnen?

Die gibt es auch. Es gibt sie beide, auch wenn sie in Wirklichkeit eins sind. Und das ist der Unterschied:

Die eine, große Wahrheit ist die Vollkommenheit des Schöpfers von allem, sowie die vollkommenen Gesetze des Universums, die Schöpfungsgesetze. Die drei Urgesetze, aus denen sich alles Weitere abspaltet, sind das Gesetz der Schwere, das der Anziehung der Gleichart und das der Wechselwirkung. Kurz zur näheren Erläuterung: Unter ›Schwere‹ kann sich jeder etwas vorstellen. Die ›Anziehung der Gleichart‹ können Sie sich am besten mit einem Magneten vorstellen – ein Eisenmagnet zieht Eisen an, kein Silber. Im feineren Sinne wirkt die Anziehung der Gleichart sich in Sympathie und Antipathie aus, wenn man eventuelle optische Vorbehalte vorerst abzieht. Und das Gesetz der Wechselwirkung kennen wir alle aus dem volkstümlichen Spruch: »Wie man in den Wald hineinruft, so schallt es heraus« oder dass sich eine Wippe hebt, sobald man sie auf der anderen Seite hinunterdrückt.

Aus diesem Grundlegenden spaltet (verästelt) sich abwärts alles heraus bis in kleinste Details. Hier zum Beispiel gleich eine sehr weit oben angesiedelte Detaillierung: Das Universum ist in vielen Sphären aufgebaut, die im wesenlosen Ursprung (Gott, Allah, Quelle, Urkraft …) ihren

Ausgang nehmen und sich abwärts zunehmend verdichten. Das gesamte Universum ist von einem Kreislauf an Strahlungen durchzogen, deren eine abwärts spendend wirkt (wesenhafte Energie) und die andere aufwärts anziehend (geistige Energie), sie also im Zusammenspiel den Kreislauf ergeben. Das soll nur ein Beispiel sein, ich möchte später näher auf die Schöpfungshierarchie eingehen.

Die persönliche Wahrheit kann sich von Sekunde zu Sekunde verändern. Sie wiederum bedeutet, ob das persönliche aktuelle Handeln sich im oder nicht im Sinne des persönlichen Flusses befindet. Der persönliche Fluss ist für jeden Menschen ein anderer, also seine Herkunft, seine Ziele. Dieser Fluss ist zu einem ziemlichen Grad vorherbestimmt. Wodurch, darauf kommen wir später. Trotzdem haben wir in jedem Augenblick die Möglichkeit, seinen Verlauf für die Zukunft zu verändern. Ich möchte in einem späteren Kapitel darauf zurückkommen, was das bedeutet und wie es funktioniert.

Kompakt:

Es gibt sowohl persönliche Wahrheiten, die zeigen, ob man für sich selbst stimmig handelt oder nicht. Genauso gibt es auch eine große Schöpfungswahrheit, die sich in den universellen Gesetzen zeigt. Menschen erkennen sie in unterschiedlichen Weisen, als ob sie durch verschiedene Fenster in denselben Raum blickten.

Größer denken

Der Titel ›Urvertrauen‹ dieses Buches soll keine theoretischen Abhandlungen zu diesem Thema ankündigen, sondern den Weg aus der aktuellen Lage hin zu echtem Urvertrauen ebnen. Dabei legt sich eine vom Verständnis simple Tatsache dar, die allerdings in der Ausführung nicht ohne ist: Es geht um Veränderung, den meistgehassten Begriff derer, denen es einigermaßen gut geht und die Hoffnung aller anderen. Während die, denen es nicht so gut geht, die Motivation in Richtung Verbesserung sehen, haben es die, denen es einigermaßen gut geht schwer. Denn – weshalb sollten sie etwas verändern?

Mit der Coronakrise ist etwas mit diesen beiden Anteilen unserer Gesellschaft geschehen: Die Grenze hat sich auf die Seite derer verschoben, denen es nicht gut geht. Ist man bisher noch im sogenannten Alltag mal sich freuend, mal sich ärgernd dahingedümpelt, so sind es nun die Existenzangst, die Angst vor Diktatur und Angst vor Leid und Tod, sprich Ansteckung, die das Leben vieler verfinstert haben.

Sobald man aus seinem behaglichen Umfeld hinaus in nasskalten Regen geschubst wird, ist man zumindest einmal empört. Immerhin schon ein besserer emotionaler Zustand als die Alltagslethargie – bezogen auf das persönliche Weiterkommen. Mit dem persönlichen Weiterkommen ist unmittelbar auch das allgemeine Weiterkommen verbunden, also das der Gesellschaft und der ganzen Erde. Es ist das Allgemeine ja immer die Folge und Summe des Einzelnen. Und das Allgemeine leidet heute sehr. Um das zu erkennen, brauchen wir uns lediglich der schwindenden Regenwälder und der Artenvielfalt bei Tieren und Pflanzen zu entsinnen und anderer ökologischer Themen – und davon gibt es wirklich eine Menge.

Veränderung wird schon lange immer unvermeidlicher, ich denke, darüber sind wir uns einig. Wie wir eben festgestellt haben, geht aber jede Veränderung immer vom Einzelnen aus, genauer: von Ihnen und mir und damit all den Leuten in unserem näheren Umfeld. Es ist schon eigenartig, dass wir uns damit beschäftigen, wie wir den Mars besiedeln können oder in die Winzigkeiten hinter den Elementarteilchen vorstoßen wollen, aber das aus dem Auge verlieren, was direkt vor unserer Nase liegt: unser Leben. Mit anderen Worten: Wir haben uns hoffnungslos verrannt und ein Richtungswechsel steht unmissverständlich an.

Und nun eine spannende Assoziationskette: Ein Richtungswechsel steht definitiv an. Richtungswechsel bedeutet Veränderung. Veränderung bedeutet Hinterfragen. Hinterfragen wird man nur, wenn man das Bedürfnis dazu hat (hier denken wir an den ersten, großteils zufriedenen Teil von oben).

Fällt Ihnen nun etwas auf, wenn Sie den Blick auf die aktuelle Krisensituation lenken? Genauer werden wir in einem späteren Kapitel auf die Thematik eingehen. Vorab nur so viel: Es geht bei der aktuellen Lage nicht um das, was wir sehen, also einen Virus, sich davor zu schützen und Impfungen, also um finanzielle Interessen von Konzernen. Nein, es steckt etwas ganz anderes dahinter. Um das zu erahnen, möchte ich diesen Satz in Erinnerung bringen: ›Der Mensch denkt, aber Gott lenkt.‹ Was wir aktuell so erschreckend erleben, ist von einem viel größeren Masterplan aus zu sehen. Es geht um dringend notwendige Veränderungen globaler Natur – das habe ich ja eben angesprochen. Da Veränderungen aber vom Einzelnen ausgehen müssen – *nicht von einer wie auch immer gearteten Führerinstanz!* – betrifft es uns. Konkret: Sie. Mich.

Es ist an der Zeit, dass wir der Überschrift zu diesem Kapitel nachkommen: Wir müssen unsere Nasen aus dem Detailkram heben und in die Weite richten!

Dazu zwei Gedanken:

Schon seit Anbeginn der Wissenschaft ist die Frage offen, wie unser Universum entstanden ist. Die heute aktuelle Theorie ist die des ›heißen Urknalls‹, die besagt, dass das Universum vor ewiger Zeit mit einem Knall aus einem singulären Zustand, also einer absoluten *Ein-heit*, mit unendlich hoher Temperatur und Dichte entstanden ist. Darüber möchte ich gar nicht diskutieren, sondern finde beachtenswert, dass die Vorsilbe ›Ur‹ als Synonym für den absoluten Beginn, die absolute Grundlage gilt. So ist der Ur eine Wildform des vor über vierhundert Jahren ausgestorbenen Auerochsen, der Urknall der Beginn des Universums, das Urvertrauen das elementarste Vertrauen, das in der Kindheit entsteht – oder nicht – der Urahn der allererste Vorfahre, man spricht von Urzeiten, dem Urwald, von Urhebern, Urfassungen und Urbakterien.

Ur ist demnach der Anfang. Nur – haben Unendlichkeit und Ewigkeit einen Anfang …? Oder ist es vielleicht eher so, dass wir als endliche Menschen das Bedürfnis haben, Anfang und Ende unserer Endlichkeit zu kennen, um uns auf diese Weise sicher zu fühlen?

Das bringt uns auch schon zu dem zweiten Gedanken, und zwar den Begriffen ›ewig‹ und ›unendlich‹. Selbst bei größtem Bemühen werden wir sie nie verstehen können! Das ist völlig logisch, denn für uns ist alles endlich, wie uns ja die begrenzte Lebenszeit hier auf der Erde immer wieder vor Augen führt. Andererseits leugnet niemand die Existenz dessen, was ›ewig‹ und ›unendlich‹ beschreiben. Dadurch, dass wir mit diesen beiden Begriffen nichts anfangen können, versuchen wir natürlich alles in die für uns heimelige Endlichkeit herunterzubrechen – ein verständliches Vorhaben des Verstandes (verständlich – Verstand). Ist alles in der überblickbaren Kiste von Raum und Zeit, löst sich diese vage, unangenehme Unsicherheit auf – hofft man zumindest.

Dieses Bestreben ist auch nicht schlecht, vielleicht könnte es uns auch ein wenig vor Größenwahn bewahren. Nur sollte man nicht davon ausgehen, dass alles auf diesem Weg erklärbar ist. Denn auch wenn wir das Bedürfnis haben, alles hübsch übersichtlich vor uns zu sehen, ändert das nichts am Vorhandensein von Ewigkeit und Unendlichkeit und zeigt damit etwas Grundsätzliches auf:

Es gibt mehr als das Sicht- und Messbare.

Sie sehen, man muss sich gar nicht in esoterische Welten versteigen, um besser zu verstehen, sondern allein die Logik bringt uns maßgeblich weiter. Und die Analogie[1] ebenfalls, wie wir später sehen werden.

Sind das nun nicht ausgezeichnete Voraussetzungen, um manche sogenannte Fakten zu hinterfragen? Zum Beispiel, ob wir doch öfters leben und wenn ja, warum. Ob die Seele doch keine verträumte Erfindung derer ist, die hoffen, ihre lieben Verstorbenen wieder zu treffen. Ob es doch keinen Zufall geben kann. Ob trotz augenscheinlicher Unwahrscheinlichkeit doch alles mit allem in magischer Weise zusammenhängt.

Mit der Bereitwilligkeit zu diesem Hinterfragen und der dazu notwendigen Neugier beziehungsweise Not setzen wir unseren ersten Schritt in Richtung Veränderung. Ich verstehe vollkommen, dass das auch Angst machen kann (gleich zwei der nächsten Kapitel beschäftigen sich mit Sicherheit und Abenteuer). Doch dieses ungewisse Kribbeln, das wir mitunter als Angst einstufen, zeigt uns etwas von Belang: Wir leben!

Kompakt:

Wohin uns unser Spezialistengehabe gebracht hat, erkennen wir schnell bei einem Blick auf die aktuelle Weltlage. In jeder Hinsicht ist Veränderung angesagt, rein persönlich und ebenso global, wobei das Erstere das Zweitere be-

---

[1] Entsprechung. Zum Beispiel ›Oben wie unten‹ oder ›Wie im Großen, so im Kleinen‹

wirkt. Mit anderen Worten: Veränderung auf unserem Planeten beginnt bei jedem Einzelnen, bei Ihnen und bei mir.

Die Sterne sprechen

Dass wir uns nicht falsch verstehen, zum Einstimmen eine kleine Anekdote.

Neulich kam eine Bekannte zu mir ins Zimmer und wedelte mit einem Computerausdruck. »Jetzt ist mir alles klar!«

Ich blickte sie fragend an.

»Du weißt ja, dass ich manchmal etwas … wie soll ich sagen … spontan und affektiv bin?«

Ich nickte. Oh ja …

»Ist auch kein Wunder bei dem Horoskop! Schau«, sie hielt mir den Zettel vor die Nase. »Hier steh's schwarz auf weiß: Bei dieser Konstellation steht ›streitsüchtig‹. Jetzt ist mir alles klar. Ich kann gar nicht anders!«

Um dem eventuellen Missverständnis vorzubeugen: Man ist nicht, wie man ist – und kann gar nicht anders – weil das Horoskop einem seinen Charakter vorgibt. Was uns die Sterne sagen, hat eine ganz andere Bedeutung.

Schon seit dem Altertum ist die Astrologie eine hochgeschätzte Kunst. Feldherren, Kaiser, Kardinäle und Staatsleute haben sich bereits der Fähigkeit der Astrologen bedient, um ihre persönlichen oder die Geschicke ihres Volkes besser planen zu können.

Haben Sie vielleicht bisher gedacht, Astrologie wäre eine spirituelle Wahrsagerei, die jeglicher Logik entbehrt? Wenn ja, dann ist das bereits die erste Neuigkeit, die ich Ihnen mitteilen darf: Astrologie ist eines der logischsten Handwerke, durchaus gleichzustellen mit der Mathematik oder Physik. Dass an der Astrologie etwas dran sein muss, beweisen allein die vielen eingetroffenen Voraussagen von Nostradamus, dem berühmten französischen Astrologen.

Aber erlauben Sie mir, ein wenig auszuholen.

Im Lauf der kommenden Seiten werden Sie immer wieder zu hören bekommen, dass es keinen Zufall gibt, ja, dass es ihn gar nicht geben *kann*, und damit auch keine Willkür. Ich werde mich bemühen, das verständlich zu erklären. Es hat nämlich absolut nichts mit Glauben zu tun, von dem ich als ausschließliche Lebensgrundlage nicht allzu viel halte. Nicht dass ich mich der Aussage ›glauben heißt, nichts zu wissen‹ anschließen würde. Das wäre nicht nur unfair, sondern auch destruktiv und nicht hilfreich. Der Glaube kann bekanntermaßen Berge versetzen und unzähligen Menschen ist durch ihren Glauben Heilung zuteilgeworden. Nein, ich meine den blinden Glauben nach dem Motto: ›Das kannst du nicht verstehen, also musst du es glauben‹. In diese Ecke gehört lediglich eine einzige Tatsache, an der wohl kaum jemand rüttelt: Es gibt irgendeinen vagen Ursprung, von dem alles ausgegangen sein muss. Dass dieser Ursprung von niemandem je gesehen worden ist, hat zu seiner mystischen Existenz beigetragen.

Auch wenn Ihnen das vielleicht als ›Glaube‹ erscheinen mag, behaupte ich vorweg ganz gerade heraus: Es gibt eine Quelle, die ewig und deren Werk vollkommen ist. Das soll aber meine einzige Behauptung sein, die man nicht logisch oder analog beweisen kann. Oder doch. Je mehr man in das geniale Schöpfungswerk eintaucht, umso gewisser wird diese vorläufige Annahme, wird irgendwann zur Überzeugung.

Das mit ›ewig‹ lassen wir durchaus durchgehen, das mit der Vollkommenheit hingegen kommt vielen Menschen gar nicht so vor. Ist in einem vollkommenen Weltengefüge Platz für Leid und Krankheit? Auf keinen Fall, also kann das Universum nicht vollkommen sein. Ist diese Feststellung logisch? Leider nein. Sie ist zu kurz gegriffen und aufgrund mangelnden Hintergrundwissens getroffen.

Also – verzeihen Sie mir, wenn ich etwas vorpresche und das mit der Vollkommenheit behaupte, aber die Erklärungen dazu erst im Nachhinein liefere. Ich hoffe, wir sind uns am Ende des Buchs mit unseren Ansichten etwas näher gekommen.

Ist etwas vollkommen, so ist es auch logisch, das heißt, Vorgänge und Beziehungen innerhalb des Systems sind nachvollziehbar. Wollen wir zum Beispiel das mit Leid und Krankheit unter diesem Gesichtspunkt ›beweisen‹, dann bleibt uns nichts übrig, als unser Wissen zu erweitern und mehr als bisher einzubeziehen.

Nun aber zurück zur Astrologie.

Prämisse: Das Universum ist vollkommen. Wenn man manche Dinge – vorderhand das mit Leid und Krankheit noch nicht – betrachtet, dann könnte schon etwas dran sein. Werfen wir einen Blick ins Allerkleinste. Dort umschwirren mit einem Affenzahn Elektronen, Protonen und Neutronen einen Atomkern. Manipuliert der Mensch nicht großspurig dieses Gleichgewicht und glaubt, spalten zu müssen, dann stößt dabei weder etwas zusammen, noch entsteht Unordnung. Legen wir uns in einer lauen, wolkenlosen Sommernacht auf einem Berg auf den Rücken und schauen über uns, dann sehen wir eine Unzahl an Pünktchen. Auch sie folgen der Logik der Schwere und der Anziehung, die uns als Gravitation bekannt ist. Wir erinnern uns: Das ganze Universum basiert auf drei Gesetzen: dem der Schwere, dem der Anziehung der Gleichart und dem der Wechselwirkung.

Gehen wir davon aus, dass das Gleichgewicht der Himmelskörper etwas mit Gravitation zu tun hat, dann erfahren wir dadurch auch, dass Anziehung und irgendwelche energetischen Qualitäten eine Rolle spielen. Da kein Stern einem andern gleicht, und die Planeten unseres Sonnensystems einander schon gar nicht, liegt es nahe, dass deren Energien von unterschiedlicher Qualität sind. *Dass* Energien vorhanden sind, ist unbestritten. Abgesehen davon, dass die Planeten nicht planlos durchs All irren, sondern ihre gesetzten Bahnen ziehen, können wir das schon bei unserm kleinen Trabanten ›Mond‹ beobachten, der zwar im Vergleich winzig ist, aber immerhin Flut und Ebbe bewirkt. Und das mit einem Tidenhub[1] von bis zu stolzen 21 Metern bei den Hopewell Rocks im kanadischen New Brunswick.

Im Altertum erkannte man durch Beobachtung unterschiedliche Qualitäten der Planeten. Zusätzlich fand man ein weiteres Konstrukt, und zwar die sogenannten Häuser. Während die Planeten grob Qualitäten wie Selbstdisziplin (Saturn) oder Hilfsbereitschaft (Neptun) verkörpern, beziehen sich die Häuser auf die Lebensbereiche (Individualität, Alltag, Weltanschauung und so weiter), in denen sich die Planetenkräfte auswirken. Dazu kommen noch unser Sternzeichen und unser Aszendent, die mit Geburtsort und -stunde zu tun haben.

Aus diesen Komponenten haben die Astrologen im Lauf der Zeit ein System entwickelt, durch das man ihnen zuschreibt, sie könnten Dinge voraussagen. Das stimmt so aber nicht wirklich. Und ich glaube, dieses Missverständnis bringt die Astrologie bei manchen Menschen in Misskredit. Astrologen können selten konkrete Ereignisse vorhersagen. Was sie aber hervorragend können, ist die Feststellung bestimmter energetischer Qualitäten zu bestimmten Zeitpunkten, also Dispositionen. Dieses Kapitel soll aber keine Einführung in Astrologie werden, sondern etwas ganz Interessantes einleiten: den Gedanken, dass das verbindende Element im Universum in allen Belangen Energie ist. Über sie geschieht nicht nur alles Bekannte wie Wärme, Licht, Strom, sondern auch stille Kommunikation

---

[1] Tidenhub ist die Differenz zwischen Ebbe und Flut, die je nach Ort sehr unterschiedlich sein kann.

auf allen Ebenen. Man weiß zum Beispiel, dass in unserem Körper Informationen über die neuronalen Verbindungen unseres Nervensystems weitergegeben werden und so etwa bei Bedarf das Hormon Adrenalin und alle anderen Körperfunktionen. Man weiß aber genauso, dass Gefühle uns gesund oder krank machen können. Nur – Gefühle kann man zwar messen, aber im Prinzip weiß man nicht, was sie sind – außer ihren chemischen Auswirkungen. Dabei sind wir noch vollkommen auf wissenschaftlicher Ebene und haben uns noch nicht mit Teilen von uns wie der Seele und dem Geist beschäftigt.

So, wie Energien innerhalb unseres Körpers fließen und Informationen ausgetauscht werden, geschieht das natürlich auch in größeren Kontexten. Zwischenmenschlich (sympathisch/unsympathisch …), zwischen Menschen und Orten (Kraftorte …) sowie Planeten und uns (Mond …). In Wahrheit sind wir in ein interuniverselles Energiegeflecht eingebunden – und selbst ein Teil davon – was man sich vorstellen kann wie diese mikroskopischen Aufnahmen von Nervenzellennetzen. Fazit: Alles, wirklich alles ist mit allem verbunden!

Mit der Astrologie macht man nichts anderes, als diese energetischen Verflechtungen, die sich ja ständig ändern, bis zu einem gewissen Grad sichtbar zu machen.

An dem Folgenden werden Sie gleich sehen, wie das in der Praxis aussieht.

Horoskope gibt es nicht nur für Personen, so, wie wir das meistens kennen, sondern für alles. Für Firmen, für Länder und sogar für die Erde selbst. Dr. Christof Niederwieser hat dazu interessante Videos auf Youtube, wo er etwas über den aktuellen Zeitenwandel aus astrologischer Sicht erzählt. Darin nennt er unter anderem auch sogenannte Zeitgeistwellen.

Die Erde durchläuft wie alles immer wieder vier Jupiter-Saturn-Zyklen: Wasser – Feuer – Erde – Luft. Mit diesen vier Elementen sind ganz bestimmte Qualitäten verbunden. Uns interessieren jetzt nur zwei davon, und zwar Erde und Luft. Nachvollziehbarerweise ist der Unterschied zwischen diesen beiden beträchtlich. Während die Erdenergie schwer, materiell, dicht, konkret, laut und vereinnahmend ist, zeichnet sich Luftenergie durch Leichtigkeit, Beweglichkeit, Anpassungsfähigkeit, Abstraktheit und Durchsichtigkeit aus. Mit einem Gedankensprung bietet sich dieser Unterschied an wie der zwischen Verstand und Geist. Weiß man, dass diese Qualitäten im Sinne von Dispositionen unser Leben auf der Erde beeinflussen, so kann man sich vorstellen, dass der Wechsel von der einen zur anderen Energie sich merkbar auswirken muss. Und zwar insofern, als von der Erdenergie alles Schwere und Laute, von der Luftenergie hingegen alles Leichte und Veränderbare unterstützt wird.

Betrachten wir unter diesem Aspekt unsere Zeit, so fällt es einem in Hinblick auf ›Wandel‹ wie Schuppen von den Augen. Mit einem Satz: Schwerindustrie wird vom Digitalen abgelöst. Diesen aktuellen Wandel kann man mit Fug und Recht als brachial bezeichnen. Sehen wir uns an, wie es sich ausgewirkt hat, als dieser Erde-Luft-Wandel zum letzten Mal stattfand. Das war Anfang des dreizehnten

Jahrhunderts. Genau damals wurde Stück für Stück die Romanik von der Gotik abgelöst. Vergleicht man diese beiden Kulturstile, so springt einem der Unterschied förmlich in die Augen. Die Romanik (in der Kapitelgrafik links) zeichnete sich aus durch eine horizontal-klare Bauweise. Die Gebäude fühlen sich als gut mit dem Boden verwurzelt an. Die Gotik (rechtes Gebäude) hingegen strebte in einer filigranen, hochschießenden Weise gegen den Himmel. Die vormals grauen, monolithischen Skulpturen wurden bunt und plastisch und farbige Bleiglasfenster brachten ein prächtiges Farbspektrum in die aufstrebenden, hohen Räume.

Genau so einen Wandel erleben wir jetzt auch, nur mit einer planetarischen Turbo-Verstärkung.

So offensichtlich und gut zu beobachten der Wandel von schwer zu leicht auch sein mag, sitzt Niederwieser aber, wie sicher die meisten, einem Irrtum auf. Verständlich, wenn man sich gedanklich lediglich im rein materiell-wissenschaftlichen Rahmen bewegt.

Bei der aktuellen Veränderung geht es aber nicht vom Materiellen im Sinne von Schwerindustrie zum Materiellen im Sinne von Digitalem. Wir haben es vielmehr mit einem *echten* Paradigmenwechsel[1] zu tun, und zwar von einer Jahrtausende langen verstandlich dominierten Ära zu einer völlig neuen des Geistes. Dass sich der Wandel auch im Außen zeigen muss, liegt nahe, weil er ja alle Ebenen berührt. Missversteht man im genannten Sinn den Wandel,

[1] Ein Paradigma ist eine grundsätzliche Denkweise, auch Weltsicht oder Weltanschauung genannt.

dann zieht man natürlich die grundlegend falschen Schlüsse. Das wird eine der Grundlagen für weitere Erkenntnisse, die sich in diesem Buch erschließen werden.

Kompakt:
Sterne sind weder ein reines Accessoire von romantischen Autoren, noch Glaskugeln, die von der Zukunft erzählen. Sie sind vielmehr Repräsentanten universeller Energien. Durch die Astrologie sind wir in der Lage, Tendenzen zu erkennen, und können auf diese Weise Entwicklungen besser einordnen sowie Dispositionen nutzen beziehungsweise vermeiden, uns auf Gefahren einzulassen.

Sicherheit und ...

Sicherheit ist vielleicht das größte aller Bedürfnisse. Aus diesem Grund kann man uns Menschen auch am besten verunsichern, wenn man uns Sicherheit entzieht.

Im Kapitel *›... die Wahrheit‹* haben wir das Thema Sicherheit kurz gestreift und festgestellt, dass es ein Ersatzbedürfnis – oder besser Kompensationsbedürfnis – für etwas ist, das wir verloren haben: die Sicherheit, uns im Universum geborgen zu fühlen. Man könnte sagen, wir haben unser Augenlicht verloren. Mit dem Unterschied, dass der Verlust des Urvertrauens, um das es sich in Wirklichkeit handelt, viel schwerwiegender ist. Es ist der Verlust unseres ureigensten Kompasses, der uns den Weg nach Hause zeigt. Es ist so, als hätte man uns irgendwo in der Fremde ausgesetzt und uns alle Hinweise genommen, wo wir hergekommen sind und wieder hingehören. Ein beängstigender Gedanke. Ich kann gut nachvollziehen, dass daraus ein immenses Bedürfnis nach ausgleichender Sicherheit entsteht. Nur, selbst wenn wir die besten Versicherungen hätten, sie alle schützen uns nicht vor der letzten, großen Angst: Was ist, wenn wir sterben?

Das so weit verbreitete Bedürfnis nach Sicherheit bietet einerseits einen immensen geschäftlichen Markt: Versicherungen. Andererseits bedeutet es aber auch eine enorme Abhängigkeit. Wir hängen damit am Tropf von allen möglichen Gegebenheiten. Im Friedensfall, wie wir ihn die letzten fünfundsiebzig Jahre erleben durften, fällt diese Abhängigkeit wenig auf. Wir liegen sozusagen an der langen

Leine. Sobald aber eine Situation angespannter wird, verkürzt sich diese Leine. Wenn nun jemand zusätzlich um diesen Mechanismus weiß und ihn nutzt, dann kann er ungeahnte Effekte damit erzielen. Genau das erleben wir jetzt, im Frühling 2021, dem zweiten der Corona-Krise.

Ist das mit der Sicherheit wirklich so ein außerordentliches Thema?

Ich denke schon. Sicherheit zieht sich durch alle Lebensbereiche. Begonnen bei der untersten Ebene der Maslowschen Bedürfnispyramide[1], wo es um Essen und ein Dach über dem Kopf beginnt, bis hinauf zu den individuellen Bedürfnissen. Hat man zu wenig Geld, geht es um die Sicherheit, im nächsten Monat genügend zu haben, hat man viel, geht es um die Sicherheit, es nicht zu verlieren. Es gibt für alles Mögliche Versicherungen, von der Gesundheit bis zum Auto, von Berufsunfähigkeit bis zum Rechtsschutz, von Transportgütern bis zu Reisekosten.

Wenden wir uns nach den materiellen Werten, die uns Sicherheit bieten, den inneren zu. Diese inneren Werte sind grundlegender Bestandteil unserer Persönlichkeit. Wir bringen sie in unseren Ansichten nach außen. Wenn bei einem Gespräch unterschiedliche Ansichten aufeinanderprallen, dann geht es in Wirklichkeit um mehr als nur unterschiedliche Ansichten. Es geht um eine Attacke auf unsere Werte, also auf unsere Persönlichkeit. Je unerschütter-

---

[1] Die Darstellung der menschlichen Bedüfnisse nach dem amerikanischen Psychologen Abraham Maslow in Pyramidenform, die das Aufeinander-Aufbauen symbolisieren soll; von unten nach oben: Körperlichkeit › Sicherheit › Soziales › Individualtät › Selbstverwirklichung

lichere Standpunkte diese Werte einnehmen, umso verbitterter werden die Auseinandersetzungen sein.

In unserer Gesellschaft sind konkrete Werte hoch angeschrieben, wonach jeder sich im Recht glaubt, wenn er seine unnachgiebig vertritt. Doch irgendetwas fühlt sich dabei nicht ganz richtig an, spüren Sie es auch? Einerseits ist es doch richtig und wichtig, wenn man ehrlich, vertrauenswürdig, verlässlich und treu ist, oder? Es wäre so einfach, wenn es eine Liste solcher Tugenden gäbe, die man für Entscheidungen lediglich abarbeiten müsste. Es wäre noch mehr, es würde einem auch Sicherheit geben. Andererseits haben Sie aber garantiert schon Situationen erlebt, bei denen die üblicherweise gültigen Werte nicht passend waren. Oft wird darüber diskutiert, ob Ehrlichkeit in letzter Konsequenz nicht eher Dummheit ist; kann nicht ein ›was ich nicht weiß, macht mich nicht heiß‹ Konflikte vermeiden? Oder die Treue. Man wird als untreu bezeichnet, wenn man mit jemand anderem ins Bett geht. Doch wie ist es, wenn man sich mit jemandem anderen besser versteht? Es gibt unzählige Beispiele und endlose Diskussionsgründe, bei denen es um Werte geht und damit um Fingerchen unserer Persönlichkeit, die wir im Rahmen der Kommunikation nach außen dem anderen entgegenstrecken. Eine ablehnende Geste oder gar sich lustigzumachen, verletzt uns. Es ist ein indirekter Angriff auf unsere Persönlichkeit, die Botschaft ›Du bist nicht in Ordnung‹. Das will man nicht auf sich sitzen lassen und reagiert oft gleich. Es ähnelt einem Kampf mit Schwert in Rüstung mit herabgelassenem Visier.

So wird jede Ansicht, auf die wir mit Skepsis reagieren oder sie auch nur behutsam anzweifeln, von jenen, denen es wichtig ist, sofort heftig verteidigt. Das ist ein ganz natürlicher Reflex, denn es bedeutet ja einen Angriff auf die eigenen Werte, und die wiederum geben einem ja Sicherheit, denn sie machen die Persönlichkeit aus. Ich möchte betonen, dass ich Sicherheit in keiner Weise schlecht finde. Das wäre absurd. Denn Sicherheit ist sozusagen ein Kind eines der beiden Weltprinzipien Yin und Yang, und zwar das des dunklen, passiven Yin. Sicherheit und Geborgenheit sind Grundbedürfnisse, nicht nur wichtig, sondern man hat ein Recht auf sie.

Aber – Yin, oder Sicherheit, ist nur im wahrsten Sinn die halbe Miete des Lebens. Sie ist sozusagen der Antipode[1] des anderen, das Wellental, während reines Yang der oberste Punkt einer Welle wäre. So gesehen wird schnell klar, dass andauernde Sicherheit bedeuten würde, nie wieder aus dieser Kuhle herauszukommen. Klingt das gut? Wenn dann auch noch Wasser in die Mulde gerät, kann man leicht darin ertrinken.

Ich schreibe dieses Kapitel beileibe nicht, um Ihnen ein Sicherheitsbedürfnis zu vermiesen, gar nicht. Es geht mir vielmehr darum, zu zeigen, dass Sicherheit nur sozusagen der Extrempunkt einer pendelnden Lebenskurve ist und entsprechend ihre Wichtigkeit nicht raumfüllend sein sollte. Das *Anhaften* an Sicherheit, *das* ist es, was Probleme verursachen kann.

---

[1] Antipoden (aus dem Griechischen = ›Gegenfüßler‹) sind Menschen auf dem uns gegenüberliegenden Teil der Erde, also die am weitesten entfernten.

Sicherheit ist gut, ist notwendig, bietet sie doch das warme Bett, das weiche Kissen und die wohlige Zudecke für Zeiten der Erholung und Regeneration. Problematisch wird es, wenn wir uns trotzig dagegen wehren, sie wieder loszulassen – das wäre, als ob wir uns weigerten, morgens aufzustehen. Ideal wäre es, so ein Verhältnis zur Sicherheit aufzubauen, wie es auch zu der oder dem Geliebten hilfreich ist: den anderen loszulassen, um ihm so die Möglichkeit zu geben, freiwillig zu einem zurückzukehren. Nichts, was auf Zwang fußt, wird dauerhaft funktionieren. Ich denke, Sie stimmen mir darin zu. Wenn wir nun krampfhaft an Sicherheit festhalten, ist das vom Prinzip her nichts anderes: Wir wollen die Sicherheit dazu zwingen, bei uns zu bleiben. Das kann nicht funktionieren.

Also keine Sicherheit mehr? Doch, selbstverständlich. Wir brauchen lediglich zu ihr so eine Beziehung aufzubauen, dass sie kein unablässiges Muss zu sein hat, indem wir ständig daran arbeiten, Sicherheit peu à peu in Vertrauen umzuwandeln. Dabei meine ich natürlich nicht Vertrauen in die Versicherung beziehungsweise Vertrauen in die Fähigkeit, sie auch in Zukunft bezahlen zu können. Wobei wir allerdings mit ›Fähigkeit‹ von der Lösung nicht allzu weit weg sind.

Nehmen wir einmal an, Sie unternehmen eine Klettertour. Dabei handelt es sich ohne Zweifel um ein gefährliches Vorhaben. Was gibt Ihnen in dieser Situation Sicherheit? Es sind drei Faktoren, bei Freeclimbern zwei: die eigenen Fähigkeiten und das Vertrauen auf bestimmte Gegebenheiten. Vor allem Letztere finde ich bemerkenswert.

Da ist einerseits das Wetter. Sie haben die Tour an einem sonnigen Tag unternommen und der Wetterbericht hat kein Schlechtwetter in Aussicht gestellt. Sie vertrauen darauf, dass die Felsen, denen Sie sich anvertrauen, nicht plötzlich zu Pudding werden. Während das mit dem Wetterbericht nachvollziehbar ist, denken Sie sicher, dass die Option mit den Puddingfelsen eine rein rhetorische ist. Ist sie nicht.

Das Vertrauen in den Felsen, dass er sicher das bleibt, was er war, gründet auf einer tief liegenden Erfahrung, dass Dinge bleiben, was sie sind – abgesehen von der üblichen Veränderung – wobei wir auch diese Veränderung kennen. Bei Stein dauert sie lange, bei einem Brot geht es recht schnell. Wir haben es in jedem Fall mit bekannten Parametern zu tun. Sich darauf verlassen zu können, gibt einem Sicherheit.

Machen wir nun einen großen Sprung und schauen uns unter diesem Aspekt unser Vertrauen an in das Universum, Schicksal, Gott oder wie auch immer Sie es nennen mögen. Ich glaube nämlich, dass es damit in unserer Gesellschaft nicht sonderlich gut bestellt ist. Im Gegenteil beobachte ich bei fast allen Menschen, die mir begegnen, dass für sie Willkür und Zufall die Regel sind anstatt Vertrauen in die Richtigkeit dessen, was geschieht. Mit anderen Worten: Ich glaube, es sieht mit dem Urvertrauen in unserer Gesellschaft nicht gut aus. Das ist insofern in meinen Augen dramatisch, weil nämlich dieses Urvertrauen die grundlegende Sicherheit hinter allen anderen Sicherheiten, die wir schon angesprochen haben, bilden sollte. Ist dieses größte Fangnetz aber nicht vorhanden, dann wird es verständlich, wenn die anderen Sicherheiten an seine Stelle treten und sich deshalb essenziell anfühlen.

Das Nichtvorhandensein von Grundvertrauen liegt meines Erachtens nicht darin begründet, als es uns in unserer Kindheit abhandenkam beziehungsweise wir es damals erst gar nicht aufbauen konnten, also an den Gründen, die uns die Psychologie lehrt. Natürlich spielt das auch eine Rolle an unserem aktuellen Sicherheitsbedürfnis. Aber das Grundvertrauen hat mit etwas ganz anderem zu tun, und zwar mit der Nachvollziehbarkeit all dessen, was in, mit und um uns herum geschieht. Glaubt man an Willkür und Zufall, dann ist eine grundlegende Verunsicherung vorprogrammiert. Und die wiederum drängt uns förmlich in die Arme der vermeintlichen Sicherheiten von Versicherungen, Akzeptanz in unserer Peergroup[1] oder der Gesellschaft allgemein.

Was ich Ihnen mit diesem Buch gerne vermitteln möchte, ist wenigstens der Einstieg zu dem Grundvertrauen, dessen ich mich erfreuen darf. Ich habe schlimme Situationen erlebt, bin blutend in einem Krankenhaus in Sparta in Griechenland gelegen, habe mich nach einem schweren Unfall nach drei Wochen Koma in einer sich erst langsam wieder real werdenden Welt zurechtfinden müssen, habe allein viele Reisen um den Globus unternommen und auch in meiner Jugend viel Einsamkeit erleben müssen. Zugege-

---

[1] Unter Peergroups versteht man zwar hauptsächlich Gruppen von Kindern und Jugendlichen (Cliquien, Banden), aber man kann den Begriff auch als eine Gruppe Gleichgestellter, Ebenbürtiger und Gleichgesinnter verwenden.

ben, das war nicht lustig – außer dem Reisen – aber ich hatte immer das Gefühl, egal, wie schlimm es auch kommen mag, mich im Universum – oder, in den Worten gläubiger Christen: in den Armen Gottes – geborgen fühlen zu können. Es gibt für mich weder Zufall noch Willkür. Wenn jemand daran glaubt, dann liegt es daran, dass er noch nie erfahren hat, dass alles, aber auch das kleinste Stäubchen unseres Universums nicht willkürlich dort ist, wo es ist und das tut, was es tut, sondern alles einem unermesslich großen, magischen und genialen Plan folgt.

Das Wunderbare: Jeder, der es nur will, kann auch dieses Bild der universellen Vollkommenheit in sich aufbauen und somit zu dieser All-Geborgenheit gelangen. Der Weg dorthin gleicht einem Tanz, bei dem man erst weiß, ob der ausgeführte Schritt richtig war, nachdem man ihn getan hat. Man muss bereit sein, sich auf Neues und vor allem Unbekanntes einzulassen und immer wieder zu bewahrheiten, ob oder wie der Erfolg zu der Empfindung passte, die man hatte, bevor man etwas getan hat.

Ich meine damit diese unerklärlichen Gefühle, wenn wir uns zu etwas entscheiden, Sie kennen sie sicher. Einmal ist einem mulmig zumute, bevor man etwas tut, ein anderes Mal ist man überzeugt davon, richtig zu handeln. Trotzdem passen dieses Initialgefühl und das Ergebnis oft nicht zusammen. Das liegt daran, dass dieses Gefühl nicht unserem inneren Kompass entsprungen ist, sondern auf irgendeinem unbelebten Wert fußt, vielleicht einem ›man tut‹ oder ›man tut nicht‹ oder einem von Hunderten an Mustern, die wir uns im Rahmen unserer Sozialisierung haben aufdrücken lassen. Alles an Gefühlen, was nicht direkt im Moment auf aktuelle Stimmigkeit abklopft, ist nicht hilfreich. Sie merken, wohin das hinführt? Sichergehen, richtig zu handeln, können wir nur, wenn wir innerlich so beweglich geworden sind, dass ausschließlich die Empfindung eine Rolle spielt, ob etwas stimmig ist oder nicht. Muster, Werte und Gewohnheiten stehen uns dabei meist nur im Weg.

Wir müssen neu tanzen lernen.

Dafür ist ein kleiner Vertrauensvorschuss in die Vollkommenheit des Universums notwendig, denn wir haben keine Sicherheit, ob wir uns nicht die Nase einrennen. Aber bei genauerer Betrachtung hatten wir die noch nie. Wenn wir jedoch unsere Empfindung, also diesen inneren Kompass, trainieren, dann kommen wir irgendwann einmal dorthin, dass wir in keiner Lebenslage etwas anderes benötigen, um für uns stimmig zu entscheiden. Denn jeder hat die Fähigkeit in sich, ganz tief in seinem Inneren zu spüren, ob etwas mit den großen universellen Gesetzen übereinstimmt oder nicht. Dem Problem, dass man dieses Spüren und Angelerntes manchmal nicht auseinanderhalten kann, muss man sich stellen, darum kommt man nicht herum. Daher eben das Training.

Kompakt:

Sicherheit ist wichtig, aber völlig missverstanden und auch überschätzt. Sie entspringt unserem mangelnden Urvertrauen. Verständlicherweise ist man verunsichert, wenn man denkt, in einer Welt des Zufalls und der Willkür zu leben. Gelingt es uns hingegen, unsere wahren Wurzeln zu verstehen, so kommen wir dadurch in Eigenverantwortung, Unabhängigkeit und ein Gefühl der natürlichen Sicherheit, des Aufgehobenseins im Universum.

... Abenteuer

So, wie Yin der Antipode von Yang ist, ist er das Abenteuer von der Sicherheit. So, wie manche Menschen sich am liebsten in einer dickwandigen Burg einigeln würden, brauchen andere das Abenteuer wie ein Lebenselixier. Wenn jemand nur das eine oder nur das andere sucht, dann ist es wahrscheinlich sinnvoll, diese Einseitigkeit näher zu betrachten.

Um noch einmal zu Yin und Yang zurückzukehren: Die große Zweiheit werden wir durchgängig überall antreffen, im ganz Großen ebenso wie im ganz Kleinen und überall dazwischen. Sie zeigt sich in unendlicher Vielfalt. Nehmen wir ein anderes Beispiel der beiden friedlichen Gegenspieler. Dem Yin – oder der Sicherheit des vorigen Kapitels – entspricht die Homöostase. Das ist die Kraft, die alles in einen harmonischen, gesunden Zustand bringen möchte. Man kann auch ›stabil‹ oder ›im Gleichgewicht‹ dazu sagen. In der Natur können wir das gut am Wasser beobachten. Es wird immer versuchen, einen gelassenen Zustand einzunehmen mit kleinstmöglicher Oberfläche.

Der Gegenspieler ist das Chaos. Es ist die Kraft, die alles im Gleichgewicht Befindliche durcheinanderwirbelt, aufwühlt, verwirrt. Lässt sie nach, übernimmt gleich wieder die Homöostase das Ruder und ordnet alles neu. Stundenlang könnte ich an einem Strand sitzen und dem Tanz der Wellen zusehen und dem ewigen Spiel der Steine und Muscheln, die sich leise murmelnd strandauf- und abwärts diesem Spiel ergeben. Die vier Jahreszeiten, die Phasen eines

Menschenlebens, die Tageszeiten – überall werden wir das Ballett der beiden großen Gegenspieler beobachten.

So, wie jemand mit einer unsicheren Kindheit sich in seinem Leben fortan Sicherheit wünscht, so brechen zu behütete Menschen gerne aus, um das Abenteuer zu suchen. Das Abenteuer braucht eine Voraussetzung: zumindest Vertrauen in sich selbst. Das Abenteuer, das Chaos, das Ungewisse, Unberechnbare ist in unserem Leben genauso wichtig wie die Sicherheit, die Geborgenheit und die Ruhe. Besteht die Gefahr, dass eines der beiden Extreme erreicht wird, und das vielleicht auch noch über eine längere Zeit, dann entsteht zunehmend ein Bedürfnis nach dem anderen. Immer Abenteuer ist dabei aber, glaube ich, immer noch besser als ständig gemütliche Geborgenheit. Warum?

Ruhephasen sind allgemein in geringerem Maß notwendig, als welche der Bewegung. Liegt man zum Beispiel im Krankenhaus völlig unbeweglich, etwa im Koma, so genügt bereits ein Monat, um die Muskeln um ein Drittel schrumpfen zu lassen. Ich habe das selbst erlebt. Nach drei Wochen Koma brauchte ich über zwei Monate, um wieder stehen und mit Stützen gehen zu können – ein unglaublich mühsames Prozedere. Im normalen Leben fällt das gar nicht so auf. Wenn wir einen gesunden Schlaf-wach-Rhythmus betrachten, fällt auf, dass die Schlafens- also die Erholungszeit ein Drittel ausmacht, während wir zu zwei Dritteln wach und aktiv sind. Bei Tätigkeiten, die uns auch noch Freude bereiten, können Ruhephasen durchaus auch kürzer sein. Überhaupt brauchen wir viel weniger Erholung, wenn wir etwas tun, das wir gern tun. Im Gegensatz zur Meinung mancher lernen und bewegen sich Kinder sehr gerne – wenn es ihnen Freude macht. Ich selbst liebe es durchaus auch, ab und zu gemütlich im Bett liegen zu bleiben. Aber wochenlanger Urlaub nur im Liegestuhl wäre für mich eine Strafe. All diese Bewegungen sind kleine Abenteuer. Manche im normalen Alltag, manche auf spannenden Reisen.

Voraussetzung dafür ist allerdings, dass wir uns dabei wohlfühlen und das, was wir tun, gern tun. Es ist nicht hilfreich, sich zu den kleinen und großen Abenteuern zu zwingen. Denn trotz allem sind nicht alle Menschen gleich veranlagt. Über diese Unterschiede erfahren wir zum Beispiel aus der Astrologie.

Bei allen Aktivitäten, vor allem bei denen, die eine Tendenz zur Übertreibung zeigen, sollte man daran denken, dass sie aus einer Kompensation herrühren können. Jeder Mensch hat seinen ganz persönlichen Lebensplan. Die meisten Menschen bekommen von dem, was ihre Seele weiß, nichts mit. Sie kann ihnen schlecht mitteilen, sie sollten dies oder jenes tun, denn nur Menschen mit einer sehr guten Verbindung zu ihrer Seele können ihre Wünsche wahrnehmen. Doch die Seele ist durch ihre Verschiedenartigkeit zum grobstofflichen Körper nicht völlig hilflos in die Ecke gestellt. So können wir einen undefinierbaren Drang spüren, etwas zu tun – oder auch zu lassen – ohne zu wissen, woher er kommt. Es geschieht gar nicht selten, dass wir etwas im Außen, also unserem Handeln, umsetzen, das wir im Innen vernachlässigen. Um wieder beim

Abenteuer weiterzumachen, könnte der Drang nach äußerer Bewegung einem Drang nach Bewegung entspringen, aber nach innerer Bewegung. Denn …

Abenteuer müssen sich absolut nicht immer im Außen abspielen! Oft sind die viel größeren Herausforderungen die, sich inneren Veränderungen zu stellen. Um nun den Kreis zum vorliegenden Buch zu schließen, kann es sein, dass das, was Sie hier lesen und lesen werden, für Sie zu einem großen Abenteuer werden kann, vielleicht dem größten Ihres Lebens!

Während äußere Abenteuer leicht erkennbar sind, sieht es bei den inneren ganz anders aus. Zwar kann bei beiden Angst eine Rolle spielen, aber bei den inneren Abenteuern mischt viel Ungewisses und Unbekanntes mit. Auf physische Abenteuer kann man sich recht gut vorbereiten. Selbst wenn man auf eine unbekannte Insel reist, kann man sich über Landessprache und -währung informieren und zumindest den ersten Übernachtungsplatz buchen, um dann zu schauen, was auf einen zukommt. In so einem Fall wissen wir zum Beispiel, dass eine eventuelle Angst daher rührt, weil die Kriminalität in dem Land groß ist. Oder weil es wilde Tiere gibt. Oder die Luft in großer Höhe dünn wird. Trotzdem: alles kalkulierbare Größen.

Bei Reisen in unser Inneres hingegen wissen wir rein gar nichts. Lediglich unser aktuelles Wertesystem baut einen Schutzwall auf und versucht, ja nichts durchzulassen, was unbekannt ist.

Machen wir die Probe aufs Exempel. Es könnte ja sein, dass Sie zum Beispiel keinen Bezug zu Reinkarnation, also

Wiedergeburt, haben. Vielleicht sind Sie sogar Atheist und verneinen die Existenz einer Schöpferkraft oder eines Gottes. Wie gehen Sie dann damit um, wenn ich Ihnen sage, dass jeder von uns bereits eine ganze Anzahl an Leben auf dieser Erde hinter sich hat?

Gesetzt den Fall, das war Ihnen bisher völlig fremd, so haben Sie zwei Alternativen. Die eine ist, dass Sie das Buch mit der Bemerkung in die Ecke pfeffern, das wäre Quatsch und Sie bräuchten sich so einen Bären nicht aufbinden zu lassen. Die Wahl haben Sie immer. Aber vor diesem Abenteuer hätten Sie dann gekniffen, tut mir leid - und somit auch die Möglichkeit vertan, eventuell Neues und für Sie Hilfreiches zu erfahren. Die andere Option wäre, dass Sie zwar säuerlich den Mund verziehen, einmal tief durchatmen und sich vornehmen, zwar kritisch, aber doch zu erforschen, was da auf Sie zukommt. Damit haben Sie sich dafür geöffnet, Neues zu erfahren. Ob das für Sie hilfreich sein wird, ist noch völlig offen.

Doch eines haben beide Abenteuer gemeinsam: Sie werden mit Sicherheit Ihren Horizont erweitern. Selbst wenn Sie danach zu dem Schluss kommen, *das* wäre nichts für Sie, so haben Sie damit gelernt, was für Sie *nichts* ist. Ein einziges Mal in meinem Leben habe ich mit meiner damaligen Freundin und deren Tochter etwas getan, wovon ich nie für möglich gehalten hätte, es zu machen: Zwei All-Inklusive-Wochen in einem ägyptischen Luxusressort. Inklusive Kamelreiten und Glasbootausflug. Okay, besser als zu Hause herumzusitzen ist es allemal, aber ich weiß, dass ich *das* nicht wirklich noch einmal brauche.

Vielleicht noch ein Hinweis zum Umgang mit Abenteuern, vor allem zu inneren. Immer dann, wenn man besondere Ablehnung spürt, lohnt es sich, genauer hinzusehen. Natürlich kann es für einen einfach unstimmig sein. Doch genauso gut ist es auch möglich, dass einer unserer Persönlichkeitsanteile keinen Bock auf Veränderung hat. Es ist nicht einfach, zu unterscheiden, was von beidem es ist. Es gibt sogar noch eine dritte Variante. Es kann nämlich *aktuell* nicht stimmig sein. Denn so, wie es in unserem Leben einen Zyklus von Spannung und Entspannung gibt – und den auf mehreren Ebenen, wie man ja vom Biorhythmus weiß – durchlaufen wir auch Entwicklungsschritte. Und bei denen kommt es oft auf die passende Reihenfolge an. So kann etwas zurzeit völlig unstimmig wirken und in zwei Jahren genau richtig sein.

Sich Abenteuern zu stellen, vor allem inneren, garantiert aber eines, und das ist das Wichtigste in unserem Leben: Wir gewinnen durch bestandene Abenteuer Selbstbewusstsein und innere Sicherheit. Damit schwindet automatisch das Bedürfnis nach äußerer Sicherheit und damit wiederum Abhängigkeit von anderem sowie äußeren Umständen. Bitte bedenken Sie das immer, sobald Sie in diesem Buch auf Aussagen stoßen, die Sie die Stirn runzeln lassen.

Kompakt:
Es gibt äußere und innere Abenteuer. Sie sind gleichermaßen spannend und fordern uns heraus. Doch eines haben beide gemeinsam: Wir gehen gestärkt und selbstbewusster aus ihnen hervor.

Gott, Himmel, Fegefeuer und Hölle

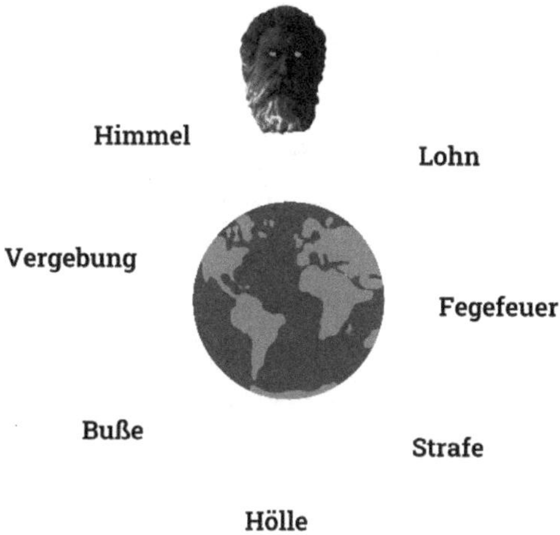

Unser aktuelles Weltbild gründet entweder auf wissenschaftlicher Forschung oder auf Religionen. Was wir von der Wissenschaft wissen, ist relativ wenig. Es bezieht sich lediglich auf alles Sicht- und Messbare. Fundamentale Fragen bleiben offen. Wir erhalten dort keinen Aufschluss über abstrakte Begriffe wie Gott, Seele und Geist, während Himmel, Hölle, Fegefeuer, göttliche Bestrafung und Lob Ideen sind, die nur in der Welt von in religiösen Traditionen verhafteten Menschen eine Rolle spielen.

Wir leben auf einem Planeten, der durchs All rotiert, haben keine Ahnung, woher wir kommen, was wir hier eigentlich sollen und auch nicht, wohin wir gehen. Viele sind der Ansicht, dass alles willkürlich geschieht, der Zufall ist weithin akzeptiert.

Irgendwie wundert es mich aber nicht, dass viele Menschen so denken. Blicken wir einerseits auf den wirren Haufen von abstrakten Begriffen, mit denen wir aufgewachsen sind und dann auf die Wunder unserer Welt, die *trotzdem* funktioniert – nun, dann ist es kein Wunder, wenn man den Worten mancher Geistlicher Glauben schenkt, die meinen, man könne Gott nicht verstehen, solle und könne ihn auch nicht hinterfragen, sondern man müsse einfach nur glauben. Nicht zu hinterfragen scheint aktuell ja auch wieder das Gebot der Stunde zu sein, wenn man den hochrangigen Politikern zumindest aller westlichen Staaten glauben soll.

Ich kann nicht verstehen, dass man sein Leben so einfach dahin leben kann, wie es die meisten von uns tun, ohne sich für die Landkarte zu interessieren, auf der wir uns ständig von irgendwo nach irgendwo bewegen. Aber was haben wir sonst für Möglichkeiten?

Da wäre als Erstes der Glaube – egal welcher. Bei den einen heißt es, man solle Gott – oder Allah – wohlgefällig leben, bei anderen geht es darum, das Rad des Leidens zu überwinden, um im Nirwana ewig glückselig zu sein. Es geht immer darum, ein guter Mensch zu sein, diversen Geboten zu folgen, um schließlich bei guter Führung im Himmel zu landen. War man nicht so perfekt, wird man im Fegefeuer sandgestrahlt und gelangt dann erst in den Himmel. Andernfalls wartet die Hölle auf einen. Und das alles nach unserem Leben. Eine abstrakte Angelegenheit, mit der viele nichts anfangen können und sich daher denken, sie lebten jetzt und nicht dann, pfeif drauf, ich schau lieber dazu, dass es mir jetzt passabel geht, was dann kommt, weiß man nicht. Irgendwie verstehe ich das, denn die Sache mit danach klingt schon ziemlich nach leeren Versprechen. Vor allem in unserer heutigen, so aufgeklärten Welt.

Damit sind wir bei der zweiten Variante, bei der Religion namens Ökonomie. Sie ist die, die am besten zu funktionieren scheint, die freie Marktwirtschaft. ›Funktionieren‹ zumindest insofern, als man ganz konkret nach den Regeln des Geldes und der Macht, des Geschickes und der Raffinesse reich werden kann. Und dann? Dann hat man Geld, aber auch noch die Angst, es wieder zu verlieren. Dass dabei allerdings die Natur den Bach runtergeht, die Menschenwürde auch und wir demnächst im Jahr 1984 landen – oder dem Land einer der anderen unzähligen Dystopien – das ist die Schattenseite. Scheint also auch nicht die ideale Lösung zu sein.

Eine weitere Option ist die, einfach zu versuchen, ein guter Mensch zu sein. Dann wird man gerne Krankenschwester, Altenpfleger oder Mitarbeiter in einem Tierheim. Man kann auch Künstler werden, in Gefängnissen auftreten oder sich von Greenpeace an einen alten Baum schnallen lassen, der einem Supermarkt weichen soll.

Die meisten aber entscheiden sich, einfach zu leben, im Hinterkopf Bilder von Rosamunde Pilcher, die man aber günstigstenfalls in der auf Graustufen reduzierten Variante abbekommt. Und selbst die löst sich nach ein paar Jahren in nichts auf und man fristet vergessen ein trauriges Dasein hinter einem Rollator unter anderen, die ihr trauriges Dasein hinter einem Rollator fristen.

Bei fast all diesen Alternativen stellt man sich gerne am Ende die Frage, ob es das gewesen wäre oder wofür das alles oder man hätte doch eigentlich gerne … aber man war nie dazu gekommen.

Ganz ehrlich? Ich finde das unendlich traurig. Ich kann mir nicht vorstellen, dass es einen Schöpfer gibt, der diese wunderbare, paradiesische Erde – ja, das könnte sie sein – erschaffen hat, nur dass dann eine Horde von ignoranten, zweibeinigen Wesen sich darauf entweder langweilt oder die Köpfe gegenseitig einschlägt.

Ich bin überzeugt davon, dass das ganze Spiel nicht einem Schöpfer, dem es langweilig war, aus der Hand geplumpst ist, und der sich nun denkt: »Egal, das ist daneben gegangen, vielleicht gelingt mir das nächste besser. Und dann gescheiter ohne Menschen.« Nein, wir alle sind genauso wichtige Figuren in einem unermesslich komplexen Tanz, wie Sonne, Wind und Sterne, Gras, Ameisen, Dattelpalmen und Pfauen. Sie haben einen tiefen Sinn, wir haben einen tiefen Sinn. Sie haben alle eine ganz bestimmte Aufgabe, und sei es das winzigste Bakterium, und so haben *wir* die auch. Sowohl als Kreatur ›Mensch‹ als auch jeder für sich selbst.

Ich hatte Glück, wirklich großes Glück. Mir sind zum richtigen Zeitpunkt die richtigen Menschen und Bücher begegnet, sodass sich im Laufe der Jahrzehnte ein Bild ergab, das in sich rund und schlüssig ist. Vielleicht denken

Sie nun, ich wäre ein Spinner, wenn ich Ihnen etwas erzähle. Das Universum – oder die Schöpfung oder wie auch immer Sie es nennen wollen – stellt sich für mich als vierdimensionales Bild dar. Unsere gewohnten drei Dimensionen und eine vierte, die ich als Dichte bezeichne. Wenn ich Fragen über Zusammenhänge habe, dann brauche ich mich lediglich in dieses Bild hineinzufühlen und erhalte ausnahmslos immer eine Antwort. Ich kann das schlecht erklären, denn dafür gibt es leider keine Worte. Aber wenn Sie wollen, nehme ich Sie gerne in ein paar Regionen mit. Es wäre schön, wenn auch in Ihnen das Flämmchen der Begeisterung für das Universum, in dem wir leben dürfen, zu glühen begänne.

Alles, was aktuell geschieht, wird unter diesem Gesichtspunkt zu einem ganz anderen Bild. Es geht weder um Viren, noch um deshalb angeblich notwendige Impfungen. Es geht auch nicht um den Klimawandel oder ums Artensterben. Das alles sind Folgen, sind Auswirkungen, hinter denen aber eine ganz andere Kraft steht. Zwar ist sie nicht erschreckend und will uns nichts Böses, umso mehr sollte man sie aber ernst nehmen.

Kompakt:

Unser Verständnis von allem außerhalb des Sicht- und Messbaren ist so dürftig, dass viele Menschen an Zufall und Willkür glauben. Kein Wunder, wenn die Lehren der Wahrheitsbringer immer wieder zu Machtinstrumenten verbogen worden sind, und wir deshalb weder eine Ahnung von Zusammenhängen in der Schöpfung haben, noch woher wir kommen, wohin wir gehen werden und warum wir überhaupt hier sind.

Schöpfung

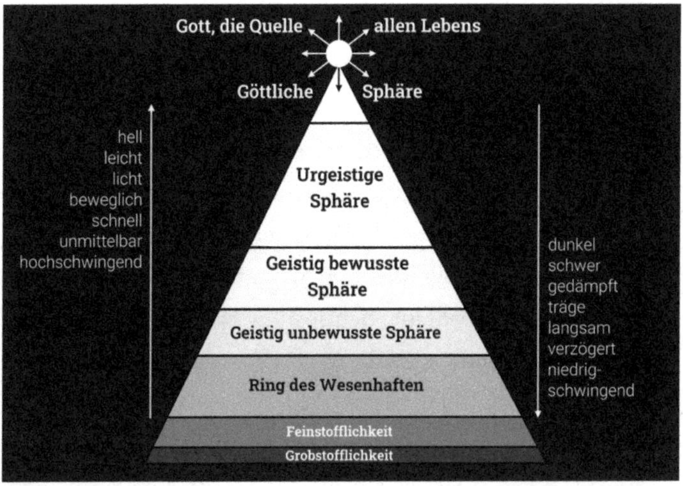

Auch auf die Gefahr hin, Sie vor den Kopf zu stoßen, sollte ich mit diesem Bild beginnen. Denn es ist die Grundlage für das Verständnis der meisten weiteren Abläufe und Gegebenheiten in unserem Universum.

Darf ich gleich mit der Tür ins Haus fallen? Gott – oder Allah, Jahwe oder Xian – ist nicht das, was wir uns von ihm vorstellen. Er ist kein allwissender alter Mann mit einem grauen Bart, eine zürnende oder gnädige Gestalt. Gott ist etwas, das wir Menschengeister uns einfach nicht vorstellen können. Das ist deshalb so, weil kein Wesen in der Lage ist, etwas oberhalb seines eigenen Ursprungs zu erkennen. Nicht nur der Andersartigkeit wegen, sondern weil alles über der eigenen Herkunft nur noch gleißendes

Licht ist, in dem man keinerlei Konturen erkennen kann. Abgesehen davon, dass man in dieser höheren Energie aufgehen, von ihr verbrannt würde. Auf Gott möchte ich später noch etwas genauer eingehen.

Wir werden uns also damit abfinden müssen, dass wir Gott mit unseren kleinen Menschenhirnen nicht verstehen *können*. Das kann nicht funktionieren. Aber wir können von folgender Tatsache ausgehen: Gott – oder wie man die Quelle auch nennen mag – ist die ewig seiende Urkraft, aus der schon immer die Lebenskraft für alles floss und ewig fließen wird. Seine Schöpfung ist vollkommen und daher auch absolut logisch. Wenn wir manches nicht begreifen, liegt das nicht daran, dass die Vollkommenheit eine Ecke weghat, sondern dass wir die Zusammenhänge nicht verstehen. Das ist ein großer Unterschied! Wir sollten daher nicht versuchen, Gottes Werk auf unsere kleine Menschendenke herunterzubrechen, sondern vielmehr uns bemühen, die Schöpfung und ihre Gesetze zu verstehen. Der Schöpfungsaufbau ist eine der Voraussetzungen dafür. Ich möchte betonen, dass sowohl meine Erklärungen als auch die Skizze eine extrem vereinfachte Darstellung sind, damit man sie mit dem Verstand begreifen kann. Die Darstellung in Form eines Dreiecks oder einer Pyramide ist absolut unrealistisch, aber noch die beste Möglichkeit, sich die Schöpfungshierarchie vorzustellen. Das von oben nach unten zunehmende Grau soll das abnehmende Licht symbolisieren. Wobei Licht, Energie, Helligkeit, Geschwindigkeit, Leichtigkeit, Durchlässigkeit, höhere Schwingung alles Begriffe sind, die in der Qualität ›Licht‹ enthalten sind. Mit anderen Worten: Je weiter abwärts, desto dunkler, energieärmer, langsamer, schwerer, dichter und träger schwingend wird es. Aus diesem Grund habe ich den Begriff der unterschiedlichen Dichte für die Sphären benutzt, die ›vierte Dimension‹, in der ich im vorigen Kapitel sprach.

In Wirklichkeit kann man sich viele der Sphären gleichzeitig ineinander vorstellen. Am schönsten verbildlichen das Erzählungen von Geistern, die ungehindert durch Mauern schreiten können.

Zum besseren Verständnis der ›Dichte‹ – auch wenn es wieder gewaltig hinkt – können wir die Aggregatszustände hier in der Grobstofflichkeit heranziehen. Es gibt bekanntlich fest, flüssig und gasförmig, drei verschiedene Dichten. Aber, wie gesagt, das Beispiel hinkt ein wenig, da Gasförmiges nicht alles Feste durchdringen kann, wie das Feinstoffliche alles Grobstoffliche.

Was bei dem Bild auch überhaupt nicht stimmt, ist das Verhältnis der Sphären zueinander. Je weiter oben, umso größer sind die einzelnen Sphären. Sollte das Verhältnis genauer stimmen, und nicht einmal dann, so müsste die Grobstofflichkeit ein kaum sichtbarer schmaler Strich am unteren Ende sein.

Bitte verwenden Sie meine Ausführungen daher lediglich als gedankliche Krücke und versuchen Sie, so gut es geht, dieses unermesslich Große vor Ihrem geistigen Auge zu sehen.

Wenn man als Wesen einer feineren Sphäre in einer dichteren *wirken* möchte, muss man sich eine Hülle dieser dichteren Qualität umlegen, sonst ginge es einem wie besagtem Geist, der im günstigsten Fall sichtbar sein, aber sich, wenn überhaupt, nur sehr schwer in der gröberen Sphäre betätigen kann, und das auch nur kurz, weil dafür ungeheure Energien nötig sind.

Wir Menschen stammen aus der Sphäre des geistig Unbewussten, und dort auch noch vom untersten Rand. Unser Ziel ist es, aufzusteigen in die geistig bewusste Sphäre. Warum und wie wir das können, darauf kommen wir in einem späteren Kapitel.

Vorerst ist es nur wichtig, dieses Bild zu verinnerlichen. Was damit übrigens auch sofort offensichtlich wird, ist ein grober Irrtum, den man von vielen Menschen hören kann, vornehmlich, wenn sie sich jedes logischen Bezugs entziehen, indem sie angeben, das gechannelt zu haben. Es geht darum, dass Menschen Göttliches in sich haben sollten oder, noch schlimmer, dass jeder Mensch ein göttliches Schöpferwesen wäre. Wir entstammen lediglich aus Gottes Kraft, aber das ist auch schon alles, denn schließlich kommt alles von dort her. Doch erstens ist Gott nicht gleichzusetzen mit der göttlichen Sphäre und schon gar nicht mit dem ganzen Universum. Das ist so widersinnig, als wolle man sagen, ein Gemälde und dessen Maler seien ein und dasselbe. So, wie der Maler der Schöpfer des Bildes ist, und das Bild eventuell von seiner Energie spüren lässt, ist Gott als Schöpfer *über* der Schöpfung stehend! Selbst wenn die Schöpfung nicht mehr existieren würde, zum Beispiel, weil er seine Kraft nicht mehr fließen ließe, und alles langsam vertrocknen würde, wäre Gott selbst davon nicht betroffen.

Und mit noch einem Irrtum möchte ich aufräumen, den man hie und da hört: Gott *bräuchte* seine Schöpfung, um sich darin zu erleben und Ähnliches. Was für ein blanker Unsinn, der einem wirklich nur dann in den Sinn kommen kann, wenn man Mensch und Gott gleichsetzt.

Doch wieder zurück zu den Sphären, die man auch als Ebenen bezeichnen könnte. ›Sphäre‹ ist mir aber deshalb lieber, weil dadurch die völlige Andersartigkeit der einzelnen Bereiche etwas besser nachspürbar ist. All diese Sphären sind nämlich tatsächlich komplett unterschiedlich, insofern also nicht mit den drei Aggregatszuständen vergleichbar. Was allerdings in der gesamten Schöpfung gleich ist, das sind die Schöpfungsgesetze, die überall, zwar an die Sphären angepasst, aber doch in ihrer Eigenart gleich wirken. So wirken überall die Gesetze der Schwere, der Anziehung der Gleichart und der Wechselwirkung. Wie jedoch bereits erwähnt, wirken sie schneller, unmittelbarer und intensiver, je höher die Sphären liegen.

Doch nicht nur in ihrer Sphäre wirkt etwas Höherschwingendes intensiver, sondern auch hier in der Grobstofflichkeit. Wenn ein Mensch seine Verbindung zu seinem geistigen Kern gut aktiviert hat, so hat er damit Zugriff auf Kräfte ungeahnten Ausmaßes. Auf diese Weise geschehen übrigens auch sogenannte Wunder. Wunder sind keine Zauberstücke, sondern ganz natürliche Vorgänge, die lediglich durch höhere Schwingung extrem intensiviert sind. Da, worauf ich auch noch zurückkommen werde, immer Geist Materie beherrscht, erklärt sich ganz einfach, was auf den Normaldenkenden wie ein Wunder wirken mag.

Jeder Mensch ist im Prinzip in der Lage, Dinge zu bewirken, die wir heute als Wunder bezeichnen würden. Voraussetzung dafür ist lediglich, dass man seine Verbindung zu seinem geistigen Ursprung wiederbelebt und übt. Das geht allerdings nicht mit irgendwelchen Tricks oder Übungen, die man stumpf absolviert, wie etwa Rosenkranzperlen durch die Hände gleiten zu lassen, während man an die Einkaufsliste oder die Nachbarn denkt. Voraussetzung dafür ist, dass man sich die Schöpfung und seine Position darin verinnerlicht, dass man sich innerlich öffnet. Als Schlüssel dazu kann man die Liebe bezeichnen. Auch ihr ist ein eigenes Kapitel gewidmet.

Als Hintergrundfarbe habe ich bei der Grafik schwarz gewählt, um damit auszudrücken, dass Gott als das Licht sozusagen das Nichts besiedelt hat. Unablässig sendet er Licht aus, womit sich das Universum ins Unendliche ausdehnt. Bei dieser Gelegenheit möchte ich auf einen weiteren Irrtum hinweisen, im Zusammenhang mit der sogenannten Dualität. Immer wieder kann man hören, wenn wir nicht mehr hier leben oder erleuchtet sind oder bei anderen Gelegenheiten, dass wir dann aus der Dualität träten. Vielleicht mag dieser Gedanke aus dem Nirwana des Buddhismus entstanden sein, jedenfalls ist er falsch. Ab dem Schöpfungsakt ›Es werde Licht‹ ist alles Dualität: Licht und Nicht-Licht, wie die Pyramide und die schwarze Umgebung. Zwischen den beiden Polen des höchsten Lichts und des tiefsten Dunkels gibt es Abstufungen, weshalb man bei diesen Gegensätzen besser von Polarität sprechen sollte. Ich werde auf den Unterschied von Dualität und Polarität noch gesondert zurückkommen.

Wenn von dem Nirwana als Aufgehen im Nichts die Rede ist, dann stimmt das so einerseits nicht, weil das im Buddhismus nicht so gemeint ist. Vielmehr bedeutet Nirwana das Ende des Kreislaufs des Samsara, also des So-lange-auf-die-Erde-kommen-Müssens, bis alles Karma abgearbeitet ist, das durch die leidverursachenden Gifte ›Gier‹, ›Hass‹ und ›Unwissenheit/Verblendung‹ immer wieder neu angehäuft wird. Auch zum Karma wird es natürlich ein eigenes Kapitel geben.

Andererseits mag manchen Seelenreisenden der Eindruck entstanden sein, dass man in einer gewissen Höhe sozusagen im Licht vergehen, sich also seine Persönlichkeit auflösen würde. Dieses Erlebnis ist durchaus authentisch, hat aber einen anderen Grund. Wie bereits darüber gesprochen, werden die Sphären nach oben hin immer lichter und intensiver. Jedes Wesen, so auch der Mensch hat eine ganz bestimmte Schwingung und kann nicht über seinen Ursprung hinaus und auch nicht über die Ebene, die seinem aktuellen energetischen Zustand, seiner aktuellen Schwingung entspricht. Wie bereits gesagt erscheint alles über dem eigenen Ursprung nur noch als gleißendes Licht, das wie ein großes ›Eines‹ auf den Beobachter wirken mag. Solche Erlebnisse mögen die Geschichte in die Welt gesetzt haben, dass man bei völliger Erleuchtung seine Persönlichkeit verlöre und in einem kollektiven Licht aufginge. Ich persönlich fände das schrecklich, hieße es doch, die eigene Individualität zu verlieren. Sie ist doch ein wundervolles Geschenk, das man sicher nicht am Ende seiner Reise würde abgeben müssen.

Kompakt:
Wir verstehen nicht einmal die Zusammenhänge in unserer Grobstofflichkeit, der untersten Sphäre des Universums. Von Gott, der Quelle, haben wir uns überhaupt ein völlig falsches Bild gemacht, indem wir ihn auf unser menschliches Verständnis heruntergezerrt haben. Auch von den vielen Sphären bis herunter zu der, in der wir jetzt leben, haben wir keine Vorstellung. Dabei ist eine davon unser geistiges Zuhause, nach dem wir uns immer schon unbewusst sehnten.

Heimat

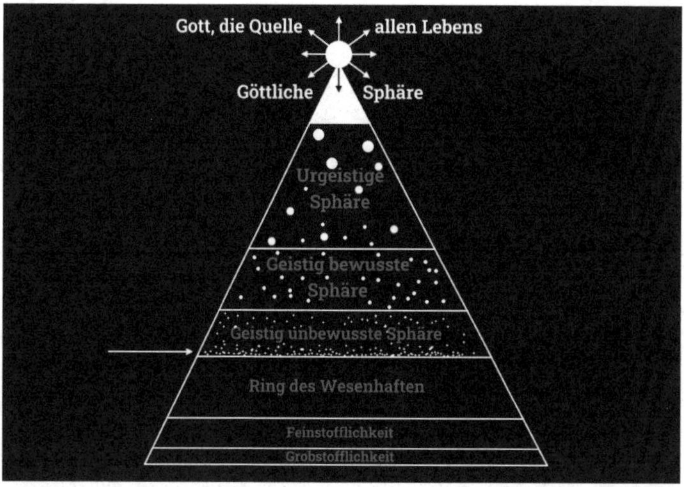

Ich glaube, jeder von uns kennt dieses sehnsüchtige Brennen nach irgendetwas Unerklärlichem. Meistens wird es verwechselt mit der Sehnsucht nach einem Partner und man sagt: ›Ich bin dort zu Hause, wo die Liebe ist‹ – was natürlich wiederum auf den Partner bezogen wird. Man ist tatsächlich dort zu Hause, wo die Liebe ist, allerdings hat das nichts ursächlich mit einem Partner zu tun.

Tatsächlich ist dieses Verlangen unser Sehnen danach, wieder in unsere eigentliche Heimat zurückzugelangen. Aber sehen wir uns zuerst einmal an, woher wir kommen und wie wir überhaupt entstanden sind. Dass wir dieses Empfinden mit Verliebtheit verwechseln, mag daran liegen, als beides Glück bedeutet.

Das Mysterium Gott ist die ewig spendende Quelle des Lebens. Spenden bedeutet, dass unablässig aus dieser Quelle Kraft fließt, die Kraft, die uns am Leben erhält. Doch nicht nur die. Als Beispiel habe ich dazu das Bild eines Schlauches vor mir, aus dem Wasser spritzt. Wenn man diesen Strahl genauer betrachtet, vor allem in weiterer Entfernung der Düse, dann fällt auf, dass sich zuerst große Tropfen aus dem Strahl lösen und als Letztes sich feinster Wasserstaub niederschlägt.

Bei dieser Gelegenheit möchte ich etwas zu dem Hilfsmittel der Analogie sagen.

Wir haben zwei sichere Instrumente, um uns durch unbekannte Gewässer des Wissens zu bewegen. Das eine ist die Logik. Sie ist ein Teil der Schöpfungsgesetze und daher in allen Sphären gültig. Das zweite Werkzeug ist das der Analogie – wie oben so unten und umgekehrt oder im Großen wie im Kleinen. Da die Gesetze in allen Sphären gleich wirken, können wir auch aus Abläufen hier in der wissenschaftlich und verstandlich erfassbaren Sphäre der Grobstofflichkeit auf andere Sphären schließen. Ein Beispiel hatten wir ja schon, das der unterschiedlichen Dichte. Alle Abläufe ähneln sich, der hauptsächliche Unterschied besteht nach oben hin in zunehmender Leichtigkeit, höherer Schwingung und schnellerer Auswirkung der Gesetzmäßigkeiten. So entstammt unserer schweren Grobstofflichkeit der wahre Spruch ›Der Geist ist willig, aber das Fleisch ist schwach‹. Das bedeutet nichts anderes, als zwischen dem Wollen und Handeln oft ein längerer Weg liegt oder es überhaupt nicht zum Handeln kommt. In höheren

Sphären hingegen werden Wollen und Handeln zunehmend eins, wodurch wir dort durch unser Wollen unsere Umgebung unmittelbar formen. Für Menschen, die das bei Seelenreisen mitbekommen, mag es so aussehen, als herrschten in feineren Sphären andere Gesetze. Das scheint aber nur so, in Wirklichkeit ist die Auswirkung einfach nur schneller.

Also zurück zu dem Strahl der Gotteskraft. Wie also sich große Tropfen zuerst aus dem Wasserstrahl lösen, so ist es auch dort, wir haben es mit einer Analogie zu tun. Wesenheiten mit großer geistiger Energie lösen sich früher aus dem Strahl. Aufgrund der Anziehung der Gleichart entfernen sie sich weniger weit von der Quelle und können andererseits auch nicht so tief sinken. So entstehen zuerst die mächtigsten Wesen in der göttlichen Sphäre. Bereits etwas schwächere bevölkern die darunter liegende urgeistige Sphäre. Dabei handelt es sich aber für unsere Verhältnisse immer noch um unermesslich mächtige Wesenheiten, weit kraftvoller als etwa griechische Götter. Noch eine äonenweite Entfernung später fallen die geistig bewussten Geister aus dem Strahl und bleiben in der Sphäre des geistig Bewussten ›hängen‹.

Schließlich, am alleruntersten Rand der ewigen Schöpfung schweben die Geistsamenkörner zu Boden, vergleichbar mit dem feinsten Gischt aus unserem Schlauchbeispiel. Wir sehen sie in der Grafik als kleine Pünktchen am untersten Rand der geistig unbewussten Sphäre.

Das ist der Ort unserer Heimat.

Im Gegensatz zu allen anderen Wesen, die ›aus dem Schlauch‹ kamen, sind Geistsamenkörner zwar ebenfalls von geistiger Natur, aber sie sind so schwach, dass sie nicht bereits in dieser Phase ihrer selbst *bewusst* sein können. Aber so wie allem anderen Geistigen wohnt auch ihnen – also uns – das *Wollen* zur Bewusstwerdung und zur Entwicklung inne – das ist eine grundlegende Eigenart alles Geistigen. Erstaunlich wirkt auf uns deshalb die Parallele der noch nicht alleine lebensfähigen Geistkeime mit neugeborenen Babys. Beide besitzen bereits all ihre Fähigkeiten für ein bewusstes Leben – wieder eine Analogie. Beide müssen sie aber erst ihre Fähigkeiten entwickeln. Sie werden immer wieder staunen, wie einfach und folgerichtig die Schöpfung ist.

Doch wir müssen keineswegs in unserem unbewussten Zustand bleiben, sondern können ihn uns sozusagen erarbeiten. Wie das vor sich geht, sehen wir uns im nächsten Kapitel an.

Kompakt:
Daher kommt unser inneres Sehnen nach etwas Unbestimmtem, das wir oft mit dem passenden Partner verwechseln. Es ist aber der Wunsch, wieder nach Hause zu kommen. Hier haben darüber gesprochen, wo unsere wahre Heimat ist.

Bewusstwerdung

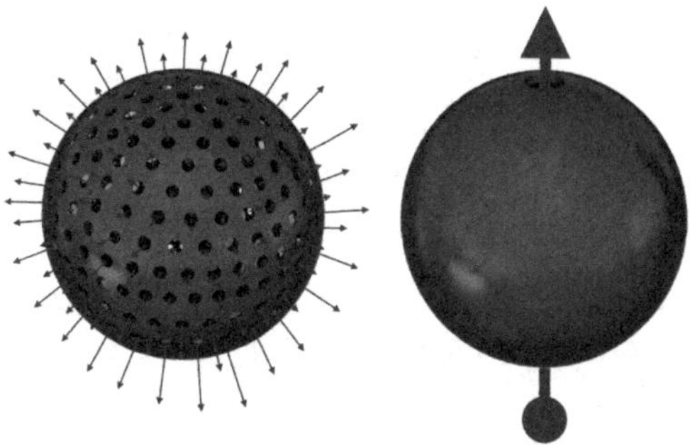

Wenn ich Antworten suche, dann brauche ich in vielen Fällen nur auf mein vierdimensionales Bild in meinem Inneren zu schauen und eine Lösung fällt mir zu; meistens sogar direkt innerhalb eines Gesprächs. Für die Antwort zu dieser Frage hier hatte es seinerzeit länger gedauert. Warum, dachte ich mir, will sich der Mensch denn entwickeln? Kann man denn nicht einfach dort oben bleiben, die Gegend wäre ja paradiesisch genug. Und dann, eines Tages, hatte ich auf einmal dieses Bild hier vor mir.

Gut, paradiesisch schön mag es dort ja sein, nur fühlen wir uns in etwa so wie ein Baby auf unserer Erde: Man will, bitte schön, etwas *tun!* Möchte seine Fähigkeiten erkunden, seine Umgebung erforschen. Das ist einfach in uns drin, dagegen kann man genauso wenig tun, wie einer

Kugel auf einer Schräge zu verbieten, zu rollen. Und dann fiel es mir wie Schuppen von den Augen.

Wenn wir dort oben am Grund der geistig unbewussten Ebene ruhen, sind wir ja trotzdem Geistwesen. Geist hat als Grundeigenschaft die Fähigkeit des Wollens, die letztlich in Entwicklung mündet – wohin auch immer. Wir sind aber zu Beginn völlig erfahrungslos. Zwar wollen wir, haben aber keine Ahnung, was und wohin. Diesen Zustand verbildlicht die linke Kugel.

Zur näheren Erklärung muss ich kurz ein wenig vorgreifen auf ein Thema, das etwas später kommt. Geistwesen sind im Universum wie eine Art Schaltstellen. Sie erhalten fortwährend Energie, die sie weiterleiten. Wohin sie die Energie leiten, das liegt an ihrem Wollen. Wenn man aber noch nicht will, weil man einfach keine Ahnung hat, was man überhaupt wollen könnte, dann leitet man diese Energie völlig indifferent in alle Richtungen. Das linke Bild der Kapitelgrafik symbolisiert das. Wenn wir uns überdies vorstellen, diese Energie wäre meinetwegen Luft und wir würden sie zu einer Menge gleichmäßig verteilter Löcher nach außen stoßen, dann würde sich diese Kugel keinen Millimeter vom Fleck bewegen. Denn durch die gleichmäßige Verteilung würden sich die Kräfte gegenseitig aufheben.

Als Geistsamenkorn, das zwar geistiger Natur, aber doch unbewusst ist, liegt es nahe, dass man in sich den Drang verspürt, bewusst zu werden. Auffallend ist in dem Zusammenhang, dass man in esoterischen, spirituellen Kreisen ständig von Bewusstwerdung spricht. Die geistig bewusste Sphäre liegt aber oberhalb der geistig unbewussten. Es ist also naheliegend, dass man seine gleichmäßig verteilten Kräfte bündelt, um so die eigene geistige Energie zu stärken. Dieses Stärken ist der Prozess des Bewusstwerdens. Das heißt, das ehemals unbewusste Geistsamenkorn, so schwach, dass es als Staub am Boden des geistig Unbewussten liegen blieb, arbeitet und trainiert, um seine Bewusstheit erstarken zu lassen. Der schwach glimmende Funken wird langsam zu einem Lichtlein, zu einem Licht, um schließlich kraftvoll zu erglühen. Damit wird er so stark, dass er aufsteigen kann in das Reich des geistig Bewussten und denen, die schon von Anbeginn an dort sein konnten, ebenbürtig zu sein. Nein, mehr noch, denn ein Geist, der sich seine Kraft erst erarbeiten musste, hat damit ja auch jede Menge an Erfahrungen gesammelt, die ein bereits sofort bewusster Geist nicht machen konnte. Demnach kann er dann auch andere Aufgaben in Zukunft übernehmen, hat mehr Möglichkeiten.

Es geht also darum, die vielen kleinen Löcher zu verschließen, um die Energie in wenige zu konzentrieren. Nun stellt sich aber die Frage, welche das sind. So schwierig ist die Antwort nicht – zumindest theoretisch. Natürlich nach oben, oder?

Nicht unbedingt. Es gibt durchaus Menschen, für die Liebe und Licht keine priorisierten Ziele sind. Aber so weit sind wir noch nicht. Vom Konzept her ist die Richtung natürlich nach oben, da es ja um Schwingungserhöhung geht, um in die höhere Sphäre hochgezogen zu werden. Dafür stehen uns vereinfacht aber *zwei* Energien zur Verfügung. So wie immer, wenn wir irgendwohin wollen, zieht uns die

Sehnsucht zu einem Ziel und die Abscheu schiebt uns fort von dem, was wir nicht wollen. Die *Richtung* ist unterm Strich dabei die gleiche.

Im konkreten Fall – und damit sind wir bei der rechten Kugel, geht es um zwei Richtungen: Ja (Sehnsucht) zu aufwärts und nein (Abscheu) zu abwärts, sprich weg von unten, also auch wieder aufwärts. So einfach wäre die Sache im Prinzip. Doch was sind ›aufwärts‹ und ›abwärts‹?

Neben höherer Schwingung bedeutet aufwärts ein Schwingen in den Schöpfungsgesetzen. Oder anders gesagt: Denken und Handeln in den Schöpfungsgesetzen bedeutet in der Folge höhere Schwingung. Auf unser Erdenleben heruntergebrochen ist das Vorgehen dafür in den zehn Geboten grob vorgegeben wie auch im *Achtfachen Pfad* des Buddhismus. Auf den einfachsten Nenner gebracht, bedeuten all diese Hilfestellungen, *wirkliche Liebe* zu leben. Das beinhaltet alles. Bleibt nur noch, die Frage zu klären, was ›Liebe leben‹ bedeutet.

Kompakt:
Ein Menschengeist-Samenkorn hat zu Beginn noch kein konkretes Wollen, lediglich die Fähigkeit dazu. Um aus der unbewusst-geistigen in die bewusst-geistige Sphäre gelangen zu können, muss es seine Bewegungsrichtung dorthin auszurichten lernen.

Die lange Reise

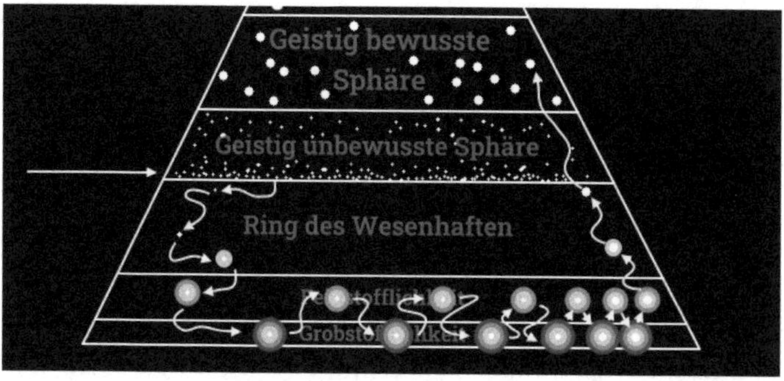

Bisher haben wir darüber gesprochen, dass Schwingungserhöhung und Bewusstwerden bedeuten, unser Wollen auf das Ziel zu fokussieren, in die nächsthöhere Ebene aufzusteigen. Das sind allerdings meiner Ansicht nach alles recht abstrakte Begriffe, von denen man sich keine gute Vorstellung für die Praxis machen kann. Was ist Schwingungserhöhung? Was ist Bewusstsein? Es sind so schöne Schlagwörter in esoterischen und spirituellen Kreisen, aber ich glaube, viele haben sich keine Gedanken gemacht, was die Begriffe wirklich ausdrücken.

Um es sich einfach vorzustellen, kann man den Vorgang als Training bezeichnen. So, wie wir Muskeln oder auch Fertigkeiten jeder Art üben können und die dann immer härter oder perfekter werden, so ist es bei allem. Sie erinnern sich an die Analogie? Die ist natürlich auch hier gültig. Auf den Vorgang der Verstärkung möchte ich später in einem gesonderten Kapitel eingehen. Vorab nur so viel:

Alles, was wir üben, bewirkt eine Stärkung dessen, worauf wir den Fokus richten. Trainieren- also üben – wir Freude, so werden wir im Lauf der Zeit freudvoller, weil wir mit dem Aussenden froher Emotion gleichartige anziehen. Durch diese Anziehung erfolgt rückkoppelnd eine Verstärkung.

Mit anderen Worten wird das zuerst schwache Menschengeist-Samenkorn durch seine Betätigung durchglüht, solange diese Betätigung im Sinne eines nach oben orientierten Ziels ist. Solche Betätigungen im Denken und Handeln kann man unter den Sammelbegriff ›Liebe‹ stellen. Wie gesagt, werde ich zur Liebe ein gesondertes Kapitel schreiben. Reine Verstandesarbeit, reiner Fleiß im Sinne von zwar emsigen, aber lieblosen Tätigkeiten wie etwa Fließbandarbeit oder etwas auswendig zu lernen zählen nicht dazu. Es geht um die Tätigkeiten, die man im Sinne von ›es geht das Herz auf‹ spürt. Also alles, wo Empathie eine Rolle spielt. Das kann Arbeit in der Natur und mit Tieren genauso sein wie Altenpflege, therapeutische Arbeiten, aber natürlich auch Support für Kunden, Mitarbeiterschulungen in diesem Sinne, kommunale Politik im Sinne der Mitmenschen, Kunst, Arbeit, die wirklich Freude bereitet, durchaus auch technische oder forschende Berufe – also viele, völlig unterschiedliche Tätigkeiten, die aber das Herz bewegen. Ob man so eine Tätigkeit ausführt, merkt man sehr einfach, indem man diese Arbeit nicht als Arbeit im herkömmlichen Sinne empfindet, sondern sie als Hobby bezeichnen möchte. Bitte nicht zu verwechseln mit workaholischen Anwandlungen, die Verdrängung, Verweigerung darstellen. Zu entscheiden, ob man ein Workaholic ist oder einfach von der Arbeit begeistert, merkt man daran, ob einem dabei das Herz aufgeht und man eher Energie dadurch gewinnt, als man verliert.

Durch diese Tätigkeiten zieht der Geist seinesgleichen Energie an, man kann sagen, dass das Glimmen des Geistsamenkorns zum Leuchten und schließlich zur lichten Flamme wird.

Werfen wir einmal einen Blick auf das Bild zu Beginn der Szene.

Wir waren bei uns Geistsamenkörnern, dem Gischt des Geistigen, stehen geblieben, die sich am Boden des geistig Unbewussten ablagern. Das ist dort, wo der horizontale Pfeil hinzeigt. Wie geht es nun weiter?

Die Geistsamenkörner sinken aus der geistigen Sphäre in den Ring des Wesenhaften, wo sie von weiblichen Wesen in Empfang genommen und in einen wesenhaften Mantel gehüllt werden. Von dort aus werden sie, noch völlig unbewusst schlummernd, abwärts an andere weibliche Wesenheiten weitergegeben, die sich bereits näher an der feinstofflichen Sphäre befinden. Wieder erhalten sie eine Hülle und sinken nun weiter bis an die obere Grenze der Feinstofflichkeit, die oberste Grenze der Stofflichkeiten. Diese Sphäre könnte man auch als die seelische Sphäre bezeichnen. Hier erwarten sie wieder andere Wesen, unter denen erstmals auch männliche zu finden sind. Es bedeutet dieser Ort einen großen Wendepunkt, denn die schon mehrfach umhüllten Geistsamenkerne bleiben nun sozusagen – wie ein Samen in der Erde – in der oberen Schicht der Feinstofflichkeit stecken. Damit ist dem völlig unbewussten Dahintreiben vorerst ein Ende gesetzt. Bei dem uns bevorstehenden Aufstieg wird uns diese Sphäre unsagbar schön erscheinen. In seinem Buch *Im Lichte der Wahrheit* schreibt Abd-ru-shin über diese Ebene:

> »Sie erscheint dem Menschengeiste bei dem Aufstiege schon unermesslich hoch und wunderbar in ihrer Schönheit. Von mildem Lichte übergossen, liegt sie vor den Blicken, von einem Lichte, welches mild erscheint und doch viel heller ist als unser Sonnenschein hier auf der Erde. Die Strahlen sind erweckend, fördernd, stärkend.
>
> Die Ebene scheint eine einzige, endlose Gartenanlage zu sein. Ein blühender Garten reiht sich bis in unabsehbare Fernen an den anderen, erfüllt von schönen Blumen aller Größen und auch vieler Farben, betreut von zarten Wesenheiten, behütet und bewacht von ernsten, männlichen Gestalten, die ordnend, wachend, sichtend durch die Reihen schreiten.
>
> Blühende Lauben stehen ringsumher, zur Ruhe und Erholung ladend und zum stillen, dankbaren Insichgehen.«

Wirkt ziemlich paradiesisch, finden Sie nicht auch? Dabei ist der Boden hier die von unserer wahren Heimat so weit entfernte Feinstofflichkeit, in die der Samen aus dem geistigen Reich gesunken kam und liegen geblieben ist. Die äußere Hülle, die er erhalten hat, entwickelt sich zu einer Knospe, die innere Hülle zu einem kleinen Körper in Menschengestalt. Diese Gestalt deshalb, weil sie durch das Durchglühen des Geistigen in dieser Form entstehen *muss.*

Der Geist selbst nimmt aber erst später eine mehr oder weniger schöne menschliche Form an, je nach seinem Wollen.

Der leise Knall des Aufbrechens der den Geistsamen umhüllenden Knospe, in der er herangereift ist, erweckt den Menschengeistsamen zum *Daseinsbewusstsein.* Erst viel später kommt er im Laufe seiner Entwicklung zum *Sichselbstbewusstsein.*

Hier möchte ich noch etwas einflechten. Viele Vorgänge im Universum, die sich außerhalb unseres Verstandesbegreifens befinden, haben in Bildern den Weg zu uns gefunden. Da Künstler oft empfindungsbegabte Menschen sind, wurden demzufolge auch meistens sie deren Empfänger. So entstanden Märchen, Sagen und Geschichten, die einen tief berühren, ohne dass man wüsste, weshalb. Dazu gehört zum Beispiel die Gralssage oder auch die Theorie des Urknalls – auch wenn Letzteres aus der Physik-Ecke kommt. Da es diesen Knall für unser Universum nie gegeben haben kann – es entstehen ja ständig neue Universen aus den Samen alter, die in Zersetzung geraten sind, es handelt sich um ein ewiges Werden und Vergehen – geht die Theorie meines Erachtens auf Erinnerungsbilder unseres allerersten Schrittes zum Daseinsbewusstsein zurück. Und dort hat es diesen Urknall tatsächlich für jeden von uns gegeben.

Doch weiter zu unserer Reise. Durch den Drang zur Entwicklung sinkt der umhüllte Menschengeist, den man jetzt als ›Menschenseele‹ bezeichnen kann, nun tiefer in der feinstofflichen Sphäre. Irgendwann kommt es dann zur ersten Inkarnation in die grobe Stofflichkeit. Diese Vorgänge sehen Sie auf dem Bild in den Sphären ›Ring des Wesenhaften‹ und ›Feinstofflichkeit‹.

Damit jeweils der Schritt von einer Sphäre in eine schwerere möglich wird, ist es notwendig, dass sich die unterste Energie der *höheren, abgebenden* Sphäre und die oberste der *tieferen, empfangenden* möglichst ähnlich sind. Denn die Verbindung, die durch das Umlegen einer schwereren Hülle stattfindet – sowohl weit oben, als der Geist seine ersten Hüllen erhielt, und so zur Menschenseele wurde, als auch später, das ›Schlüpfen‹ in den grobstofflichen Körper – kann man als ›magnetisch‹ bezeichnen. Es ist also keine Verbindung wie das Orange, das auf der Palette eines Malers durch Mischen von Rot und Gelb entsteht, sondern eher mit einer Emulsion vergleichbar, bei der zwei eigenständige Flüssigkeiten miteinander zu etwas Neuem werden, zum Beispiel einer Hautcreme. Dabei behalten aber die Komponenten trotzdem ihre eigenständige Art. Üblicherweise schwimmt Öl auf Wasser. Jedoch durch Rühren oder Schütteln, zuzüglich der Verwendung eines Emulgators, vermischen sich die beiden unterschiedlichen Flüssigkeiten so, dass sie als etwas Neues, anderes erscheinen. Doch selbst die Komponenten von Emulsionen neigen mitunter dazu, sich wieder zu trennen. So kann es schon vorkommen, dass bei einer Creme sich das Öl absondert und wieder seinen natürlichen Platz an der Oberfläche einnimmt.

Bei der Menschenseele in einem grobstofflichen Körper ist das ähnlich, aber eben doch nicht gleich, weil es zwei verschiedene Sphären sind, die sich nicht vermischen können. Vielmehr ist es, wie gesagt, ein magnetartiger Zusammenschluss von Seele und Körper. Eine Seele wäre normalerweise nicht in der Lage, einen Körper zu bewegen. Man hört ja immer wieder von Verstorbenen, die jemandem zwar erscheinen, aber selten in der Lage sind, etwas Grobstoffliches zu bewegen. Auch kann man sie nicht physisch berühren. Das ›Emulsionsprojekt Mensch‹ ist dadurch möglich, als die Menschenseele, wenn sie etwa in der Mitte der Schwangerschaft den vorgefertigten Körper zu übernehmen und bewohnen beginnt, über das Blut eine magnetische Verbindung eingeht, durch die sie in der Lage ist, sich so intensiv mit ihrer grobstofflichen Hülle zu verbinden, dass man als Mensch meinen könnte, man wäre der Körper selbst – immer wieder staune ich über die Genialität des Universums!

An dieser Stelle vielleicht noch etwas: Das erste Mal konnten Menschenseelen, denen noch keine Bindungen anhafteten, nur in einen Menschenkörper geboren werden, als auch ihre neue Lebensumgebung ähnlich licht und rein war wie sie selbst. Es ist leicht nachvollziehbar, dass die Erde heute schon sehr lange nicht mehr die dafür mögliche Umgebung bietet. So werden schon lange keine neuen Seelen mehr hierher auf die Erde geboren.

Die Zunahme der Bevölkerung hat einen ganz anderen Grund. Da sich dieser Schöpfungsteil aktuell in einer Endphase, einer Reifephase befindet, besteht im sogenannten Jenseits, also der seelischen Sphäre, ein großes Drängen, noch einmal zu inkarnieren, um hindernde Bindungen auflösen zu können. Denn ohne die Auflösung ist es einem Menschengeist nicht möglich, wieder aufzusteigen, nicht einmal zu seinem Ursprung. Während früher die Intervalle zwischen Inkarnationen Jahrhunderte oder länger währten, kann es jetzt sein, dass wenige Tage dazwischen liegen. Durch die zunehmende Inkarnierungsdringlichkeit und die so immer kürzer gewordenen Intervalle entsteht auf diese Weise das Bild einer wachsenden Bevölkerung. Dabei werden lediglich die Abstände zwischen den Inkarnationen geringer. Das finden Sie auf dem Bild unten auch angedeutet.

Des Weiteren können Sie bei genauerem Hinsehen erkennen, dass der Geistkern – im Idealfall der Entwicklung! – stärker glüht und am Ende seiner ›Mission‹ viel stärker von der Erde geht, als er einst gekommen war. Auch sehen Sie, wie sich zunehmend Hüllen um den Geistkern legen, die beim Aufstieg wieder eine nach der anderen abfallen.

Des Weiteren sehen wir das ständige Auf und Ab der Seele, also inkarniert, dann wieder eine Weile in einer lichteren Sphäre – oder auch nicht. Wie eine Seele nach dem Ablegen des grobstofflichen Körpers das Jenseits erlebt, hängt stark vom Wollen bereits hier auf der Erde ab. Lehnt jemand etwa ab, dass es das ›Drüben‹ gibt, dann wird er dort so lange blind in Dunkelheit umherirren, bis ihn die Kraft der Abscheu – Sie erinnern sich? – dazu bewegt, das so zu sehen wie es ist.

Wenn ein Menschengeist alle Verknüpfungen und Bindungen (was das ist und wie es dazu kommt, erfahren wir später) lösen konnte, kann er am Ende seiner Reise den Weg zurück antreten. Auch in den anderen Sphären dazwischen wird er sich von Bindungen lösen müssen, bis er schließlich als befreiter – und nun bewusster – Menschengeist in das Reich des geistig Bewussten eingehen kann. Dort trifft er dann auf die bereits seit Anbeginn gleich bewussten Geister. Obwohl von einer niedereren Sphäre aufgestiegen, ist er gleichwertig, bringt im Gegenteil noch mehr Erfahrungen mit, als nie in den Stofflichkeiten gewesene Menschengeister. Auch diese Heimkehr können sie in der Kapitelgrafik finden.

Auf zwei Dinge möchte ich noch näher eingehen, das eine davon sind die Hüllen. Auch sie sind ein eindrückliches Beispiel für die Analogien, die es uns einfach machen, aus hier in der Grobstofflichkeit Erlebtem Parallelen zu erkennen in anderen Sphären. Schneidet man einen Apfel über seinen Äquator durch, dann erkennen wir auch bei ihm mehrere Schichten: die Schale, das Fruchtfleisch, das Kerngehäuse und die Kerne selbst. Der Apfel ist übrigens, schneidet man ihn dem Stiel nach durch, eine anschauliche Analogie zu dem Erdmagnetfeld.

Der zweite Aspekt bezieht sich auf eine Frage, die eventuell in Ihnen aufgekommen sein könnte: Warum ist denn die Reise eines Menschen so kompliziert durch die Sphären bis hier in die Grobstofflichkeit, dann auch noch mehrmals – ja, dass können Hunderte Male gewesen sein – wenn man das doch einfach in der geistig unbewussten Sphäre hätte erledigen können, und dort einfacher und weniger aufwendig?

Die Frage ist wichtig, und tatsächlich müsste sich die Reise weder dermaßen in die Länge ziehen, noch, vor allem, derart dramatische Ausmaße annehmen, wie sie es vor allem derzeit wieder tut.

Wie bereits erwähnt, ist alles lichter, intensiver, leichter und schneller, je höher sich eine Sphäre befindet. Dadurch wirken die Schöpfungsgesetze auch viel unmittelbarer und ausgeprägter. Insofern ist das Dreieck eine gute Veranschaulichung, weil man daraus ahnen kann, wie sich alles gegen die Spitze, den Ursprung verdichtet, um schließlich in der Quelle, in Gott, eins zu werden. Das hat zur Folge, dass alle Auswirkungen unmittelbarer werden. Hie und da erfahren wir von solchen Weisheiten in alten Sprüchen wie ›Es werde Licht und es ward Licht‹. Im Gegensatz zu uns Menschen in unserer grobstofflichen Umgebung gibt es dort keine große Kette von Idee – Wunsch – Planung – Umsetzung – Fertigstellung, sondern mit zunehmender Höhe der Sphären ist Wollen und Handeln zunehmend eins.

So, wie alle Gesetze unmittelbarer wirken, ist es auch bei der Anziehung der Gleichart. Je höher eine Sphäre, umso mehr bilden sich Felder der zusammenpassenden Energien und Intentionen. Bereits in der feinstofflichen Sphäre – und die ist noch sehr nahe – macht sich das bemerkbar. So wie hier in der Grobstofflichkeit könnten nirgends Gegensätze so nahe beieinander existieren. Völlig natürlich fänden sich Menschen mit lichten Eigenschaften ebenso zusammen wie welche mit dunklen Absichten. Zwar wirkt das auf den ersten Blick beinahe erlösend. Doch schließlich haben wir unsere Reise ja dafür angetreten, um unser Wollen zu bündeln, erinnern Sie sich? Um das zu können, ist es notwendig, dass wir beides erleben: das, was uns beflügelnd zeigt, dass die Richtung stimmt, aber ebenso das, was uns das Gegenteil verdeutlicht – also Sehnsucht und Abscheu. Hier in der Grobstofflichkeit wirkt durch die große Trägheit dieser Sphäre das Gesetz der Anziehung der Gleichart immens langsam und träge. Zwar wirkt es, was sich ganz fein im Sinn von Sympathie und Zugehörigkeit zu anderen Menschen, Orten und Gegenständen ausdrückt, doch es können zwei grundlegend verschieden orientierte Menschen Wand an Wand nebeneinander leben oder arbeiten. Je größer der Unterschied ist, umso leichter fällt uns die Beurteilung, was unserem Sehnen nach dem lichten Ziel unserer Reise entgegenkommt und was uns daran hindert.

Doch ich möchte auf noch etwas hier hinweisen. Diese Einschätzung, das Erkennen, ob etwas einem guttut oder nicht, es diesem zentralen Wollen entgegenkommt oder es behindert, setzt voraus, dass man überhaupt erkennen *will*. Das wiederum setzt einen gewissen Grad an innerer Bereitschaft, Wendigkeit und Offenheit gegenüber anderem, Neuem voraus. Diesen Zustand bezeichnet man gerne als ›aufgewacht‹ und dieses Wort ist derzeit überraschend oft zu hören. Schon interessant, nicht?

Es ist also das Erleben hier in der grobstofflichen Sphäre Fluch und Segen zugleich. Wir müssen mitunter neben dunklen Mächten ausharren, aber es wird uns dadurch leicht gemacht, einzuschätzen, was für unseren Weg hilfreich und was behindernd ist – so intensiv wie in keiner anderen Sphäre. Trotzdem wirkt *auch hier* das Anziehungsgesetz. So kann es nicht geschehen, dass wir bei wirklich gelebtem guten Wollen in Situationen gelangen, durch die wir Schaden erlangen. Gerade das ist wichtig, sich zu verinnerlichen in dieser Zeit der um sich greifenden Angst!

Kompakt:
Als schwächste Ausprägung des Geistigen ist der Ursprung des Menschen zu schwach für Selbstbewusstsein. Er hat allerdings diese Fähigkeit in sich, muss sie aber durch Eigeninitiative erlernen. Zu diesem Zweck begibt er sich auf eine Reise in dichtere Sphären, um dort durch Erleben seine Zielrichtung eindeutig auszurichten: ›Das will ich‹ und ›Das will ich nicht‹. Dabei bietet die Grobstofflichkeit die größte Erlebnisdichte.

Segel und Steuer

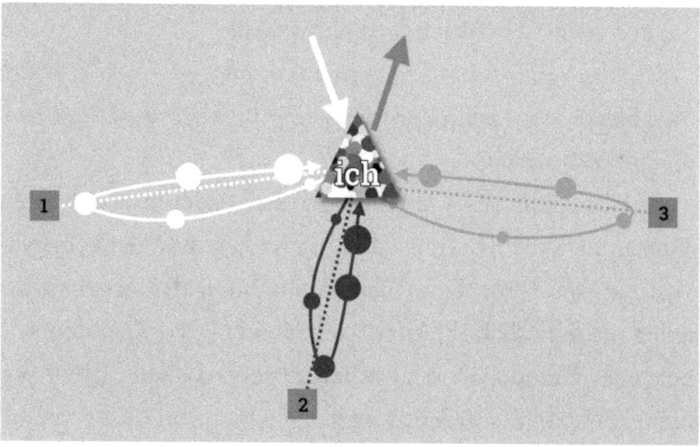

Im letzten Kapitel habe ich Ihnen etwas über die Reise und deren Notwendigkeit erzählt. Nun wollen wir uns der wichtigen Frage nach Segel und Steuer auf unserer langen Reise zuwenden – womit steuern wir? Mit unserem freien Willen? Gibt es den überhaupt?

Sehen wir uns die kleine Grafik zu Beginn des Kapitels an. Im Zentrum des Geschehens sehen Sie ein Dreieck, das ich als Symbol für einen Menschen genommen habe. Jedes Geistwesen hat eine Funktion ähnlich einem Prisma: Wir erhalten weiße, neutrale Energie, die wir umwandeln und in der neuen Form abgeben. Licht, das durch ein Prisma fällt, kommt auf der anderen Seite in Regenbogenfarben heraus, was durch die natürliche Lichtbrechung von Glas geschieht.

Wir Menschen können bestimmen, in welcher Qualität das Licht, die Energie uns wieder verlässt. Der Steuermechanismus, der bestimmt, ist unser Wollen. Hier möchte ich auf etwas sehr Wichtiges hinweisen:

Nur ein sehr kleiner Teil unserer Handlungen – und natürlich auch Emotionen – werden bewusst gesetzt! Die allermeiste Zeit handeln wir automatisch!

Wir handeln aus Gewohnheit, aus unseren anerlernten Verhaltensweisen heraus und nicht bewusst danach, was sich für uns stimmig anfühlt. Sie können das genauso bei jeder unfreundlichen Auseinandersetzung beobachten wie bei jeder Freude. Den Großteil unseres Lebens leben wir nicht (bewusst), sondern werden gelebt – von unseren Gewohnheiten, Mustern und dadurch in der Folge auch, und das ist bedeutend: *von außen ferngesteuert.* Nur wer bewusst lebt, ist in der Lage, die Qualität von Einflüssen zu erkennen, die ständig auf einen einstürmen und aufgrund dessen zu entscheiden, ob er sich danach richten möchte oder nicht.

Von unserer Aufmerksamkeit her sind wir allerdings nicht in der Lage, alles, was wir tun, voll bewusst zu tun. Von den Körperfunktionen wie Atmen, Kreislauf und so weiter einmal ganz abgesehen, können wir auch nicht bei den Handlungen, die wir sehr wohl bewusst setzen *könnten*, es tatsächlich immer bewusst *tun* – schlicht, weil wir dann sonst nichts Weiteres mehr tun könnten. Aus diesem Grund beinhaltet unser Organismus das geniale neuronale Netzwerk, das bestimmte Vorgänge automatisieren kann. Wir wären sonst nie imstande, etwa Auto zu fahren und gleichzeitig zu sprechen. Fazit: Automatismen sind im Prinzip nicht schlecht, sondern hilfreich. Aber: Wir sollten sie trotzdem ständig hinterfragen. Das wird allerdings dann zum echten Stress, wenn man es in Form von verstandlichem Überprüfen tun wollte. Wir haben nur eine einzige Möglichkeit, um diese Aufgabe zu meistern: Wir müssen dringend wieder Zugang zu unserer Intuition erlangen, zu dem, was ich ›innere Wahrnehmung‹ nenne. Die ist, schneller noch als unser Unterbewusstsein, in der Lage, uns mitzuteilen, ob unser Denken und Handeln für uns stimmig ist oder nicht. Doch weiter mit unserer Umformungsfähigkeit.

Also: Wir erhalten neutrales Licht und formen das durch unser Wollen über die Kraft der Emotionen – nicht des Verstandes! – in Freude-, Hass-, Trauer-, Begeisterungs-, Missgunst- oder irgendeine andere Emotionsenergie um. Diesen Vorgang habe ich in Form der drei elliptischen Pfeile dargestellt. Die drei Grautöne in der Grafik (entsprechen Farben) symbolisieren dabei die Schwingungsqualität des Wollens und der umgewandelten, abgegebenen Energie; weiß ist hochschwingend für etwa Freude und Liebe, grau für zum Beispiel Stolz und Mut und dunkel etwa für Angst, Apathie oder Hass.

Diese Ellipse bedeutet, dass die Energie uns nicht einfach in einer Richtung verlässt, sondern dass sie an einer gewissen Stelle umkehrt, um zu uns zurückzukehren. Im Kapitel ›… *die Wahrheit*‹ habe ich von dem Kreislauf der Strahlungen gesprochen: Durch den geistigen Anteil werden die ausgesandten Strahlungen wieder angezogen. Nun geschieht mit der Energie unterwegs aber noch etwas, das Sie in den größer werdenden Knöllchen verbildlicht sehen. Die Energie wird auf ihrem Weg verstärkt durch Anziehung der gleichen Art. Wenn sie also wieder zu uns zurückkehrt, ist sie in der Regel verstärkt. Dieser sehr simple Prozess ist das, was als Karma bekannt ist.

Die Dauer des Kreislaufs kann sehr unterschiedlich sein und sich über mehrere Leben hinziehen!

Zusätzlich geschieht noch etwas, durch die punktierte Linie zu 1, 2 und 3 bezeichnet. Diese drei Dinge sind das Ziel unseres Wollens. Das Ziel kann alles Mögliche sein: Personen, Tiere, Gegenstände, aber auch Eigenschaften, Diagnosen, also alles Mögliche, dem wir unsere Aufmerksamkeit widmen. Die gepunktete Linie zeigt eine Bindung an, die so entsteht. Erst mit der Rückkehr in unsere geistige Heimat ist auch diese Bindung aufgehoben.

Das Dreieck ist nicht einfarbig, sondern ein Konglomerat[1] unterschiedlichster Qualitäten, wie Sie sehen. Die Flecken symbolisieren die unterschiedlichen Anteile eines Menschen. Während ein Mensch in der Sphäre des geistig Unbewussten zwar noch sehr schwach ist, so ist er dennoch unbefleckt, also neutral, ohne individuelle Qualitäten. Mit jeder noch so kleinen Entscheidung wie eben beschrieben, bilden wir, neben dem Auf-die-Reise-Schickens der Energie und dem Verbinden mit dem Ziel, auch unseren eigenen Anteil dieser Qualität aus, führen ihm Kraft zu. Das heißt, jedes Mal Hassen macht unseren Hassanteil

---

[1] Als Konglomerat bezeichnet man in der Geologie ein zusammengebackenes Gemisch aus unterschiedlichen kleinen Steinen.

stärker, jedes Mal Freude unseren Freude-Anteil und so weiter.

Mit jedem Wollen geschehen also drei Vorgänge. Wir schicken Energie auf die Reise, die zu uns verstärkt zurückkehrt, wir verbinden uns mit dem – beziehungsweise binden uns an das – Ziel unseres Wollens und stärken auch noch unseren Anteil dieser Qualität.

Das ist im Groben der Vorgang, wie wir in unserer Gegenwart unsere Zukunft formen.

Bemerkenswert ist die Rückkehr der Energie. Dabei kommt es nämlich auf die Resonanz an, die sie in uns findet. Hat jemand zum Beispiel seinen Jähzorn ausgelebt, so hat er viele dieser Jähzornkreisläufe ins Leben gerufen, seine Jähzornqualität gestärkt und sich in destruktiver Weise mit den Zielen seines jeweiligen jähzornigen Wollens verbunden. Ist seine Qualität zum Zeitpunkt der Rückkehr stark, neigt er also nach wie vor zu Jähzorn, wird ihn der Jähzorn bedeutend stärker treffen, als er ihn ausgesendet hat. Das kann sich in einem Unfall oder sogar dem Tod zeigen, wenn man die Rückkehr nicht aushalten kann. Hat er indes eingesehen, dass Jähzorn für einen selbst destruktiv ist und auch anderen nur schadet, wodurch sein aktueller Jähzornanteil zum Zeitpunkt der Rückkehr gering ist, wird die zurückkommende Energie kaum Resonanz finden. So kann es zu einer kaum merkbaren, symbolischen Ablösung kommen, etwa, indem man jemandem bei der Supermarktkasse die hinuntergefallene Geldbörse aufhebt. Natürlich ist das auch umgekehrt bei Lichtem, Gutem aus der Vergangenheit, wenn es wieder eintrifft. Man sollte aber eines dabei nicht vergessen: Von der Rückkehr, der Auflösung, ist nur dieses eine Wollen betroffen! Wenn man zu heftigen Emotionen neigt, bleibt es nicht bei einer einzigen Tat, sondern man wiederholt das Gleiche ständig. Demzufolge sind auch alle Bindungen und Rückkehren durch ihre Summe viel heftiger und dauern auch länger an. So können die bekannten Pech- oder Glückssträhnen entstehen. Selbst wenn man sich ändert, darf man deshalb nicht erwarten, dass gleich alles anders wird. Denn die Finger aus der Vergangenheit, die wir damals in die Zukunft ausgestreckt haben, können noch länger nach uns greifen.

Dass man sehr Übles getan haben kann, das einen aber nach innerer Umkehr kaum trifft, macht für mich den Begriff der Gnade aus.

Nun bleibt lediglich noch das letzte Stück des Kreislaufs zu erwähnen übrig, der graue Pfeil aufwärts. So, wie wir durch unsere geistige Kraft den eben beschriebenen Kreislauf bewirken, wird die Energie nach Auflösung, also dem Wiedereintreffen, von höherer Stelle angezogen, um ebenfalls irgendwann zu ihrem Ursprung zurückzukehren. Ist sie nicht rein, sondern von uns sozusagen verschmutzt worden, so muss sie erst gereinigt werden und es kommt zu einem Stocken im Kreislauf der Energien.

Da leider in der Vergangenheit der Menschheit sehr, sehr viel Negatives in die Welt gesetzt wurde, haben wir es nun mit einer für viele sehr mühsamen Zeit zu tun!

Aus diesen Gegebenheiten können wir den wichtigsten Schluss für unsere Existenz ziehen: Wir sind ausschließlich für uns selbst verantwortlich. Unsere Gegenwart haben wir in der Vergangenheit sozusagen ›energetisch vorbereitet‹, so, wie wir jeden Moment unsere eigene Zukunft gestalten. Sieht es für denjenigen, der sein ganzes Augenmerk nur auf das aktuelle Leben bezieht an allen Ecken nach Ungerechtigkeit und Willkür aus, so wird man bei dem angebrachten Überblick erkennen, dass es die beiden gar nicht geben *kann.* Alles, was geschieht, ist das Ergebnis des eigenen Wollens aus der Vergangenheit.

Kompakt:
Wir erhalten unablässig Energie, die uns, durch unsere Emotionen ›eingefärbt‹, wieder verlässt. Dabei wird eine Verbindung zum Ziel des Wollens geschaffen, die mit der Rückkehr der Energie aufgelöst wird. Außerdem wird unser eigener Anteil dieser Qualität damit gestärkt. Unterwegs wird die Energie in ihrer Art verstärkt. Je nach der Stärke unseres eigenen Anteils von dieser Energie wird uns die Rückkehr durch die Resonanz kaum bis sehr heftig treffen.

Wiedergeboren

Der Prozess, unseren geistigen Kern zum Glimmen, Glühen und letztlich Brennen zu bekommen, ist ein langer Weg der Evolution. Man sollte dabei auch bedenken, dass wir am Anfang schlichtweg überhaupt nicht wissen, worum es geht – alles, wirklich alles entspringt einem zuerst nur unendlich schwachen Bedürfnis nach etwas Unbekanntem. Alles begann mit einer Suche, die uns nie wieder verlassen soll. Ich glaube, es ist unmöglich, sich diesen vagen, indifferenten Zustand vorzustellen. Der Weg von dort zu einem bewussten, und vor allem auch selbstbewussten Geist ist lang und vor allem sehr verschlungen.

Wie wir im Kapitel ›Segel und Ruder‹ erörtert haben, formen wir ja unsere Zukunft unablässig durch unser Wollen. Wir setzen mit jedem Willensakt die energetischen Voraussetzungen für das, was sich später einmal ergeben und uns dann begegnen wird. Wir bauen nicht direkt unsere Zukunft, sondern wir schaffen lediglich sozusagen den energetischen Boden, auf dem dann nur dazu Passendes wachsen, also sich entwickeln kann. Zu jeder Zeit werden sich dann die Ereignisse so fügen, dass sie zu diesen ganz bestimmten Voraussetzungen passen. Das kann alles Mögliche sein, vom Treffen zweier Menschen, über den Erhalt eines Jobs bis dahin, dass ein geschriebenes Buch ein Bestseller wird oder nicht.

Zu diesen von jedem geschaffenen energetischen Dispositionen in der Zukunft gesellen sich die energetischen Dispositionen aller anderen Menschen. Das alles wiederum wird begleitet von sich rhythmisch wandelnden konstanten Dispositionen wie zum Beispiel den Einflüssen der Jahreszeiten, der Planeten und vielem mehr. Die Planeten wiederum geben Astrologen einen Einblick in mögliches Geschehen. Da es ja bekanntlich keinen Zufall gibt, ist auch die Geburt eines Menschen keiner, sondern man wird haarscharfgenau dann geboren, wenn die energetischen Voraussetzungen stimmen. Kaiserschnitte, künstlich eingeleitete Wehen und andere Zufälligkeiten sind in Wirklichkeit keine, sondern ebenfalls nichts anders als das Entgegenkommen von kosmisch-energetischen Notwendigkeiten. Ob Sie es glauben oder nicht: Nicht einmal der Namen, den ein Mensch erhält, ist ein Zufall. Ich kannte in meiner Jugend einen älteren Herrn, der eine eigene Namens-Numerologie entwickelt hatte. Seine Aussagen ergaben fast das deckungsgleiche Ergebnis wie das eines Astrologen. Und wieder einmal: *Es gibt keinen Zufall!* Dieses unermesslich große Zusammenspiel ist dermaßen gigantisch und vor allem treffsicher, dass man sich viel damit beschäftigen muss, bis einem die Tragweite so richtig klar wird. Ich staune auch heute immer wieder darüber, obwohl ich mir dieser Vorgänge seit vielen Jahrzehnten bewusst bin.

Alles, wirklich alles ereignet sich stets immer nur aufgrund energetischer Dispositionen und dem Aufeinandertreffen zusammenpassender Energien. Da alles einem andauernden Wandel unterworfen ist, kommen dadurch solche Phänomene zustande, dass etwas zwar genial sein mag, aber erfolglos bleibt oder etwas völlig unerwartet zu einem riesigen Erfolg entflammt. Diese Wahrheit drückt sich ja auch durch den Spruch aus von wegen ›zur richtigen/falschen Zeit am richtigen/falschen Ort‹. Wir sind in der Lage, dieses Zusammenpassen zu spüren, wir reden davon, etwas wäre stimmig oder eben nicht. Diese Gesetzmäßigkeit wird Ihnen ständig begegnen, wenn Sie darauf zu achten beginnen! Wie viele Menschen sind schon einem Unfall entgangen, weil ihnen auf einmal nicht wohl dabei war, etwas zu unternehmen, und sie es deshalb unterließen. Oder umgekehrt sich im letzten Augenblick zu etwas entschieden, das ihr Leben einschneidend zum Guten veränderte. Wir alle haben aufgrund unseres geistigen Kerns die Fähigkeit, uns über diese Schiene mit den Zusammenhängen zu verbinden.

Wenn wir einen Blick um uns werfen, erkennen wir eine schier unfassbare Fülle an Möglichkeiten, was man tun und erleben kann. Die vielen verschiedenen Berufe in völlig unterschiedlichen Genres, das Streben nach den unterschiedlichen Werten, handwerklich, künstlerisch, sozial, technisch oder intellektuell – die Varianten des Erlebenkönnens sind schier grenzenlos. Dazu kommen natürlich zu den Tätigkeiten der soziale und finanzielle Stand, die Kultur, der Lebenskreis, Statik oder Beweglichkeit ... Es ist völlig unmöglich, selbst einen kleinen Teil davon in einem einzigen Leben zu erleben. Allein das wäre schon ein Argument für mehrere Leben – also rein vom genussmäßig-interessanten Standpunkt aus gesehen. Doch um den geht es primär nicht, sondern um eine einzige Sache: unserem geistigen Feuer zum Brennen zu verhelfen, diese eine Kraft in uns zum Glühen zu bringen, die ich als nicht-wertende Liebe bezeichnen möchte. Sie soll unser ganzes Sein erfüllen und uns damit die Kraft und Schwingung verleihen, dass wir *über uns selbst hinauswachsen* können, wie man so treffend sagt, also über unseren Ursprung hinauf in das Reich des Geistig-Bewussten.

Viele Dinge können wir selbst in dem bewegtesten Leben nicht erleben. Vor allem, wenn man daran denkt, dass es bei allem ein bestimmtes Maß an Fertigkeit braucht, um davon wirklich tief berührt zu werden – im Positiven wie auch im Negativen. Aus unseren Handlungen entstehen ja, wie wir gesehen haben, auch viele hinderliche Bindungen zu anderen Menschen, die wieder aufgelöst werden wollen. Und zu all dem brauchen wir Zeit, um unserer Veränderung genug Raum geben zu können. Denn auch das ist wiederum eine Frage des Trainings, der Übung, also geht es wiederum um Zeit.

Die beschriebenen Kreisläufe, die wir mit unserem Wollen in Bewegung setzen, dauern mitunter einen langen Zeitraum, der sich über Hunderte an Jahren ausdehnen kann. Wie immer spielt auch hier das Zusammenfallen der passenden Energien eine Rolle. Das ist auch für die Auflösung eines Kreislaufs nicht anders: Alles muss zusammenpassen.

Ein weiteres Hindernis hat jeder Menschengeist auf seinem Weg: Er muss überhaupt erst einmal erkennen, worum es eigentlich geht. Schließlich bekommen wir in unserer Heimat, wo wir in einer Blüte zum Bewusstsein erwachten, keine Gebrauchsanweisung an die Hand, was zu tun wäre. Das können Menschen, die an Regeln an allen Ecken und Enden gewohnt sind, schwer nachvollziehen. Das Bedürfnis, unsere Energien in die eine Richtung – also nach oben – zu bündeln, die ich in dem Kapitel ›Bewusstwerdung‹ beschrieben habe, muss erst in uns entstehen. Angelegt ist es zwar in uns, aber wir müssen es erst als den großen, einen Lebenssinn *erkennen*. Und letztlich dauert ein Leben in der Regel höchstens hundert Jahre. Schließlich spielen dann auch noch körperliche Gegebenheiten eine Rolle. Krankheiten und Behinderungen bieten zudem ein großes Erlebensspektrum.

Nehmen wir das alles zusammen, liegt es nahe, dass wir nicht alles in einem Leben ›erledigen‹ können, sondern es nur im Rahmen einer echten Evolution möglich ist, die sich über einen großen Zeitraum hinzieht.

Im Rahmen unserer Versuche haben wir unseren freien Willen vielfältig ausprobiert. Eine Besonderheit dieses freien Willens besteht darin, dass wir uns auch durchaus gegen die Schöpfungsgesetze und gegen unseren eigenen Fluss entscheiden können, das heißt, wir können uns auch Nicht-Stimmiges aussuchen. Es bleibt uns überlassen, ob wir Erkenntnisse aus unseren Erleben ziehen oder nicht. Doch was wir auch tun, an den Gesetzen an sich ändert sich nichts, sie *wirken.* Wir weben also mit jedem Handeln, ja, jedem Denken an unserem Schicksalsteppich, den wir in Zukunft beschreiten werden. Wir erschaffen Notwendigkeiten des Erlebens.

Nun kann man, wie schon gesagt, nicht in jeder Lebenssituation alles erleben. Als Bettler erlebt man nicht die Einsamkeit eines Herrschers und als Herrscher nicht den Schmerz des Hungers und der Kälte. Entsprechend sind unsere Lebensbedingungen dermaßen ausgesucht, dass sie zu unseren ›Erledigungen‹ einerseits und unseren Erlebenswünschen passen. Ich habe da immer das Bild vor mir, dass ich vor einem neuen Leben auf einer Wolke sitze und auf die Erde hinunterblicke. Dort sehe ich, ähnlich unzähligen Flussläufen, die Linien von Familien. Mit Linie meine ich die Blutlinie oder Abstammungslinie.

Die Linie – und das ist nun wichtig, zu verinnerlichen – ist Voraussetzung für kommendes Erleben. Dabei geht es bei Weitem nicht nur um den sozialen oder kulturellen Hintergrund, sondern auch um all die Traumata, die man anhand der Vergangenheit der Linie erleben wird müssen.

Das Wissen darum ist *die* zentrale Schnittstelle zwischen spiritueller Übersicht zu unserer Her- und Zukunft und gängiger Psychologie!

Am besten ein Beispiel: In einem früheren Leben war man vielleicht ein despotischer Vater. Aus dem diktatorischen Handeln hat man viele leidvolle Verknüpfungen zu vielleicht seinen Kindern, seiner Frau oder Arbeitern oder wem auch immer geschaffen. Daraus ergibt sich die Notwendigkeit, in Zukunft diese Verbindungen auflösen zu müssen, um davon unbeschwert in seine Heimat beziehungsweise darüber hinaus aufsteigen zu können.

Aus der Einsicht vielleicht in der Stunde des Todes oder auch erst nachher entstand das Bedürfnis nach Erlebnissen, die es einem ermöglichen, die Bindungen aufzulösen. Da man natürlich auch hier keine Bedienungsanleitung mitbekommt, muss der Wunsch nach Veränderung aus einem Bedürfnis nach Veränderung erwachsen. Das wiederum wird natürlich nur dann der Fall sein, wenn man dieses Verhalten als destruktiv *erlebt*. Es lediglich im Rahmen etwa einer Doku zu sehen, bewirkt wenig. Vor allem dann nicht, wenn der eigene Anteil zum Diktatorischen noch stark aufgeladen ist. Um es aber zu *erleben*, braucht es die entsprechenden Lebenszustände. Die könnte man etwa herbeiführen, indem man sich für das nächste Leben eine Linie aussucht, bei der der Vater oder eine nahestehende Person genau diese Eigenschaft so auslebt, dass man zu der Erkenntnis gelangt, *das* ganz sicher nie (wieder) tun zu wollen. Dadurch nährt man diesen Anteil in sich nicht weiter. Nicht selten kann es geschehen, dass man nun als Kind unter dem Elternteil leidet, der früher unter einem gelitten hat. Schließlich besteht meist eine doppelte Bindung: einerseits das Verhalten, andererseits die Zielperson der Tat. Aus diesem Grund gibt es häufig sich sogar über mehrere Leben hinziehende Eltern-Kind-Verstrickungen in allen Varianten. Hat man diese neue, nun empathische und verständnisvolle Einstellung lange genug gelebt, so kann der Anteil so weit geschrumpft sein, dass die Auslösung lediglich symbolisch oder sehr schwach erfolgen muss. Hat man hingegen die Erkenntnis im Erleben verweigert, kann einen das tyrannische Wesen des anderen in eine Leidenssituation zwingen, um wenigstens in dieser durch die Abscheu vor solchem Handeln zur Erkenntnis zu gelangen.

Immer haben wir die Entscheidung, wie wir mit dem, was uns begegnet, umgehen wollen, um so einen Kreislauf zu beenden oder fortzusetzen!

Noch einmal, warum das Wissen über diesen Vorgang so wichtig ist: In der Psychologie wird richtigerweise bei vielen psychischen Störungen auf ein gestörtes Kind-Mutter-Verhältnis Bezug genommen. Das ist im Prinzip richtig. Aber es ist nicht die einzige Ursache. Der wirkliche Grund liegt darin, dass sich ein Mensch bewusst dafür entschieden hat, zu einer Mutter zu inkarnieren, wo er genau diese traumatischen Erlebnisse haben wird – und zwar aus dem besagten Grund, dadurch seine alten Bindungen erkennen und auflösen zu können. Natürlich ist es trotzdem sinnvoll, mit zum Beispiel Aufstellungsarbeit oder anderen Methoden dem Trauma zu begegnen; allein zuerst einmal der Weg zu der Erkenntnis, überhaupt traumatisiert zu sein und dann, in weiterer Folge, etwas dagegen zu unternehmen, ist bereits insofern Teil der Auflösung, als man damit die Resonanz für das Wiedereintreffen der Energie verringert, um weniger Schaden erleiden zu müssen. Doch so oder so sind nie Wut oder andere negative Gefühle gegenüber der Mutter angebracht. Oder, wie es manchmal in psychologischen Sitzungen empfohlen wird, so richtig seinen Hass auf ein Elternteil hinauszulassen. Damit schafft man nur neue destruktive Bindungen.

Jeder Mensch trifft die Wahl, wohin er geboren wird, mit allen Konsequenzen, ganz bewusst! Vielleicht gehören Sie zu den Personen, die nun den Kopf schütteln und das als Blödsinn abtun wollen. Tun Sie es ruhig vorderhand. Aber lassen Sie sich deshalb nicht davon abbringen, weiterzulesen!

In unserer westlichen Kultur haben wir kaum noch Bezug zur Reinkarnation, obwohl das Wissen davon auch in der ursprünglichen Bibel vorhanden war. Da es allerdings hinderlich dabei ist, Menschen in Abhängigkeit zu bringen, wurde das Wissen aus diesem letztlich zum institutionellen Machtinstrument degradierten Lebensleitfaden 553 nach Christi gestrichen (Sie erfahren mehr dazu im Kapitel ›*Täuschung*‹). Damit waren Tür und Tor geöffnet für Gedanken an Willkür und Belohnung sowie Bestrafung seitens Gottes oder seiner sogenannten Vertreter auf Erden, wie etwa dem Papst oder Bischöfen. Ein infames Modell zum Machtausbau, das ja auch ganz gut funktioniert hat. Nur – es ist weitab von der Realität jeglicher Gesetzmäßigkeit.

Rekapitulieren wir kurz: Wir leben hier in der Grobstofflichkeit und treffen in einem fort Entscheidungen. Mit jeder Entscheidung – im Handeln, aber auch im Denken – knüpfen wir Verbindungen zu unseren Zielen, stärken unseren gleichschwingenden Anteil und leiten einen mehr oder weniger mächtigen Kreislauf der Energie ein, die -

verstärkt! - zu uns zurückkehren wird. Diese Rückkunft allerdings muss nicht im selben Leben sein, in dem sie auf die Reise geschickt worden war. Auch sind mit dem irdischen Tod die Bindungen nicht verschwunden. Es bleiben also sämtliche energetischen Gegebenheiten auch nach dem Ablegen der irdischen Hülle aufrecht. Zwischen den Leben können wir sie und ihren Umfang besser sehen und so entscheiden, was und wie viel wir davon im nächsten Leben in Angriff nehmen möchten und können. Nun bekommen wir aber mit der neuerlichen Inkarnation einen ›Mantel des Vergessens‹ umgelegt, das heißt, wir können uns an vor allem die auslösenden Momente nur in den seltensten Fällen erinnern. Auch das hat einen weisen Sinn. Denn mit dem Wissen der Ursachen würden manche von uns mit Berechnung an ihr Leben herangehen, was jedoch wertlos wäre. Denn ausschlaggebend für die eigene Schwingung ist keine verstandliche Entscheidung, sondern eine, die aus innerster Überzeugung entspringt. Denn nur die ist in der Lage, eine wirkliche Veränderung in uns hervorzurufen. So, wie es vom allersten Beginn her der Fall war …

Durch das Fehlen einer Erklärung und das Nichtwissen um größere Zusammenhänge ist es gut nachvollziehbar, wenn man an Zufälle und Willkür glaubt und dazu kommt, mit Gott zu hadern. Doch das hilft nicht weiter. Die Gesetze verändern sich deshalb durch diese eingeschränkte Sicht nicht, wir leiden dadurch nur selbst sinnlos mehr.

Die Ungerechtigkeit, dass der eine in Reichtum, die andere in Armut, der eine zu drogensüchtigen und die andere zu liebevollen, bewussten Eltern geboren wird, meint man nur dann zu sehen, wenn man nicht um das große Zusammenweben weiß. Sobald man hingegen dieses große Bild zu verstehen beginnt, bekommt mit der Zeit alles einen tiefen Sinn. Das führt zu Entspannung, viele Schuldgefühle können allein deshalb sich verflüchtigen und wir gelangen zu einem friedvolleren Leben.

Abschließend möchte ich noch einmal den Begriff der Gnade aufgreifen, den ich im vorhergegangenen Kapitel *›Segel und Steuer‹* angerissen habe. Es mag auf den ersten Blick unpraktisch erscheinen, dass wir uns an Vorleben nicht erinnern. Unwillkürlich denkt man, es würde einem doch so viel leichter fallen, die Zusammenhänge zu sehen, wenn man darum direkt wüsste, anstatt sich die Zusammenhänge erst mühsam erarbeiten zu müssen oder vielleicht nie zu erfahren. Dass man aber all das nicht weiß, sondern glaubt, als ein unbescholtenes weißes Blatt zur Welt zu kommen, zeugt für mich von viel größerer Weisheit.

Lassen Sie mich ein Beispiel heranziehen. Nehmen wir an, man hätte in einem Leben etwas Übles getan, vielleicht eine Vergewaltigung. Um diese Bindung auflösen zu können, ist es durchaus wahrscheinlich, dass man mit dem Opfer wieder zusammentrifft, voraussichtlich in einem völlig anderen Kontext. Was würde es aber bedeuten, wenn man um seine Tat wüsste? Beide Beteiligten hätten kaum eine Chance, sich neutral gegenüberzustehen, wodurch die Möglichkeit, diese Bindung zu lösen, vermutlich unmöglich würde. Schließlich man weiß ja, was Schuld auf der einen Seite und Rache beziehungsweise Nichtverzeihenkönnen auf der anderen bewirken oder verhindern können.

Mit dem Wissen um die Wiederkehr auf die Erde können wir uns nun dem nächsten Puzzleteil näher zuwenden: den beiden Kräften, die uns bei unserem Ziel unterstützen, in und über unsere Heimat hinaus zurückzukehren.

Kompakt:
Ein Leben ist viel zu kurz, um dem gewaltigen Prozess der geistigen Evolution von unbewusst zu bewusst gerecht werden zu können. Auch knüpfen wir während ihm dadurch, da wir uns auch falsch entscheiden können, neue hinderliche Verbindungen, die wieder aufgelöst werden wollen. So sind mehrere Leben nicht nur Notwendigkeit und Segen für unsere Entwicklung, sondern auch eine gute Erklärung für sogenannte Zufälle.

Sehnsucht und Abscheu

Die Sehnsucht und die Abscheu – zwei so unterschiedlich bewertete Begriffe, und doch unterstützen sie uns beide gleichermaßen beim Finden unseres Weges.

Die Grafik zum Eingang dieses Kapitels habe ich den Erkenntnissen von David R. Hawkins nachempfunden, die er in seinem Buch *Die Ebenen des Bewusstseins* niedergeschrieben hat. Hawkins ist durch jahrelange Forschung im Rahmen von Testungen zu einem interessanten Ergebnis gelangt: Unsere Emotionen hängen zusammen mit unterschiedlichen Bewusstseinszuständen. Mittels kinesiologischer Tests hat er mit Millionen von Probanden in unzähligen Versuchen eine Landkarte der Bewusstseinszustände entwickelt.

Für die, die Kinesiologie nicht kennen: Es handelt sich dabei um einen Muskeltest, den man auf unterschiedliche Arten durchführen kann. Das Prinzip ist ein binäres, also entweder – oder. Muskeln unseres Körpers sind ein Teil des Systems Mensch, doch sie stehen auch in Verbindung mit größeren Zusammenhängen und letztlich dem Gesamtsystem Universum. So können sie uns Aufschluss sowohl zu einem persönlichen Richtig oder Falsch liefern, als uns auch Zugang zur universellen Wahrheit ermöglichen. Üblicherweise wird aber nur die erste Fähigkeit genutzt, um zum Beispiel die Sinnhaftigkeit und Wirksamkeit von Medikamenten bei einem Patienten zu testen. Hawkins hat sie auf der höhermöglichen Ebene genutzt, um zu einer einheitlich nutzbaren Erfahrung zu gelangen.

Bei dieser Karte wird die Schwingung unterschiedlicher Bewusstseinszustände in einer Skala von 0 bis 1000 dargestellt. Er kommt dabei zu hochinteressanten Schlüssen, die nahtlos zu dem passen, worüber wir bisher gesprochen haben.

Zum Einen finde ich allein die Skala als solche und die Positionen der Emotionen/Bewusstseinsstufen aufschlussreich. Doch beginnen wir von vorne – oder besser unten – bei der ›Scham‹ als der auf der Skala am niedrigsten schwingenden Energie.

Wir erkennen auf der Grafik zwei Bereiche, den oberen und den unteren sowie eine Trennlinie. Hawkins stellt die Karte ein wenig anders dar, aber ich finde es treffender, dem Mut als Wächter der Schwelle einen eigenen Platz zu schenken. Hawkins' Blick ist auf die abgebende Energie der Stufen gerichtet, die er in zwei Gruppen unterteilt – konstruktiv (über 200) und destruktiv (unter 200). Im Vordergrund steht die Energie dieser Stufen, die uns zu bemerkenswerten Erkenntnissen gelangen lässt.

Beim Betrachten der Tabelle ist wichtig, zu wissen, dass die Zunahme der Energie nicht linear erfolgt, sondern logarithmisch. »So bedeutet die Ebene von 300 nicht das Zweifache der Kraft, die bei 150 vorliegt, sondern 300 hoch 10 (300^{10})«, meint Hawkins. »Deswegen bedeutet eine Steigerung von nur wenigen numerischen Punkten in Wirklichkeit einen viel größeren Zuwachs an *Kraft*; die Zuwachsrate der Kraft beim Emporsteigen auf der Skala ist enorm«, erklärt Hawkins in Kapitel 4.

Nun sind wir ja selten ausschließlich in *einer* bestimmten Energie, sondern bestehen, wie bei dem Ich-Dreieck aus dem Kapitel ›*Segel und Steuer*‹ dargestellt, aus einem Konglomerat von Anteilen. Je nachdem welchem Anteil wir augenblicklich unsere Energie zukommen lassen, der flammt sozusagen auf und bestimmt zu einem guten Teil unsere ›Gesamtkraft‹. Damit meine ich die Summe aller im Augenblick in einem selbst herrschenden Anteile. Es können sich normalerweise höherschwingende Menschen in kraftloseren, apathischen Zuständen durchaus auf einem Gesamtlevel von 150 befinden, sonst aber auf 300. Aber jeder Mensch hat eben seinen durchschnittlichen Kraftlevel. Weiter hinten im Buch beschreibt Hawkins das Verhältnis von Menschen mit unterschiedlichen Bewusstheitsgraden.

So wiegt ein Mensch mit Bewusstheitsgrad 300 bereits 90.000 Menschen mit einem unter 200 auf, jemand mit 600 bereits 10 Millionen Menschen unter 200!

Ich führe das deshalb genauer aus, um der Aussage entgegenzuhalten, die man immer wieder zu hören bekommt: ›Was kann denn ich als Einzelner ausrichten?‹ Tatsächlich sehr, sehr viel. Es lohnt sich also, dass sich jeder, also Sie und ich auf den Weg zu mehr Bewusstsein begeben, natürlich im eigenen Interesse, aber auch im Dienste aller. Es ist dabei nicht nötig, öffentlich tätig zu sein, um andere Menschen in irgendeiner Weise zu beeinflussen. Es genügt schon, lediglich zu *sein*. Alles andere ergibt sich von selbst. Sie werden sehen: Je mehr und öfters Sie sich mit den großen Zusammenhängen beschäftigen, umso klarer wird vieles in und um Sie herum!

Doch weiter mit dem, was ich an dieser Tabelle bedeutsam finde. Wir sprachen ja bereits von unseren zwei Motoren, die uns durchs Leben bewegen, der Sehnsucht und der Abscheu. Betrachten wir mit diesem Wissen die Skala, dann fällt etwas ganz anderes auf. Wir haben es nämlich mit zwei Strömungen zu tun. Der einen, die aufwärts und der anderen, die abwärts zieht. Darüber erzählt ja auch Hawkins.

Nun sind wir gewohnt, alles Dunkle, Böse, Schlechte und Falsche möglichst aus unserem Sichtfeld zu verbannen. Bei manchen Dingen ist das ganz natürlich, so schläft man lieber warm und trocken als nass und kalt, ist lieber gesund als krank, lieber glücklich als deprimiert. Selbst in der Psychologie wird großteils mit dem ›Fokussieren auf das Positive‹, die sogenannten ›Ressourcen‹ gearbeitet. Dabei vergessen wir allerdings etwas Grundlegendes: Alles, auch das sogenannte Böse, stammt aus derselben Quelle! Liegt es da nicht nahe, ihm zumindest neutral-interessierte Aufmerksamkeit zu widmen?

In einem späteren Kapitel, bei dem es um Selbst-Interventionsmöglichkeiten gehen wird, kommen wir wieder auf den hilfreichen Aspekt des Falschen, Bösen und Dunklen in uns zurück. Hier hingegen können wir bereits einen ersten Schritt in diese vielleicht ungewohnte Richtung gehen.

Wenn wir erkennen, dass uns sowohl Sehnsucht als auch Abscheu in die gleiche Richtung – nämlich nach oben – bringen, dann bekommt der hier abgebildete untere Bereich gleich eine ganz andere, erfreuliche Bedeutung. Freilich sind weder Apathie noch Kummer oder Wut erstrebenswerte Zustände. Aber sogar bei all den destruktiven Zuständen können wir bereits erkennen, dass es eine Entwicklung gibt. So ist Begehrlichkeit (125) bereits aktiver als Kummer (75) und Wut (150) noch eine Stufe mehr. Sehr schön kann man hier beobachten, wie die Bewegung von Stufe zu Stufe aufwärts zunimmt! Wenn man bedenkt, dass es auf unserer gesamten Reise nur um eines geht – *innere* Beweglichkeit und Aktivität – dann ist das doch schon ein schöner Schritt. Auch wenn wir uns im unteren Bereich auf ziemlich unbewusstem Boden befinden, so liefert der uns trotzdem ständig durch die Abscheu und den Ekel die Motivation, der aktuellen Lage zu entkommen.

Erst wenn es uns gelingt, den Kopf aus dem Graben der niederen Energieebenen zu strecken, wenn wir in den Mut kommen, wendet sich das Blatt. Mut ist der magische Treibstoff zu *wirklicher* Veränderung. Ist es nicht magisch, wie sich hier einmal mehr eine Tatsache als gesetzmäßige Notwendigkeit entpuppt? Und genau diese Situation Vieler wird uns jetzt plastisch und drastisch vor Augen geführt: Bringen wir den Mut dazu auf, uns zuerst einmal aus unserem Käfig des Hinnehmens – sozusagen der Apathie – herauszubegeben und aufzubegehren, dass wir für uns selbst entscheiden und das nicht mehr anderen überlassen wollen – und dazu noch sehr übel – dann ist der erste Schritt in eine neue Freiheit geschafft: Wir sind damit fähig, uns von der Energie der Sehnsucht lenken zu lassen. Nicht mehr ›das will ich nicht‹, sondern ›dort will ich hin‹.

Wenn wir uns von den niederhaltenden Energien unter 200 befreit haben, kommen wir in die Lage, über uns hinauszuwachsen und auf unsere Umwelt sowie auf uns selbst zu blicken. Wir gelangen in die Fähigkeit, uns selbst zu beobachten, wie unsere Emotionen von Erlebnissen ausgelöst werden und entsprechend zu reagieren.

Mit diesem neuen Rückenwind öffnen wir uns auch ganz neuen Optionen, die erst jetzt zur Verfügung stehen können. Denn alles Geschehen erfolgt durch Resonanz. Also kann uns schwerlich Lichtes und Leichtes begegnen, wenn wir es nicht durch Resonanz einladen können.

Noch etwas möchte ich zu diesen beiden Energierichtungen hervorheben, das vielleicht auf den ersten Blick nicht auffällt, dafür aber umso eindrucksvoller ihrer beider Unterschied beschreibt. Die Kräfte, die uns bei den Bewusstseinszuständen unter 200 antreiben, sind größtenteils die äußeren Umstände.

Mit der Wasserscheide ›Mut‹ ändert sich das. Man spürt das sofort, Mut bedeutet *Eigen*initiative: *Ich* entscheide *mich* (erstmals, von unten kommend) zum Handeln, meinen Werten zu folgen, ohne dabei das Hauptaugenmerk auf die soziale Verträglichkeit zu legen (was werden die andern sagen).

Ab hier – wir haben die Erfahrung gemacht, dass es funktioniert, abweichende Gedanken zu haben und die auch umzusetzen – können wir nun die im Mut vielleicht noch etwas brachial zum Ausdruck gebrachte Fähigkeit des eigenen Spürens und dem ihm folgenden Wollen auf immer natürlichere Weise umsetzen.

Wir sind damit aus dem Gelebtwerden in das eigenverantwortliche Leben gewechselt.

Mit diesem Kapitel können wir zur Einsicht gelangen, dass die aktuelle Situation, der ein Virus als Verschleierungsnebel vorgehalten wird, in Wirklichkeit kein Fluch seitens ein paar Techno- und Pharmaunternehmen ist, sondern nichts anderes als die dringend gewordene Notwendigkeit, uns an unseren eigentlichen Lebenssinn zu erinnern.

Wie wir im Kapitel *›Die Sterne sprechen‹* gesehen haben, scheint eine gewisse energetische Affinität zu den aktuellen dystopischen Geschehnissen gegeben zu sein. Die Energieerhöhung sowie der Wechsel in das Uranus-Saturn-

Luftzeitalter wäre so oder so gekommen und hätte enorme Umwälzungen mit sich gebracht. Allerdings geht es dabei nicht primär um die Verfeinerung von Technologien, wie uns Niederwieser erklärt, sondern um eine viel weitergreifende Schwingungserhöhung, die alles umfasst – vor allem das Innen. Ich stelle mir dazu eine Tür vor, die langsam aufgeht. Steht man dahinter, ohne sich mit ihr mitzubewegen, so wird man irgendwann beiseitegeschoben und im schlimmsten Fall unter dem Türspalt zerquetscht. Wäre man mit der Zeit gegangen – hätte also mit der Öffnung der Tür schrittgehalten – hätte man die unzähligen wirklich nicht übersehbaren Zeichen erkennen müssen. Wäre man ihnen dann auch noch gefolgt, so hätte man wenigstens für sich eine Welt geformt, in der man die neuen Energien jubelnd hätte begrüßen können. So hingegen haben viele nun bestenfalls damit zu kämpfen, hinterherzukommen oder sich in vielen Fällen immer wieder mühsam unter dem sich unerbittlich weiterbewegenden Türspalt herauszuwursteln. Viele bemerken noch nicht, dass nicht nur vieles immer übler geworden ist, sondern gleichzeitig auch überall neue Möglichkeiten aus dem Boden der neuen Zeit sprießen. Im Gegensatz zu den Neunzigerjahren gibt es heute viel mehr alternative Möglichkeiten der Heilung. Eine solche ist übrigens das ›Mediale Medium‹ Anthony William. Später widme ich mich dem Thema ›Heilung‹ noch näher – es tut sich unglaublich viel, wenn man es nur *sehen will!*

Kompakt:
Zwei Energien helfen uns bei unserem Weg zurück zu unserer geistigen Heimat: die Sehnsucht und die Abscheu. Haben wir es erst einmal geschafft, aus den dunklen Regionen heraus zu gelangen und in die Energie des Mutes zu kommen, dann haben wir das schwerste Stück des Weges bewältigt. Wir sind dann in der Lage, uns und unsere Umgebung zu beobachten, in Eigenverantwortlichkeit zu gelangen, können selbst handeln und uns von Abhängigkeiten von andern lösen.

Rhythmen

Was uns immer wieder bei unseren Bemühungen nach Veränderung zu schaffen macht, dass sich Verbesserungen einfach nicht linear einstellen wollen. Wie oft geht es einem so, dass man bei einem Rückschlag sagt: »Jetzt habe ich mich doch so bemüht, alles richtig zu machen, doch nun schon wieder …«, wobei mit ›nun schon wieder‹ entweder ein bereits abgelegt geglaubtes Verhalten, ein körperlicher Schmerz oder sonst etwas gemeint ist, das man bereits hinter sich gelassen geglaubt hat.

Ich kann Sie beruhigen, denn nichts im Universum verläuft linear. Überall können wir ein Pendeln erkennen. Es gibt viele Rhythmen in unserem Leben, aber sie fallen uns nicht mehr auf. Von den Jahreszeiten mit ihren sich verändernden Tageslängen über Ebbe und Flut, Einfluss der Planeten, unseren eigenen Biorhythmus bis hin zu Tag und Nacht. Eine ganze Menge an unterschiedlichsten Kräften wirken auf uns ein, unterstützen das eine, bremsen das andere. Das alles ist ganz natürlich. Lediglich wir Menschen sind überall darauf aus, alles zu begradigen und alle Kurven und Schwankungen auszurotten. Was das für verheerende Auswirkungen haben kann, können wir ja immer wieder bei den Folgen von Begradigungen von Flüssen erfahren.

Wir haben es mit zwei Gegenspielern in unserem Leben zu tun, von denen einer ein konstruierter ist, der jeglicher Naturgesetzmäßigkeit im Weg steht. Zuerst war nur die Natur und hat über viele Millionen an Jahren das perfekt aufgebaut, was der Antagonist nun sukzessive zerstört. Sind Sie schon neugierig, wer dieser fatale Widersacher ist? Es ist unser Verstand. Vielleicht widersprechen Sie jetzt heftig, weil er ja *das* Alleinstellungsmerkmal des Menschen zu sein scheint. Haben Sie bitte etwas Geduld. Während vieler Jahrtausende haben wir ihm richtiggehend gehuldigt und ihn trainiert, ihm einen goldenen Thron gebaut und waren verdammt stolz darauf, was wir mit ihm alles auf die Reihe brächten. Da der Verstand auch nur Teil der Schöpfung ist, geht es ihm gleich wie allem anderen: Wenn man ihn trainiert, wird er stärker – anderes bleibt dafür naturgemäß auf der Strecke. Dieses andere ist unsere Fähigkeit, uns hinzugeben. Einfach zu sein, ohne zu denken. Wie man so schön sagt ›aus dem Bauch heraus‹ zu handeln. Mittlerweile haben wir diesbezüglich ein dermaßen hohes Defizit, dass wir Geld ausgeben, um es wieder zu lernen, zum Beispiel durch Meditation.

Was aber *ist* diese Hingabe eigentlich? Ist sie wirklich nur etwas für Esoteriker oder Urlauber? Beobachtet man unser Leben – und nicht nur die Zeit, die wir im Beruf verbringen – so scheint Hingabe Spinnerei für Aussteiger zu sein, eine völlig unnütze Zeitverschwendung in unserem straff eingeteilten Alltag. Zumindest von Montag bis Freitag läuft bei vielen das Leben innerhalb einer exakt abgesteckten Bande ab und auch für das Wochenende wird geplant. Tag-, monat-, jahrein und -aus. Immer gleich. Doch wie passt das mit all den Rhythmen zusammen, in denen es nichts Kontinuierliches gibt?

Wenn ich mich daran erinnere, dass die Natur mit ihrem vielfältigen Atmen zuerst da war, dann drängt sich doch der Verdacht auf, dass dieses System das lebensfreundlichere sein muss, oder?

Schön, diese Erkenntnis zu haben – allein was hilft sie? Niemand kann zum Beispiel auf einmal früher oder später zur Arbeit gehen. Nun, das stimmt nicht ganz, denn dass Gleitzeiten guttun, hat man bereits in manchen Firmen erkannt. Auch sonst halten Unterbrechungen und Unregelmäßigkeiten immer häufiger Einzug in die Arbeitswelt. So trifft man immer wieder größere Firmen an, bei denen es Ruheräume gibt, in denen man sein Power-Näppchen nehmen kann. Allerdings steht leider keine humanitäre Einsicht dahinter, sondern das Management hat erkannt, dass Mitarbeiter auf diese Weise leistungsfähiger sind.

Nun, in der aktuellen Krise, in der viele von uns dazu gezwungen werden, zu Hause zu bleiben, tun sich durch die digitale Arbeit flexiblere Möglichkeiten auf. Das ist an und für sich ein kleiner positiver Nebeneffekt, würde er nicht in der Regel durch mehrere im entgegenstehende Nachteile mindestens wettgemacht werden. Aber zumindest zum weiter darüber Nachdenken kann es doch anregen, finde ich.

Um in unseren persönlichen Fluss zu kommen, kommen wir nicht darum herum, uns auch mit dem Thema Rhythmus zu beschäftigen. Die Thematik ist viel weitergreifend, als es beim Blick auf die Gezeiten oder den Biorhythmus den Anschein hat. Nur als Beispiel einer von vielen Aspekten: Wie viel Alleinsein brauchen wir, wie viel

Nähe und wie lange? Ich möchte gar nicht in die Tiefe gehen, denn bei genauerem Hinsehen wird man richtig schwindelig, wo überall dieser Gedanke hineinspielt. Mission Hopeless?

Nicht doch! Wir haben ein Instrument an Bord, das uns dabei zu hundert Prozent unterstützt. Lassen Sie es uns gemeinsam im nächsten Kapitel vom Speicher holen, blank polieren und uns die Betriebsanleitung durchlesen.

Kompakt:
Rhythmen bestimmen unser Leben, aber wir pfeifen drauf. Sie waren schon immer da, und damit mit Sicherheit früher als wir, aber wieder einmal glauben wir, gescheiter zu sein und es besser zu können. Doch wir werden der Natur unser Wollen nicht aufzwingen können. Also ist es hoch an der Zeit, zu beobachten und uns mit der Hingabe zu beschäftigen.

Wahrnehmung

Lassen Sie sich in diesem Kapitel in die magischen Möglichkeiten der Wahrnehmung entführen. Haben Sie sich schon mit Meditation oder Achtsamkeitsübungen beschäftigt, so ist Ihnen das Thema ›Wahrnehmung‹ bereits geläufig. Trotzdem werden Sie sich vermutlich der Tragweite dieser inneren Haltung nicht bewusst sein, wage ich zu behaupten.

Üblicherweise bedeutet Wahrnehmung für uns etwas rein Körperliches. Wir nehmen Hitze und Kälte, Schmerz und Lust sowie verschiedenste Reize wahr, es handelt sich demnach um physische Impulse. Bei der Meditation wird es ichbezogener, wenn man etwa auf seinen Atem hört. Auch wenn wir uns auf diese Weise mehr uns selbst zuwenden, gehen wir trotzdem kaum in die Tiefe. Wie auch, haben wir es doch nie gelernt, dass es mehr gibt als unseren Körper und selbst bei den messbaren Dingen ist es bei den Quarks zu Ende und mündet in eine mystische dunkle Energie. Erinnern wir uns an das vorige Kapitel ›*Rhythmen*‹, dann ist es auch kein Wunder. Denn wir haben über Jahrtausende lang immer nur unser Hirn trainiert und auf diesem Weg vergessen, dass es noch mehr gibt. Was heißt ›noch mehr‹ – wir haben damit auch gleich den Schlüssel zu unserer Heimat verloren und stehen nun ohne Rückfahrticket, dafür mit unstillbarer Sehnsucht ratlos im Leben.

Das muss nicht so bleiben.

So, wie wir grobstoffliche Sinne haben, mit denen wir hier sehen, schmecken, hören, greifen und riechen können, haben wir parallel immer noch die Sinne unserer Hüllen aus den feineren Sphären. Allerdings haben wir sie vergessen, ihre Existenz uns abtrainiert. Dass nun vermehrter Aufwand nötig ist, um das Verlorene wieder zurückzuerlangen, liegt einerseits auf der Hand und andererseits empfinde ich es als wunderbar, dass es überhaupt noch möglich ist – nach so langer Zeit. Aber es geht!

Stellen Sie sich dafür als einfaches Beispiel ein Radio vor. Hier gibt es verschiedene Wellenbereiche, die Langwelle, Mittelwelle, Kurzwelle und die Ultra-Kurzwelle. Um entsprechende Schallwellen empfangen zu können, müssen wir als Allerersten den Wellenbereich wählen. Erst dann ist ein Feintuning nach verschiedenen Sendern möglich. Genau um die Wahl des Wellenbereichs geht es, wenn wir vorhaben, die anderen uns zur Verfügung stehenden Wahrnehmungen zu nutzen. Interessant auch hier wieder einmal eine Analogie: Wenn man sich in höhere Sphären – oder auch nur Bewusstseinszustände (siehe Hawkins' Tabelle im Kapitel ›*Sehnsucht und Abscheu*‹) – begibt, spricht man ja von ›höherer Schwingung‹. Erkennen Sie immer wieder, wie einfach alles wird, wenn man sich der großen Zusammenhänge bewusst wird?

Wenn Sie zurückdenken an eben genanntes Kapitel ›*Sehnsucht und Achtsamkeit*‹, dann fällt Ihnen sicher wieder ein, was ich zu den Tests bezüglich der Bewusstseinsebenen erzählt habe, die David Hawkins so schön in seiner Skala dargestellt hat. Der dazu verwendete Test war ein kinesiologischer, man sagt auch Bio-Feedback dazu. Das Unglaubliche: Man kann ihn sogar an sich selbst anwenden – zumindest die meisten Menschen. Zwar sagt die angewandte Kinesiologie, dass man mit diesem Muskeltest eine Rückmeldung über den funktionellen Körperzustand erhielte. Wenn es aber nur das wäre, wie ließen sich dann Hawkins' Versuche erklären? Nein, mit dem kinesiologischen Test geschieht etwas viel Weitgreifenderes.

Wie bereits mehrfach angesprochen, besteht ja das gesamte Universum aus einem unvorstellbar komplexen und weitläufigen Netz aus energetischen Verbindungen. Bildlich kann man es sich wie einen grenzenlosen Teppich vorstellen oder, wenn Sie schon einmal Fotos von neuronalen Netzen gesehen haben, dann von ihnen – aber nicht nur weltweit, sondern universumsweit, also unendlich. Und wir sind ja nicht nur mit Haut und Haar, sondern auch mit Leib und Seele ein Teil davon. Ist es da verwunderlich, wenn wir prinzipiell die Fähigkeit besitzen, dieses Netzwerk anzuzapfen, zu nutzen?

Was bedeutet dieses ›Anzapfen‹? Es ist nichts anderes, als wenn wir einen Stecker hätten, mit dem wir uns in das Computersystem des Universums einklinken könnten. Was heißt ›hätten‹ – wir *haben* ihn.

Bei diesem Gedanken muss ich schmunzeln über das riesige Missverständnis des Transhumanismus', der Bestrebung, Mensch – oder generell lebenden Organismus – und Maschine zu verbinden. Es ist in unserer Entwicklung sehr wohl eine nächste Stufe dran, eine feinere. Doch die hat nichts mit feinerer Technik zu tun, wie es ja auch Niederwieser von der astrologischen Sicht her missversteht, sondern es geht darum, über unsere rein verstandlich-erdgebundene Ebene hinauszuwachsen.

Doch wieder zurück zum Anzapfen des allgemeinen Wissens. Um diesen Zugang voll nutzen zu können, gibt es nur – theoretisch – kleine Probleme zu überwinden.

Zum einen ist da einmal dieses unselige Ich-glaube-nur-was-sich-beweisen-Lässt. Obwohl – das ist ja noch die harmlose Variante. Denn als Beweis gilt auch etwas, das sich logisch herleiten lässt. Schwieriger ist es für denjenigen, der sich auf Sicht- und Messbares versteift oder gar auf ein wissenschaftliches Gutachten dazu. Letzterer wird vermutlich noch einige unangenehme Ekelerlebnisse auf Hawkins' Skala unter 200 vor sich haben, bis er bereit dazu ist, auch anderes zuzulassen. Aber ist nicht jedes Menschen Wille sein Himmelreich? So lange man selbst nicht dazugehört, ist es halb so schlimm, dann besteht bereits früher Hoffnung.

Leichter kann man es sich machen, indem man Neues nicht kategorisch als Blödsinn abtut, sondern wenn man einer edlen Eigenschaft – vor hundert Jahren hätte sie wohl ein anderes Adjektiv erhalten – den Vortritt überlässt: der Neugier. Und zwar offene, kindliche (nicht kindische) Neugier, die einfach nur erforschen möchte. Lassen Sie sich einfach an die Hand nehmen und folgen Sie mir so lange, wie Sie sich wohlfühlen. Sollte das einmal nicht der Fall sein, dann hilft es vielleicht, das Buch beiseitezulegen und eine Nacht drüber zu schlafen.

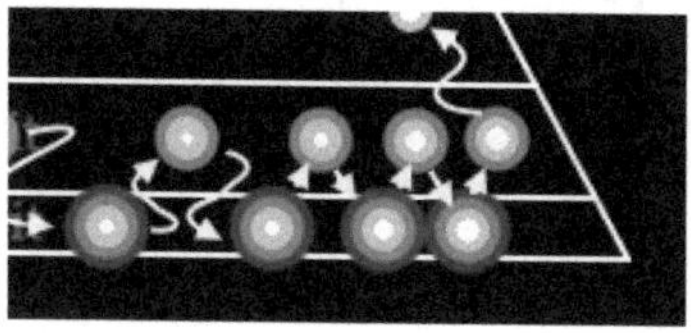

Zurück zu dem, worum es geht, unserem Draht zum universellen Computer. Wir haben ja vor ein paar Kapiteln über die verschiedenen Hüllen gesprochen, die wir um uns gelegt haben, bevor wir in die Lage kamen, hier auf der Erde konkret zu wirken, uns also in einen grobstofflichen Körper begeben haben. Sie sehen auf der Grafik einen geistigen Kern, der, durch Erfahrungen stärker geworden, immer intensiver glüht. Bei manchen Menschen kann man das tatsächlich spüren. Auch wenn wir mit unseren grobstofflichen Sinnen recht schwerfällig scheinen im Hinblick auf all das andere, das uns umgibt, ändert es nichts daran, dass wir trotzdem die Organe unserer anderen Hüllen, inklusive der unseres Geistkerns, in uns haben. Und diese Organe funktionieren! Zwar wie völlig untrainierte Muskel, die sich irgendwann nur mehr schwer oder fast gar nicht erholen können, harren sie in einer unablässigen Warteposition, dass wir vielleicht doch einmal zur Vernunft kommen.

Wie konkret können uns diese Organe nun helfen, vor allem dem Normalbürger ohne irgendwelche hellsichtige oder andere mediale Fähigkeiten? Zuerst einmal: Natürlich ist dabei das Training ein großes Thema. Zwar kann auch das durch einen Erkenntnisschub durchaus von jetzt auf gleich passieren, aber rechnen Sie sicherheitshalber nicht damit, sondern machen Sie sich darauf gefasst, üben zu müssen.

Vielleicht haben Sie schon von Menschen gehört, die Dinge sehen können, die den meisten von uns verborgen bleiben, oder die nicht nur hellsehen, sondern auch hellriechen oder hellhören können. Hat jemand diese Begabung auf natürlichem Weg erhalten, kann das eine wunderbare Hilfe sein – aber auch manchmal ein Fluch. Man sollte aber nicht versuchen, sich zu diesen Fähigkeiten gewaltsam, etwa mittels Drogen, Zugang zu verschaffen. Bei den meisten von uns funktioniert es indirekt. Man ›spürt‹ etwas. Das kennen Sie sicher: Bei manchen Leuten ist Ihnen vielleicht ›nicht ganz wohl‹, während andere eine frohe Anziehung auf Sie ausüben. Das Problem dabei, das wir allerdings vor allem in ungeübtem Zustand haben, möchte ich in einem kleinen Beispiel besser verständlich machen: Stellen Sie sich vor, jemand würde Ihnen in einer Disco etwas ins Ohr flüstern. Die Wahrscheinlichkeit ist relativ gering, dass Sie es verstehen würden. Sind Sie beide aber in einem stillen Raum, funktioniert das prima. In etwa so kann man sich das mit der Wahrnehmung feinerer Schwingungen, also besagtem ›Spüren‹ vorstellen. Wenn es innerlich laut bei Ihnen zugeht, dann wird sich dieses zarte Empfinden schwer durchsetzen können. Das Laute sind dabei irgendwelche alten Muster, die Ihnen dreinplappern oder erlernte Werte, die eine Toleranz sabotieren. Das Training besteht hauptsächlich darin, die innere Stille und Neutralität bereitzustellen, damit das Empfinden sich seinen Weg bahnen und sich angemessen bemerkbar machen kann. Weiter hinten kommen ein paar Kapitel, bei denen es um verschiedene Interventionen geht, wie man sich sein Leben erleichtern kann; dort finden Sie auch etwas zu dem Thema der inneren Stille.

Befassen wir uns nun mit dem, was wir auf diesem Weg erfahren. Es sind zwei verschiedene Botschaften, die aber letztendlich doch wieder auf ein und demselben gründen.

Wenn Sie erwarten sollten, dass ich Sie mit einem Männchen – oder Weibchen, wenn Ihnen das besser zusagt – bekannt mache, das Ihnen Lösungen ins Ohr flüstert, dann muss ich Sie leider enttäuschen. Der Botschaftsaustausch zwischen feineren Sphären und unserer aktuellen kann zwar auch so stattfinden (wie gesagt eher selten), doch es wird sich hauptsächlich um eine Art binärer Kommunikation handeln. Beim binären System gibt es ja nur die zwei Zustände ›ein‹ und ›aus‹ oder ›gültig‹ und ›ungültig‹. Lassen Sie uns als binäre Entsprechungen einfach ›stimmig‹ und ›nicht stimmig‹ nehmen, dann sind wir schon sehr nahe dran. Das, was wir nämlich über diesen Kanal mitgeteilt erhalten, ist ›stimmig‹ oder ›nicht stimmig‹ in Bezug auf das – nun, nicht unbedingt, worauf unser Fokus ausgerichtet ist, sondern das, was energetisch zu uns aktuell Zugang hat. Das wiederum kann alles Mögliche sein. Konzentrieren wir uns bewusst auf etwas, wie das bei einem kinesiologischen Test der Fall ist, dann erhalten wir die Antwort auch dazu, sonst allerdings werden wir von dem berührt, was gerade aktuell ist. So kann es sein, dass man in einer gewissen Situation oder bei einer bestimmten Person auf einmal ein ›ungutes Gefühl‹ hat, ohne dass man sich darauf ausgerichtet hätten. Das Zuordnen ist eine Übungssache und im Lauf der Zeit wird man treffsicherer.

Erinnern Sie sich noch an das Kapitel ›... *die Wahrheit*‹? Dort sprachen wir ja darüber, dass es zwei ›Wahrheiten‹ gibt. Die eine ist die Schöpfung durchziehende eine große Wahrheit, die sich in den Schöpfungsgesetzen zeigt. Die andere ist, ob etwas für einen selbst aktuell stimmig ist oder nicht. Beide schwingen zwar in derselben einen Wahrheit, denn wenn ich mich für mich stimmig verhalte, wird das auch stimmig in Bezug auf das Große und Ganze sein. Diese persönliche Stimmigkeit empfindet man immer auf das eigene Handeln bezogen. Die Stimmigkeit zur einen Wahrheit wird man dann wahrnehmen, wenn man zum Beispiel einen spirituellen Text liest oder sich ein Video ansieht, in dem es um spirituelle Themen geht. Man spürt dann sofort, ob das, was einem begegnet, im Einklang mit der einen Wahrheit ist oder nicht.

Sicher ahnen Sie bereits den ungeheuren Wert, der uns mit der Wahrnehmung zur Verfügung steht. Mit untrüglicher Sicherheit erhalten wir jederzeit die Information, ob unser Handeln im Einklang mit unserem persönlichen Fluss ist, beziehungsweise ob sich das, was uns begegnet, mit der einen Wahrheit im Einklang befindet. Wenn es uns gelingt, unsere Wahrnehmung zu einem Bestandteil unseres Handelns werden zu lassen, brauchen wir in keiner Situation Bedenken haben, falsch zu handeln, weder allgemein noch auf unsere Situation bezogen. Wir werden automatisch immer wahrnehmen, was für uns zurzeit das Beste ist. Wir können dadurch mit tänzerischer Leichtigkeit durch unser Leben gehen und unsere Aufmerksamkeit voll auf das richten, mit dem wir uns gerade beschäftigen.

Zweifel und Hadern, Angst und Misstrauen gehören damit der Vergangenheit an. Denn – wir haben den Zugang zum Urvertrauen gefunden.

Im Lauf der Jahre hat sich der Stellenwert der Wahrnehmung in meiner Erkenntnis sogar zum eigentlichen Sinn des Lebens gemausert.

Was ist letztlich unser tiefstes Ziel? Wir wollen doch unsere Kräfte bündeln, um den gigantischen Schritt vom unbewussten Geistigen zum bewussten Geistigen vollziehen zu können. Dafür ist es notwendig, alle im Lauf der Jahrtausende aufgelaufenen Bindungen lösen zu können, da wir ansonsten in den tieferen Sphären festgehalten werden und nicht aufsteigen können. Man hört oft, der Sinn des Lebens läge darin, bewusst zu werden. Ja, natürlich, das stimmt, nur ist das ein dermaßen vages und abstraktes Ziel, dass man in der Regel nichts damit anfangen kann. Was diese Bewusstheit ist, können wir nun schon ahnen: Es ist unsere Fähigkeit, das Licht in uns, das bei vielen Menschen nur verzagt, praktisch unsichtbar vor sich her glimmt, zu hellem, kraftvollen Leuchten zu bringen. Um das zu erreichen, wollen wir stets entscheiden können, was diesem Zweck förderlich ist und was ihm im Weg steht. Genau das können wir mit einer geübten Wahrnehmung mühelos. Allerdings muss man eventuell mit Konsequenzen rechnen, etwa in einer Beziehung, wenn der andere Teil nicht mitzieht.

Aber es geht noch weiter. Mit dieser Wahrnehmung spüren wir nicht nur unseren eigenen Grad des Im-Fluss-Seins, sondern auch, wie sehr unser Handeln mit den Interessen der uns umgebenden Menschen und der Natur im Einklang steht. Das heißt keineswegs, dass wir zu anderen nur nett sein sollen. Im Gegenteil ist es oft sowohl für das Gegenüber als auch für einen selbst am besten, wenn man sich abzugrenzen weiß. Doch man kann auf diese Weise spüren, ob das eigene Handeln für das/die Gegenüber hilfreich ist oder nicht, Informationen, die vielleicht nicht einmal diejenigen selbst kennen.

Wahrnehmung ist kein abstraktes Können, das zwar erstrebenswert klingt, aber auch unerreichbar bleiben muss. Abgesehen davon, dass wir auch jetzt schon wahrnehmen, zum Beispiel mit dem viel zitierten Bauchgefühl, gibt es eine Menge an schon lange bekannten Arbeiten, die diese Gabe nutzen. Das ist etwa die erwähnte Kinesiologie, bei der sich die Wahrnehmung sogar körperlich ausdrückt. Auch jede Art von sogenannter Aufstellungsarbeit – vielleicht sagt Ihnen ›Familienstellen‹, auch ›Familienaufstellung‹ genannt, etwas? – arbeiten damit, was ihre Teilnehmer an Energien spüren und dann versuchen auszudrücken.

Ich kann Ihnen nicht genug ans Herz legen, sich mit Wahrnehmung zu beschäftigen. Ihre Fähigkeit zu trainieren, auf das universelle Wissen zuzugreifen. Gerade in Zeiten wie der aktuellen ist sie essenziell wichtig, weil Sie nur mit ihr die Möglichkeit zur Verfügung haben, einzuschätzen, ob das, was Sie erfahren, wahr ist oder nicht. Wenn Sie lediglich mit dem Verstand prüfen, brauchen Sie so viel Zeit, wie Sie kaum zur Verfügung haben. Zudem bekommen Sie selbst dann nicht wirkliche Sicherheit – Sie kennen ja dieses Spielchen mit Gutachten und Gegengutachten. Propaganda und psychologische Beeinflussung haben keine Chance, wenn Sie durch Ihre Wahrnehmung mit der einen Wahrheit in Verbindung stehen.

Kompakt:

Innere Wahrnehmung bedeutet, seine Sende- und Empfangsfrequenz bewusst zu erhöhen.

Sie ist der mächtigste Verbündete auf unserem Lebensweg. Ich gehe sogar so weit, sie als den eigentlichen Sinn des Lebens zu bezeichnen. Mit einer geschärften inneren Wahrnehmung, auf die man sich absolut verlassen kann, wenn man sie vom lauten Geschrei des Verstandes entrümpelt hat, ist man in jeder Situation fähig, für sich und zugleich auch sein Umfeld passend zu entscheiden und zu handeln. Dieses ›Handeln im Fluss‹ ist der beste und auch einzig wahre Wegweiser, wie wir zurück nach Hause gelangen; nicht nur möglichst unversehrt, sondern es überhaupt schaffen.

Karma, Belohnung und Strafe

Vor allem Belohnung und Strafe sind für viele Menschen peitscheschwingende Peiniger. Das können die zu Konstitutionen verkommenen Religionen auf ihr Konto buchen. Klar, denn mit einer drohenden Strafe, noch dazu von einer unsichtbaren Instanz – Gott kann man ja nicht anfassen oder sehen – kann man prächtig Angst erzeugen und so seine Schäfchen treiben, wohin es einem nützlich ist. Mit Beichte, Erlass, Hölle und Fegefeuer haben die Kirchen gut funktionierende Instrumente zur Knebelung sogar führender Persönlichkeiten erfunden. Und das alles basierend auf dem Bild eines menschlichen Gottes, der den Willfährigen gnädig durch Petrus ins Himmelreich einlässt, während er den in Ungnade Gefallenen in den Schlund der Hölle stößt.

Eines ›menschlichen‹ Gottes. Eigentlich sollte schon dieser Widerspruch aufhorchen lassen. Selbst wenn dieser Gott entscheiden kann, wie er gerade lustig ist – was Menschen ja meistens verwehrt ist und daher eine erstklassige Vorstellung für eine göttliche Fähigkeit darstellt – dann wäre das doch unlogisch, wenn man weiter denkt. Geht man davon aus, dass Gott vollkommen ist, dann ist es unmöglich, dass er mal so und dann wieder so entscheiden kann. Vollkommen sind er und seine Schöpfung für mich mit absoluter Sicherheit, denn etwas so perfekt Funktionierendes kann kein unvollkommener Geist schaffen. Das mit der Vollkommenheit ist das Einzige, das man ›glauben‹ muss. Allerdings wird mit der Beschäftigung der Schöpfung und ihrer Gesetze dieser Glaube irgendwann zwangsläufig zur Überzeugung.

Ich denke, der größte Fehler im Zusammenhang mit Gott ist es, zu versuchen, ihn sich vorzustellen. Es kann nicht funktionieren, denn er befindet sich dort, wo Ewigkeit und Unendlichkeit zu Hause sind. Wie soll man das mit seinem Menschenwürstchenverstand begreifen? Also am besten gleich bleiben lassen, ist das Klügste. Abgesehen davon wäre eine Vorstellung auch gar nicht hilfreich. Viel interessanter sind doch die Schöpfungsgesetze, die sozusagen den Rahmen für unsere Handlungen darstellen, unser Glück bei Befolgung vermehren und uns bei Zuwiderhandeln Schürfwunden zufügen. Gott ist kein Wesen, das lobt und straft, wofür es hinter jedem Menschen genau beobachtend einherwandern und Buch führen müsste. Das wäre, mit Verlaub, ein mickriger Stalker. Das Missverständnis der sogenannten Belohnung und Strafe – des Karmas, das ja nichts anderes ist – zeigt, was geschieht, wenn man als Mensch versucht, etwas, das man nicht versteht, verstehbar zu machen. Die Sachen liegen viel größer und einfacher als wir uns das in unserem komplizierten Denken vorstellen.

Wie fühlt es sich für Sie an, wenn wir davon ausgehen, dass Gott *ist*, dass er *vollkommen* ist und dass er in seiner Vollkommenheit eine vollkommene Schöpfung geschaffen hat – weil er, logisch, gar nicht anders *kann?*

Das, was wir als Belohnung und Strafe empfinden, ist nichts anderes als das Erleben, im Fluss oder nicht im Fluss des großen Seins gehandelt zu haben und die sich daraus ergebenden Folgen. Ich finde die Metapher mit den Schürfwunden durchaus passend. Stellen Sie sich doch einfach vor, Sie gingen durch ein enges Labyrinth mit sehr grob behauenen Wänden. Solange Sie sich den Möglichkeiten gemäß weitertasten, wird sich Ihr Tastvermögen verbessern und Sie erwerben ein zunehmendes Gespür für das Finden eines Weges. Wenn Sie jedoch trotzig an den Wänden entlangschrammen oder zornig mit den Fäusten dagegen trommeln, ist der Prozess weniger beglückend, oder? Es ist doch ein so einfaches Bild. Da braucht es niemanden, der einem auf die Pfoten haut, wenn man der Wand zu nahe kommt oder der einem in die Kniekehlen tritt, wenn man in die falsche Richtung geht. Einzig das *Vorhandensein* des Labyrinths mit der Beschaffenheit seiner Wände genügt vollauf, um uns das Erleben des richtigen Weges zu vermitteln.

Mit dieser Erkenntnis brauchen wir uns nun nur noch darum zu kümmern, wie denn der Weg und seine Begrenzungen aussehen – so einfach wäre es. *Zu* einfach für uns Westler, denke ich. Was nichts kostet, ist nichts wert und was einfach ist, ebenfalls. Nein, ich glaube, das ist unfair, denn die Kombination von Einfachheit und Genialität scheinen sich schon ins Bewusstsein gebracht zu haben. Das ist schön. Denn so können wir gleich die Erkenntnisse dieses Buches dafür verwenden, unser Leben einfacher zu machen – in jeder Hinsicht.

Erinnern wir uns an das, womit wir uns in dem Kapitel *›Segel und Ruder‹* beschäftigt haben: Wir erhalten neutrale

Energie, formen sie durch unser Wollen und die daraus folgenden Emotionen um, schicken sie auf die Reise, von der sie verstärkt irgendwann zu uns zurückkehrt und zugleich zum Vorsatz unseres Wollens eine Bindung herstellt und die schließlich den gleichwertigen Anteil in uns stärkt.

Dieser einfache Ablauf *ist* das berühmte Karma, und genauso ›Belohnung‹ und ›Strafe‹. ›Säen‹ wir Freude und Frieden, so werden wir Freude und Frieden ›ernten‹. Entscheiden wir uns für Hass und Neid, so werden uns auch nur Hass und Neid antworten. Aug um Aug, Zahn um Zahn; und nicht Fuß um Hand und Knie um Schulter.

Es ist sehr einfach, leicht durchschaubar und auch leicht verständlich. Den Knoten in unsere Gedanken bekommen wir erst dann, wenn wir glauben, ein Leben wäre eine hermetische, also in sich abgeschlossene Einheit, in der sich alles abwickeln würde, was einen betrifft, und zwar nur einen selbst. Dann wird es natürlich eng und ungerecht und willkürlich – logisch, kann ja nicht anders sein.

Nun frage ich mich allerdings, welche Entscheidung die klügere ist: daran festzuhalten, dass alles willkürlich und zufällig geschieht – und mit der Ungerechtigkeit auch noch zu unserem Leid – oder wenn wir mit einem kritischen Blick unser eigenes Weltbild unter die Lupe nehmen. Ich weiß, jeder Abschied ist schmerzhaft und macht traurig, weil damit etwas Gewohntes nicht mehr relevant wird. Doch denken wir auch hier einen Schritt weiter: Ist nicht Beweglichkeit das Kriterium schlechthin für einen verletzungsarmen Weg? Wer tut sich leichter, durch eine dichte Menschenmenge zu gelangen: derjenige, der unbeirrbar seine Richtung beibehält oder der, der sich tanzend seinen Weg durch die Lücken bahnt? Ganz abgesehen von der Reaktion der Leute, mit denen er dabei in Berührung kommt.

Ich meine damit aber nicht, die eigene Überzeugung zu verleugnen. Wenn man tief in seinem Herzen fühlt, dass etwas stimmig ist, dann soll man sich nicht davon abbringen lassen. Unerlässlich ist lediglich, sein Herz immer wieder zu prüfen.

Erst durch die freiwillige Aufgabe unserer inneren Fähigkeiten und dafür dem Folgen von Obrigkeiten, sowohl im wirtschaftlichen als auch ethischen Sinn, sind Zweifel und damit Gedanken an Willkür und Zufall in unser Leben getreten. Mit zunehmender Verherrlichung des Verstandes hat sich unser Horizont verengt, immer tiefer sind wir in einen Trichter geraten, der uns verbietet, weit zu sehen.

Natürlich ist es bequemer, nicht selbst zu denken, sondern sich alles vorkauen zu lassen. Nur dürfen wir uns dann auch nicht wundern, von anderen Menschen als willige Opfer gesehen und als solche für ihre Interessen benutzt zu werden.

Ich möchte dieses Kapitel beschließen mit einem Satz, dessen Tragweite vielleicht nicht gleich erkennbar ist, der aber die Missstände unserer Gesellschaft knapp und einfach umreißt. Durch das in den vorigen Absätzen Besprochene ist es leichter, nachzuvollziehen, was ›Wollen‹ wirklich ist und was es bewirkt. Wer mit sich tun lässt, ist nicht weniger verantwortlich als der, der tut.

Vergessen Sie dabei aber bitte nicht, dass wir alle in der Vergangenheit daran mitgearbeitet haben. Es ist nicht das aktuelle Wollen, sondern unser aller Wollen aus unser aller Vergangenheit, das sich uns nun im Hier und Jetzt kollektiv präsentiert. Es sollte sich deshalb niemand ausnehmen und sagen, er hätte das nie gewollt. Mag sein, aber *wissen* tun Sie es nicht. Und ob oder ob nicht ändert nichts daran, wie es jetzt ist und dass dringend *bei jedem* Handlungsbedarf besteht, wenn wir eine bessere Welt wollen.

Unsere Gesellschaft ist nichts anderes als das Wollen all ihrer Mitglieder.

Kompakt:
Karma, Belohnung und Strafe sind lediglich auf menschliches Denken heruntergebrochene Metaphern für das Wirken der Schöpfungsgesetze. Indem die Anziehung der Gleichart und die Wechselwirkung zusammenarbeiten, bescheren sie uns immer das, was wir ursprünglich ›wollten‹ – nicht mehr und nicht weniger. So sind das Karma, Belohnung und Strafe nur Worte in einem Wertesystem, das Glück als Belohnung sieht und Leid als Strafe.

Mich, sie - lieben

Die zerfranste Anwendung des Begriffes ›Liebe‹ ist für mich ein weiteres Indiz für unsere Entfernung von der Einfachheit.

Da gibt es Nächstenliebe, Kinderliebe, Tierliebe, verliebt sein, lieben, Liebe machen, Affenliebe, Bruderliebe, Gerechtigkeitsliebe, Heimatliebe, Jugendliebe, Ordnungsliebe und jede Menge weiterer Lieben. Ich würde sagen, damit hat die eigentliche Liebe ihre Kraft verloren, zersplittert auf unzählige Begriffe, die nicht mehr sagen, als dass man dies oder das eben mag. ›Liebe‹ ist in den meisten Zusammenhängen jedenfalls mit Kanonen auf Spatzen geschossen.

Aber was ist Liebe eigentlich? Wenn wir sie gewissenhaft frei putzen von all den anhaftenden Attributen und nur die reine Liebe übrig bleibt, dann ist sie für mich die Kraft, von der ich schon mehrfach gesprochen habe: dieses Lichte, Neutrale, das wir unablässig geschenkt bekommen und dann, emotional herunterbehandelt, weiterleiten. Warum tun wir das?

Die Antwort ist einfach. In dem Maß, indem wir uns von unserem natürlich-stimmigen Weg entfernt haben, entstand in uns das Bedürfnis, wenigstens einen Teil dieser lebendigen Energie auf bestimmte Bereiche aufzupfropfen, um sie aufzuwerten. Liebe ist über allen Zweifel erhaben – ist sie ja wirklich – und so haben wir sie uns und anderen gegenüber als Marketinginstrument benutzt, um entweder etwas besser zu machen, als es ist oder um den schwindenden Wert von etwas zu bewahren. Vielleicht hat auch ein wenig die Schludrigkeit eine Rolle gespielt, die gern ins Spiel kommt, wenn man wenig Zeit zu haben glaubt. Dann ist es nämlich eleganter, von Ordnungsliebe zu reden als davon, dass man es gern ordentlich hat oder von der Ordnung besessen ist. In jedem Fall klingt Ordnungsliebe besser und auch der sie Ausübende wird aufgewertet.

Was passiert, wenn wir den ganzen Klimbim von der Liebe abputzen und nur die reine Liebe übrig bleibt? Dann – darf sie wieder reine Liebe werden, nun unbeschwert von irgendwelchen unpassenden Kettchen und Reifchen.

Gehen wir von der Theorie gleich zur Praxis über, und stellen uns vor, was es bedeutet: zu lieben.

Wenn wir wieder das Bild der Energie, die wir unablässig geschenkt bekommen, bemühen – was käme heraus, wenn wir sie, von Emotionen unberührt, fließen ließen? Erstens einmal wäre alles einfacher. Würden wir gleichermaßen dem Nachbarn, Partner, der Frau an der Supermarktkasse und der Bürokollegin dieselbe herzöffnende Zuwendung angedeihen lassen, die nun einmal ein Kennzeichen der Liebe ist, würde das alles unglaublich vereinfachen.

Vor allem bei der vielgepriesenen Selbstliebe stellt sich bei mir innerlich alles quer. Als Bild habe ich dabei immer einen Bach vor Augen, bei dem das Wasser über eine Schwelle hüpft, um sich darunter in einer ewig währenden Rolle immer wieder selbst zu versorgen. Das, was uns fortwährend geschenkt wird – und das *ist* reine Liebe – nehmen wir flugs, bevor es uns entkommt, und richten es wieder auf uns selbst. So besteht keine Gefahr, dass es jemand anderem zuteilwird, sondern wir die vollen Nutznießer bleiben. Das mag ja für jemanden, der oder die sich bisher unablässig an andere verausgabt hat, um deren Anerkennung zu erhalten, auf den ersten Blick plausibel klingen. Aber sehen wir einmal genauer hin, und das wieder mit dem Blick auf die unendliche Rolle. Sowie auf den Fokus der Person. Er ist dann auf sich selbst gerichtet, was ja auch der Sinn und Zweck sein soll. Da wir Menschen aber mit unserem Tagesbewusstsein kaum multitaskingfähig sind, werden wir so alles andere außer uns selbst ausblenden, aus den Augen verlieren. Das mag als Ausgleich für kurze Zeit unter Umständen hilfreich sein, aber sicher nicht als Dauerlösung.

Darf ich Ihnen ein alternatives Bild anbieten? Nehmen Sie sich bitte wenige Minuten Zeit dafür, bei geschlossenen Augen still zu sitzen und lediglich Ihren Atem zu beobachten. Wenn Sie sich schwer und entspannt fühlen, versuchen Sie, zu spüren, wie die ewig lebensspendende Energie mit jedem Atemzug wie ein leichtes Leuchten in Ihren Körper und Ihr Gemüt fließt, während sie mit jedem Ausatmen durch Sie hindurchfließt, um Sie wieder zu verlassen. Spüren Sie, wie mit jedem Atemzug ein wenig davon bei Ihnen verbleibt? Wie fühlt sich das an?

Während Sie nun diesen Fluss beobachten, lenken Sie auch ein wenig Ihr Augenmerk auf alles rund um Sie herum – immer noch bei geschlossenen Augen. Merken Sie, wie Sie immer besser darin werden, mehreres gleichzeitig wahrzunehmen und das auch noch aus allen Richtungen?

Damit haben Sie einen kleinen Geschmack von Wahrnehmung erhalten und vielleicht auch eine Ahnung davon, wie unser Leben immer sein könnte. Freilich geht das nicht aus dem Stand heraus, aber immerhin ist es doch gut, zu wissen, dass es möglich ist.

Wenn es einem gelingt, die Energie, die wir empfangen, einfach durch uns fließen zu lassen, ganz so, wie wir es sonst emotionsgefärbt tun, dann geschieht dabei gleich mehrerlei. Zum einen entsteht kein innerlicher Stau, weil ja alles im Fluss bleibt. Des Weiteren schafft man auf diese Weise keine hinderlichen Bindungen zu anderen Menschen, Orten, Eigenschaften und Energien, hat also in der Folge auch nichts aufzulösen. Zum Dritten verbleibt ein Teil der Energie ohnehin bei uns und stärkt unsere am höchsten schwingenden Anteile wie Friede, Freude und so weiter. Und letztendlich fühlen wir uns dabei einfach nur wohl.

In so einem Zustand ist es deshalb nicht nötig, den Fokus auf sich selbst zu richten, weil man durch die ungetrübte Wahrnehmung ohnehin bemerkt, wann einem etwas nicht guttut. Man hat also alle hilfreichen Aspekte gleichzeitig, ohne sich selbst aufzugeben. Ich finde, es lohnt sich, diesen Überlegungen auch weiterhin Aufmerksamkeit zu widmen.

Kompakt:

Liebe ist viel einfacher, als wir meinen. Es ist nur notwendig, sie einfach fließen zu lassen, so wird ganz von selbst alles gut, und das, ohne dass man selbst auf der Strecke bliebe.

Gott liebt mich?

Immer wieder hört man den Satz ›Gott liebt dich‹, sei es in religiösen Kreisen oder von Menschen, die die Erfahrung der bedingungslosen Liebe gemacht haben. Diese Erfahrung hängt oft mit ungewöhnlichen Erlebnissen zusammen wie zum Beispiel Nahtoderfahrungen.

Ich möchte in diesem Kapitel niemanden der Überzeugung berauben, dass ihn Gott liebe. Doch ich möchte das Missverständnis, das durch diese Aussage aufkommen mag, aufklären.

Dass man aus unserer, hier im Grobstofflichen so begrenzten Sicht zu diesem Schluss kommt, ist gut nachvollziehbar. Denn wir messen mit dem uns bekannten Maßstab, also dem, was wir von hier kennen. Wir haben einerseits nicht erfahren, wie sich bedingungslose Liebe anfühlt. Und Gott ist uns sowieso ein völliges Rätsel. So ist es naheliegend, dass wir etwas, das entweder unserem Wunsch nach Geborgenheit oder der Erfahrung von etwas Strahlenderem als dem, was wir hier kennen, schnell Gott zuweisen. Dass es sich dabei also um Gott direkt handelt, den man erlebt hat. Daraus lässt sich auch erklären, warum manche Medien fest behaupten, direkt Kontakt zu Gott oder wenigstens Jesus hätten. Einfach deshalb, weil alles, was sich außerhalb unseres direkten Erlebniskreises dann, wenn es prächtig ist, Gott sein muss oder, wenn es einen das Fürchten lehrt, der Teufel. Das ist aber etwa so, als wenn wir, lediglich eine nebelige, dunkle Landschaft kennend, einer Glühbirne begegneten, und begeistert ausriefen, dass es sich um die legendäre Sonne handeln müsse.

Nochmals: Ich möchte nichts von Ihren Gefühlen zerstören oder auch nur antasten. Doch in all solchen Fällen haben wir es nicht mit Gott zu tun. Gott ist für uns unerreichbar weit weg. Doch was ist es dann, das einen aus solchen Ausnahmesituationen zurückkehren lässt mit dem Gefühl, der großen, allmächtigen Liebe begegnet zu sein, auf die man sich hundertprozentig verlassen kann?

Die Erde, ich meine damit die Grobstofflichkeit, in der wir hier leben, ist ein ganz spezieller Ort. Für uns Menschengeister ist sie *die* Drehscheibe für unsere Entwicklung. Der Grund dafür liegt in dem nur hier möglichen Nebeneinander-sein-Können von sehr unterschiedlichen Energien. Sie erinnern sich sicher, dass, je höher eine Sphäre ist, desto intensiver und direkter sich alle Gesetzmäßigkeiten auswirken. Da diese höheren Sphären ja leichter, lichter und höherschwingend sind, *können* sich dort unmöglich zugleich dunklere, also niedrigerschwingende Energien halten. Sie haben nicht ansatzweise eine Chance, dorthin aufzusteigen.

Hier in der Grobstofflichkeit ist dieses Nebeneinander von sehr unterschiedlichen Energien nur deshalb möglich, weil alles unglaublich langsam und träge ist. Ich möchte Sie an den fünften Absatz des Kapitels ›*Heimat*‹ erinnern, wo ich auf den Spruch ›Der Geist ist willig, aber das Fleisch ist schwach‹ einging. Hier bei uns ist es, wie wir ja ständig selbst erleben, oft ein weiter Weg vom Gedanken zur Umsetzung. Der Grund dafür ist die unglaublich grobe und träge Beschaffenheit der Grobstofflichkeit. So braucht es hier lange, bis sich die Energie des Wollens zu etwas Stofflichem formen kann. Ein ganz einfaches Beispiel, um das nachzuvollziehen: Versuchen Sie, Ihren Arm so schnell wie möglich durch die Luft oder durch Wasser oder einen Sumpf zu führen. Wo geht es schneller? Genau – je lichter und leichter die Umgebung, umso unmittelbarer. Exakt so kann man sich den Unterschied der Sphären vorstellen. Wir haben für alles ständig so wunderbare Analogien rund um uns herum, das begeistert mich immer wieder!

Nun wieder zurück zur Absicht dieses Kapitels. Mit jeder Sphäre, die es höher geht – und das sind, inklusive aller Untersphären zu den genannten großen viele – wird *alles* leichter, lichter und fröhlicher. Das bedeutet, dass es dort *ausschließlich* die jeweilige Qualität gibt und keine Gegenspieler wie hier auf der Erde im groben Stoff. Leichter und lichter bedeutet aber auch Liebe. Und zwar nicht eine unserer vielen Lieben, sondern die eine, zentrale, bedingungslose Liebe. Allein die Liebesqualität schon der nächsten Sphären über unserer aktuellen bedeuten in ihrer Unterschiedlichkeit ein derart einschneidendes Erlebnis, dass wir völlig nachvollziehbar meinen, Gott selbst gegenüberzustehen – so enorm ist der Unterschied zu dem, was wir kennen.

Wenn wir meinen, Gott würde uns bedingungslos lieben, dann stimmt das im weitesten Sinn natürlich, denn Gott *ist* die Essenz der Liebe. Doch wenn wir Wesenheiten begegnen, mit denen wir diese neu erlebte Art der Liebe in Zusammenhang bringen, dann sind die – trotz des überwältigenden Erlebnisses – noch unendlich weit von Gott entfernt. Ja, sie sind sogar noch weit entfernt von der Sphäre unseres eigenen Ursprungs. Der Eindruck, es mit Gott selbst zu tun zu haben, entsteht nur durch die unglaubliche Andersartigkeit des Erlebens im Vergleich mit dem, was wir gewohnt sind.

Das soll in keiner Weise das Erlebnis an sich mindern. Lediglich mag es am Narzissmus des einen oder anderen ein wenig kratzen, dass man es nicht mit Gott direkt zu tun hatte. Das ändert aber gar nichts daran, dass wir ständig von Wesenheiten umgeben sind, die sich um uns kümmern und nur das Beste für uns wollen. Würden wir uns ausschließlich ihnen gegenüber öffnen (durch unser Denken, Sprechen und Handeln – also *Wollen*), so würden wir das auch spüren. Wenn wir hingegen den Fokus auf dunkle Regionen richten, dann dürfen wir uns nicht wundern, von dort Zuspruch zu erhalten.

Das ist ja das Besondere der Grobstofflichkeit: Wir können in jedem Augenblick entscheiden, womit wir uns verbinden möchten, wodurch wir auch unseren aktuellen Zustand gestalten. Die Grobstofflichkeit ist wie der messerscharfe Grat eines Berges, auf dessen einer Seite Licht, auf der anderen Dunkel ist. Auch hier könnte man das als Metapher sehen, wenn man sich diesen Grat bei untergehender Sonne vorstellt: Im Westen ist der Berg noch hell erleuchtet, im Osten hingegen schon dunkel.

Während wir außerhalb der Grobstofflichkeit von Gleichart umgeben sind – sowohl im lichten als auch dunklen Sinne – so bilden wir hier unsere Umgebung durch unser Wollen (natürlich steuern wir immer durch unser Wollen, ob wir in lichtere Sphären steigen oder in dunklere sinken)! Das ist die herausragende Fähigkeit des menschlichen Geistes. Wir können es liebevoll oder hasserfüllt haben – unsere Entscheidung. Dass sich die Umstände nicht sofort bei ›gutem‹ Wollen – geschweige denn Gedanken – zum Positiven wenden, liegt, wie gesagt, daran, dass die Grobstofflichkeit sehr träge ist, und dadurch alles seine Zeit braucht. Aber wir wissen ja, dass ständige Wiederholung – egal in welcher Richtung – auch eine veränderte Situation nach sich zieht.

Kompakt:
Die Aussage ›Gott liebt mich‹ stimmt natürlich in weitestem Sinn. In Wirklichkeit erleben wir aber ganz konkrete Zuwendung von den unendlich vielen lichten Wesenheiten in unserer näheren Umgebung, die uns beobachten, sich um uns kümmern und uns dabei helfen, den stimmigen Weg zu gehen. Der Unterschied zum Gewohnten ist derart überwältigend, dass man glaubt, Gott persönlich erlebt zu haben.

Felder

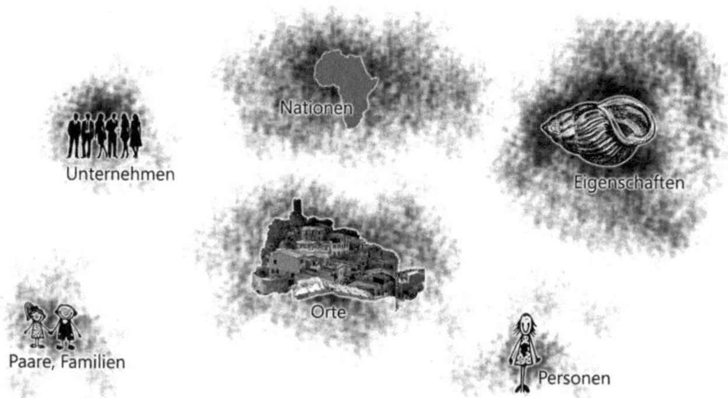

Felder sind sozusagen Energiewolken. Der Biologe und Autor Rupert Sheldrake hat sie nach langjähriger Forschungsarbeit als ›morphogenetische‹ oder ›morphische‹ Felder bezeichnet. Ich möchte Sie hier nicht mit Details quälen, seine Bücher aber bei Interesse durchaus empfehlen.

Mit den Feldern möchte ich den Blick dessen, worüber wir uns im Kapitel *›Segel und Ruder‹* unterhalten haben, ausweiten. Wie dort bereits erwähnt, geben wir die erhaltene Energie weiter und sie begibt sich gewissermaßen auf die Reise. Vielleicht erinnern Sie sich daran, dass sie dabei verstärkt wird. In diesem Zusammenhang entstehen auch die morphogenetischen Felder oder auch nur Felder.

Man kann Felder auch als eine Ansammlung einer bestimmten Energie beziehungsweise Energiemischung bezeichnen. Ich finde es immer wieder fesselnd, auf unterschiedliche Sichten der gleichen Wirklichkeit zu stoßen. Ähnlich wie Sheldrake beschreibt Jean Liedloff dieses energetische Phänomen, kommt dabei aber aus einer völlig anderen Richtung. Ihr ist dieser Zugang zur Wahrheit durch längere Expeditionen zu venezolanischen und brasilianischen Indianern zuteilgeworden. Sie nennt es ›Das Kontinuum‹.

Die Felder bilden sich aus weitergegebener Energie. So hat, wie Sie in der Grafik sehen können, jeder Mensch sein eigenes Feld. Mehrere Menschen in längerem Beisammensein bilden ihre gemeinsamen Felder. Ebenso soziale Verbände wie Unternehmen, Orte und sogar ganze Nationen. Interessant finde ich die morphogenetischen Felder, die sich um Begriffe bilden. So hat zum Beispiel ›Corona‹ – und damit meine ich nicht das Bier – ein sehr intensives Feld, stockdunkel und niedrigschwingend von Angst und Aggression. Aufschlussreich – und sehr hilfreich das Wissen darum – ist das Vorhandensein von Feldern zu Krankheitsdiagnosen. Die Wirkung durfte ich selbst einmal erleben, und es war keine schöne Erfahrung.

Dazu muss man wissen, dass jeder Mensch sich automatisch mit einem Diagnosefeld verbindet, sobald er die Diagnose mit sich in Zusammenhang bringt. Der Austausch zwischen ihm und dem Feld erfolgt in beide Richtungen. Das heißt, er lässt seine Energien in das Feld einfließen – meist Angst – nährt es auf diese Weise und gleichzeitig wird er von dem Feld unterstützt. Wobei die Unterstützung bei Diagnosen leider nie hilfreich ist.

Nun zu meinem Erlebnis. Vor vielen Jahren wachte ich Sekunden nach dem Einschlafen mit einem Krampf im rechten kleinen Zeh auf. Nach wenigen Minuten entspannte sich zwar die Lage, aber sie wiederholte sich oft bis in die Morgenstunden hinein, sobald ich wieder einschlief. Nach wenigen Tagen fand ich mich am Limit. Als ich bei dem Orthopäden wieder eintraf, nachdem ich die von ihm verordnete Röntgenaufnahme hatte machen lassen, gab er sein übliches ärztliches Hm-hm von sich, kombiniert mit professionell-sorgenvollem Stirnrunzeln und meinte: »Sie haben einen Bandscheibenvorfall.«

Kaum hatte er diese Worte ausgesprochen, fühlte ich wie eine plötzlich entstandene Verbindung zu etwas Unbekannten, so intensiv, dass es mir alles Blut aus dem Kopf sog und ich schwankend nach Halt suchte. Er kam um seinen Tisch herum und fragte, ob alles in Ordnung wäre. Eine Viertelstunde und ein Glas Wasser später ging es mir wieder einigermaßen gut. Doch der Schock von diesem Erlebnis saß mir noch lange in den Knochen.

Immer wenn ich mitbekomme, wie sorglos mit dem Satz »ich habe …«, dem dann irgendeine Diagnose folgt, umgegangen wird, erfasst mich Grauen, wenn ich daran denke, wie sehr Menschen dadurch ihre Heilung verhindern. Man braucht sich doch bloß bewusst machen, was es bedeutet, wenn man sagt ›ich habe‹! Lachen Sie bitte nicht, denn das ist eine ernst zu nehmende Angelegenheit: Worte haben eine unglaubliche Macht. Zwar sind wir nicht Gott, aber immerhin entstand unsere Schöpfung aus den drei Worten ›Es werde Licht‹.

Felder nehme ich laufend wahr wie Wolken, die um und durch mich hindurchtreiben. Ist es Ihnen auch schon geschehen, dass Sie urplötzlich von einer nicht zur Situation passenden Trauer befallen wurden? Oder dass Sie sich freuten, aber keine Ahnung hatten, weshalb? Lassen Sie sich bei solchen Beobachtern bitte nicht von Kopfzweiflern ins Bockshorn jagen mit Argumenten wie ›Ach, da hat dich nur irgendetwas unbewusst erinnert.‹ Das sind nur verzweifelte Versuche von manchen Menschen, sich nicht ihre Werte beschädigen zu lassen. In so einem Fall ist es am besten, man wechselt das Thema.

Es gibt sehr viele Bereiche, in die Felder auch noch hineinreichen. Zum Beispiel hat man Versuche gemacht, bei denen man Affen auf einer Insel das Öffnen von Kokosnüssen beigebracht hat. Obwohl sicher kein Affe zu der zweiten Insel geschwommen sein konnte, waren plötzlich die Affen auf ihr ebenfalls in der Lage, die Nüsse auf gleiche Weise zu öffnen.

Auch unerfüllte Bedürfnisse bilden Felder in ihrer Qualität. Zwar kann ich es nicht nachweisen, aber ich bin überzeugt davon, dass auf diese Weise Hypes aus dem Nichts erstehen. Weder für *Harry Potter* noch für *Shades of Grey* waren die äußeren Voraussetzungen dem Erfolg gemäß. Ich bin sicher, dass die jeweiligen Bedürfnisse derart intensive Felder aufbauten, dass es dann lediglich eines literarischen Streichholzes bedurfte, um es explodieren zu lassen. Landläufig wird dieser Vorgang unter ›Zeichen der Zeit‹ abgetan und kein Mensch denkt drüber nach, was das eigentlich bedeutet. Würde man übrigens solche Fälle astrologisch untersuchen, stellten sich zweifelsohne Parallelen heraus.

Auch bedeutsam ist es, zu wissen, dass diese Wolken nicht nur Wolken in dem uns bekannten Sinn von Wetterwolken sind. Sie bestehen aus intelligenter Energie und können Wesen ausbilden, die ihrer Qualität entsprechen. So, wie wir später zu unseren Anteilen erfahren werden, können diese Wesen Form annehmen. Dass bei dunklen Energien diese Formen nicht gerade freundlich sind, liegt auf der Hand. Hellsichtige Menschen, vor allem aus dem Orient, haben sie beschrieben und gezeichnet, wodurch uns Bilder dieser Wesen, der Dämonen, bekannt wurden und man sie auch heute noch an fernöstlichen Tempeln sehen kann.

Kompakt:
Felder, morphogenetische oder morphische beziehungsweise ›Kontinuum‹ sind Begriffe für Energieansammlungen, die sich aus durch Wollen entstandener, weitergegebener Energie aufbauen. Es gibt sie gleichermaßen für Einzelpersonen, aber auch für ganze Nationen, Eigenschaften oder Diagnosen, also zu häufig verwendeten Begriffen. Einerseits sind wir an der Bildung dieser Felder durch unser Wollen beteiligt, andererseits beziehen wir aus Ihnen gleichartige Energie, die sich, ihrer Qualität entsprechend, hilfreich oder schädlich auf uns auswirken kann.

Noch vor der Geburt

Nicht nur Jean Liedloff in ihrem empfehlenswerten Buch *Auf der Suche nach dem verlorenen Glück*, sondern auch Psychologen wie Franz Ruppert und viele andere verweisen als Quelle von Unausgeglichenheit, Narzissmus[1] und Empathielosigkeit[2] auf die früheste Kindheit und auch schon vorgeburtliche Zeit. Einmal mehr haben wir es mit einer fatalen Folge des leider so eng begrenzten Verstandes zu tun, der, wie es nun einmal bei inkompetenten Akteuren so gerne der Fall ist, glaubt, schlauer zu sein als die Jahrmillionen währende Evolution der Natur. Sollte jemand immer noch daran zweifeln, welch verheerende Auswirkungen es hat, dass wir dem Verstand dieses Vorrecht einräumten, der ihm beim besten Willen nicht zukommt, so bitte ich ihn, sich einfach nur umzusehen. Ob es die gnadenlose Hektik, die Weltmeere voll Plastikmüll, gedankenlose Atomkraft oder wahnwitzige – wie die aktuellen – Spritzenexperimente mit ihren entsetzlichen Folgewirkungen von Mikrothrombosen sind – das haarsträubende Ergebnis liegt so unglaublich offensichtlich vor unseren Augen, dass man schon der absoluten Dummheit und/oder Ignoranz zum Opfer gefallen sein muss, um es nicht zu erkennen.

Ehrlich gesagt fehlt mir dafür jedes Verständnis.

---

[1] Selbstverliebtheit, Selbstbewunderung. Zeigt sich oft im Streben nach Anerkennung und arrogantem Auftreten und zeugt von geringem Selbstbewusstsein.

[2] Empathie ist die Fähigkeit, sich in die Beweggründe und Gefühle eines Gegenübers hineinzuversetzen

Jean Liedloff bringt diesen überheblich-bornierten angeblichen Fortschritt zu Beginn ihres eben erwähnten Buches mit dieser Passage treffend auf den Punkt:

»Etwa zwei Millionen Jahre hindurch war der Mensch, obwohl die gleiche Art Tier wie wir es sind, ein Erfolg. Er war vom Affendasein zum Menschen evolviert als Sammler/Jäger mit einem wohl angepassten Lebensstil, der, wäre er beibehalten worden, sicher noch viele Millionen Jubiläen beschert hätte. So, wie es jedoch heute steht, sind sich die meisten Ökologen einig, dass seine Chancen, auch nur ein Jahrhundert zu überleben mit den Ereignissen eines jeden Tages immer geringer werden. In den wenigen kurzen Jahrtausenden jedoch, seit er von der Lebensweise abgewichen ist, an die ihn die Evolution angepasst hatte, hat er nicht nur die gesamte Ordnung des Planeten verwüstet, sondern er hat es auch fertiggebracht, das hoch entwickelte, sichere Gespür in Misskredit zu bringen, das sein Verhalten endlose Zeiten hindurch leitete. Viel davon wurde erst kürzlich untergraben, als die letzten Schlupfwinkel unserer instinktiven Fähigkeiten ausgehoben und dem verständnislosen Blick der Wissenschaft preisgegeben wurden. Immer häufiger wird unser angeborenes Gefühl dafür, was am besten für uns ist, durch Misstrauen abgeblockt, während der Intellekt, der nie viel über unsere wahren Bedürfnisse wusste, beschließt, was zu tun sei. Es steht zum Beispiel nicht dem Verstand zu, darüber zu entscheiden, wie man ein Baby behandeln muss. Lange, ehe wir einen Entwicklungsstand erreichten, der dem des Homo sapiens ähnelte, verfügten wir über hervorragend genaue Instinkte, die über jede Einzelheit der Kinderaufzucht Bescheid wussten. Aber wir haben alle miteinander dieses alte Wissen so vollständig verwirrt, dass wir heute Forscher ganztags damit beschäftigen, herauszuklügeln, wie wir uns zu unseren Kindern, zueinander und zu uns selbst verhalten sollten. Zwar ist es kein Geheimnis, dass die Experten nicht entdeckt haben, wie wir ein befriedigendes Leben führen können, doch je mehr sie versagen, desto mehr bemühen sie sich, die Probleme ausschließlich mithilfe des Verstandes anzugehen und all das, was sich vom Verstand nicht begreifen oder kontrollieren lässt, nicht gelten zu lassen. Unsere vernunftmäßige Ausrichtung hat uns jetzt ziemlich ans Ende gebracht. Unser natürliches Gespür dessen, was gut für uns ist, ist bis zu dem Punkt untergraben, an dem wir uns seines Wirkens kaum noch bewusst sind und einen ursprünglichen Impuls von einem verzerrten kaum noch unterscheiden können.«

Sie bezeichnet das, was ich ›Verbindung zum Universum‹ nenne, als ›Instinkt‹ und ›Gespür‹. Zwar bezieht sie es vordergründig auf das Wissen, das ein Baby braucht, aber man kann diese Sicht durchaus auf alle Lebensbereiche ausdehnen.

Ich lege das Buch von Jean Liedloff jedem ans Herz. Einerseits zeigt es uns praktisch, was Kinder bereits in vorgeburtlicher Zeit und dann in den ersten Jahren benötigen, um sich später eigenverantwortlich durchs Leben bewegen zu können – eine große Hilfe für jede werdende und junge Mutter. Zugleich ist es auch dazu angetan, uns selbst mit unseren teils nicht unerheblichen Macken zu verstehen und vor allem auch bei denen anderer Menschen aus dem Verständnis heraus Nachsicht walten zu lassen.

Sie hat Ihre Erkenntnisse durch jahrelanges Studium der und mit den Yequana-Indianern in Südamerika gewinnen können, die sich noch nicht von der destruktiven Kraft eines fehlgeleiteten Verstandes und der damit zusammenhängenden ›Zivilisation‹ haben verwirren lassen. Sie leben vom ersten Atemzug eines Babys bis zum Tod in Harmonie, ohne all die sozialen Probleme, die bei uns gang und gäbe sind.

Dass die drastischsten Psychosen von uns Erwachsenen auf die früheste Kindheit zurückzuführen sind, darüber sind sich Jean Liedloff, Franz Ruppert und die meisten Psychologen einig. Der Nenner ist einfach. Wird man in dieser Zeit des wehrlosen Ausgeliefertseins nicht in einem schützenden und bejahenden Umfeld gehalten, ist man gezwungen, Anteile von sich zum Schutz abzuspalten, damit sie nicht immer weiter verletzt werden können. Dadurch fühlt man sich unbewusst unvollständig, weil einem ja diese Anteile nicht zur Verfügung stehen. Doch vor allem fühlt man sich damit auch nicht ›richtig‹ und befindet sich deshalb zeitlebens auf dem Weg, sich seine Richtigkeit zurückzuholen. Dummerweise ist man sich aber weder seines Mangels noch des kompensierenden Mechanismus bewusst, weshalb man die unablässige Befriedigung seines unstillbaren Hungers nach etwas Unbekannten als völlig richtig und berechtigt verteidigt. So ist die Arena des Narzissmus und der Empathielosigkeit die optimale Umgebung, um seinen Schatten nachzujagen. Wenn dann solche Leute noch an die Macht kommen – und das tun sie ihrer

Rücksichtslosigkeit wegen leider häufig – dann leiden unter ihnen schon seit jeher auch ganze Völker.

Hat man Liedloffs Buch gelesen, kann man mit Sicherheit davon ausgehen, selbst große Defizite zu haben. Das ist eine Tatsache, die nahezu jeder von uns im Alltag im Umgang mit dem eigenen Partner, der Familie, Arbeitskollegen und Nachbarn erleben kann: Sehr selten geht es ohne Konflikte oder zumindest Missverständnisse ab. Es nützt kein Schönreden – wir sind eine kaputte Gesellschaft.

Aber ich möchte sehr schnell eines hinterherschicken: Das ist weder ein Grund dafür, aufzugeben oder die Hoffnung auf bessere Zeiten in den Wind zu schreiben. Im Gegenteil: Die Erkenntnis, woran es krankt, ist der erste und markanteste Schritt auf dem Weg zur Veränderung. Es wäre wenig menschenfreundlich, jemanden das wahre Ausmaß der Katastrophe sichtbar zu machen und ihn dann ohne Lösung im Regen stehen zu lassen.

Also seien Sie sich bitte immer des Spruchs eingedenk: ›Wenn die Nacht am tiefsten ist, ist der Tag am nächsten‹ und fassen Sie Mut oder halten Sie ihn aufrecht – Sie wissen ja: über 200 …

Doch ich bin mit dem Thema noch nicht durch. Es mag auf den ersten Blick so aussehen, als wären wir allesamt verpfuscht worden und sind so fremdverschuldete emotionale und wahrnehmungsfähige Krüppel-Opfer. Bis zu einem mehr oder weniger starken Grad sind wir das leider – also emotional und wahrnehmungsfähig minderbemittelt.

Doch es ist wichtig, sich dessen bewusst zu sein, dass es weder fremdverschuldet ist, noch dass wir Opfer sind. Und wenn Letzteres, dann höchstens durch unser eigenes Handeln in der Vergangenheit.

Ich möchte wieder auf diese grundlegend wichtige Tatsache hinweisen: Wir sind keineswegs wahllos in dieses Leben geworfene Leidtragende irgendeiner herzlosen, ungerechten, willkürlich handelnden Kreatur, und gezwungen, darin bis zu dessen bitterem Ende orientierungslos umherrudern zu müssen. Das ist wieder Menschendenken auf den Schöpfer projiziert.

Sie erinnern sich? Zum einen widerfährt uns nichts, aber auch rein gar nichts, was wir nicht irgendwann einmal angestoßen hätten. Im Gegenteil haben wir uns – tut mir leid, wenn das in manchen Fällen nicht lustig klingen mag – genau das, was wir aktuell erleben, ausgesucht: zum Zweck, es nun besser zu machen, zu lernen, dass so ein Handeln (wie es uns eventuell widerfährt) selbst nie (wieder) zu tun oder auch Mitgefühl im Erleben zu lernen. Mit anderen Worten: Es hat mit hundertprozentiger Sicherheit einen Sinn, *ganz genau so, wie es ist!* Durch das Erleben haben wir die Möglichkeit, die vor langer Zeit ausgesandte Energie aufzulösen, um sie in der entstandenen Erkenntnis nicht erneut auf die Reise zu schicken und unsere Zukunft weiter zu verpesten.

Dass wir keine Opfer sind, erklärt sich ja von selbst. Wenn wir in einer wenig liebevollen Umgebung als Baby und Kind nicht das erhalten haben, was wir gebraucht hätten, dann werden wir das mit ziemlicher Sicherheit früher unseren Kindern auch nicht haben geben können. So haben sich die Auswirkungen einer bedauerlichen Evolution leider in einer Abwärtsspirale fortgesetzt, bis wir nun da gelandet sind, wo wir eben sind.

Doch: kein Grund, die Spirale gleich weiterlaufen zu lassen. Wir können in jedem Augenblick Stopp! sagen und damit unsere Zukunft anders gestalten. Nicht vergessen: Es geht allerdings nur selten von jetzt auf dann, und zwar dann, wenn schon viel Vorarbeit geleistet worden ist. Möglichkeiten sind immer eine Frage der energetischen Voraussetzungen.

Kompakt:

Das meiste, was bei uns Erwachsenen schief läuft – und das ist nicht wenig – haben wir einer schlimmen bis suboptimalen Kindheit zu verdanken. Trotzdem sind wir keine schuldlosen Opfer irgendeines willkürlichen Planes, sondern waren an der Gegenwart irgendwann einmal selbst beteiligt. Indem wir nun um diese Vorgänge wissen, haben wir einen machtvollen Schlüssel zur Veränderung in die Hand bekommen.

Evolution und Vererbung

Gene sind schon seit vielen Jahren in aller Munde und Köpfe, mit den unterschiedlichsten Emotionen verbunden. Die einen hoffen in ihrem Zusammenhang auf Heilung, die anderen auf schädlingsresistentere Pflanzen und die Dritten auf … nun, man denkt, alles Mögliche damit machen zu können, ›in den Griff zu bekommen‹, wie es so nett heißt. Gewissen Erfolgen nach scheint die Annahme auch eine Berechtigung zu haben. Doch sind wir damit nicht schon wieder orientierungslose Gefangene unseres so klugen Verstandes? Noch einmal möchte ich Jean Liedloff zitieren:

> »Das bewusste Denken ist nicht das, wofür es sich selbst hält, noch hat es Zugang zu den Programmierungsmöglichkeiten des Kontinuums, dem es nach dem Willen der Evolution dienen soll. Ein Hauptziel der Kontinuumsphilosophie muss es sein, den Intellekt zu einem fähigen Sklaven zu machen anstatt zu einem unfähigen Herrn.«

Wir müssen uns dringend darauf besinnen, dass wir keine eigenständigen, von nichts abhängigen Wesen sind, die ohne Rücksicht auf irgendetwas tun und lassen können, was sie wollen – weder als menschliche Rasse noch als Einzelperson.

Wir sind eingebunden, doch das nicht nur in einem Ökosystem, einer Gesellschaft oder der sogenannten Wirtschaft, sondern zugleich auch in das gesamte Universum mit all seiner unermesslichen Klugheit und Weite. Wir sind nicht nur die sichtbaren Schemen, die sich durch eine

Landschaft bewegen und Laute von sich geben, sondern wir sind zugleich auch Teile viel feinerer, vom Verstand unerreichbarer Sphären. Wenn wir uns nicht sehr schnell darauf besinnen, wird es nicht nur für jeden Einzelnen, sondern auch für die ganze Menschheit schlecht bestellt sein. Denn die Natur braucht uns nicht, und Gott schon gar nicht.

Während wir schon seit Jahrtausenden mit vor Stolz geschwellter Brust unseren Verstand vor uns hertragen wie ein lächerliches Zepter aus Plastik oder eine Medaille aus Blech, merken wir gar nicht, wie wir auf einen Abgrund zuschreiten. Es ist höchste Zeit, dass wir uns unserer Anbindung an das Alles wieder bewusst werden und auch die Bereiche in unser Denken und Handeln einbeziehen, die von der Wissenschaft und dem Intellekt mit wegwerfender Handbewegung als ›unwichtig, da nicht messbar‹ außer Betracht gelassen werden.

Ja, es bedeutet Mut – diesen magischen Zustand, der uns aus den schweren und belastenden Energien aufsteigen lässt zu Freude, Frieden und Erfüllung – um sich eventuell der Lächerlichkeit durch Verstandesorientierte auszusetzen. Doch erstens gibt es mehr Menschen, die ähnlich fühlen und sich nur (noch) nicht trauen, zu sich zu stehen, und zugleich wiegt jeder Einzelne damit eine ganze Menge an Menschen mit dunkler Intention auf; und schließlich können wir in vielen durch dieses Vorbild ihrerseits den Mut anfachen, auch diesen Schritt zu gehen.

Und Evolution? Sie ist im Großen nichts anderes als unablässiges Training dessen, was aufgrund einer inneren

Wahrheit als passend und zielführend erachtet wurde – von wem auch immer.

Zu den Konsequenzen dieses neuen Denkens und Handelns zählt auch, sich auf eventuell in dieser Art noch nicht Betrachtetes einzulassen. Fahren wir damit mit dem Begriff der Vererbung fort.

Einerseits glauben wir, charakterliche Ähnlichkeiten zu unserer Mutter oder unserem Vater oder vielleicht einem Großelternteil zu erkennen, anderseits gibt es Zwillinge, die von ihrer Art unähnlicher nicht sein könnten. Haut-, Augen-, und Haarfarbe sowie Statur und gesundheitliche Dispositionen scheinen hingegen als genetisch weitergegeben gesichert zu sein. Als genetisch übertragbar scheinen Charaktereigenschaften nicht infrage zu kommen, denn sie wurden im Genom nicht gefunden. Ist dann also das gesamte Wesen eines Menschen, wenn wir an das Kapitel ›Noch vor der Geburt‹ zurückdenken, abhängig davon, was wir in unserer Kindheit erlebt haben?

Wie nicht selten ist ein eindeutiges Jein die Antwort – und sie ist wirklich einfach.

Wie schon mehrmals erwähnt, arbeiten wir ja mit unserem Denken und Handeln unablässig an der eigenen Zukunft. Wir schicken Energien auf den Weg, die zu uns zurückkehren werden, wir schaffen Verbindungen zu Menschen, Orten und Eigenschaften und wir formen unablässig an unserem Konglomerat an eigenen Anteilen. Die Ergebnisse davon lassen wir nicht mit unserem Erdenkörper zurück, sondern nehmen sie als eine Art ›energetisches Erbe‹ mit uns. Diese energetische Konstellation bewirkt beim nächsten Erdenaufenthalt, wo er beginnen wird, also zu welcher Mutter wir geboren werden – mit all ihrem So-Sein. Wir können nur in eine Umgebung geboren werden, die unserem energetischen Zustand einigermaßen entspricht. Dazu kommt der Wunsch, ganz bestimmte Verbindungen aufzulösen, Begegnungen und Erlebnisse zu haben und Dinge lernen zu dürfen. Diese Wünsche konnten wir definitiv vor der Geburt geltend machen, und bis zu einem recht hohen Grad wird ihnen auch stattgegeben. Dabei gibt es zwar einen Rat der Weisen, der uns vor der nächsten Erdenwanderung berät und davor warnt, uns zu übernehmen; doch die Entscheidung liegt schließlich bei uns. Hier übrigens der Hinweis, dass vielen Menschen, die den Rat nach Überforderung mit der Bemerkung ›Ach, das schaffe ich schon‹ abtun, der tatsächlich entstandenen Überforderung durch den Freitod zu entfliehen versuchen.

Fassen wir diesen – vielleicht neuen – Stand der Dinge noch einmal zusammen.

Durch unser Denken und Handeln formen wir in jedem Augenblick unsere eigene Qualität sowie Bindungen zu Anderem und mit all dem zusammen sozusagen das energetische Wetter unserer Zukunft. Durch diese Koordinaten einerseits und unseren Wunsch zur Veränderung andererseits finden wir uns in jedem Leben in einer maßgeschneiderten Umgebung wieder. Nach Abschluss des bei jedem Lebensstart neu eintretenden Bewusstwerdensprozesses, der mit dem Ende der Pubertät abgeschlossen ist, finden wir nun die perfekte Spielwiese für unser neu geplantes Bewusstwerdungsabenteuer vor – inklusive aller notwendigen Motivatoren, wie zum Beispiel einiger Kindheitstraumata.

Ja, Sie haben recht gehört: Kindheitstraumata sind nicht das große Übel, für das wir sie bisher gehalten haben. Zu manchen Entwicklungsschritten würden wir uns nie freiwillig bewegen, sie sind uns nur durch nachdrückliche Motivation, sprich durch Druck der Umstände zugänglich. Erinnern wir uns an Hawkins' Ebenen des Bewusstseins, so wird schnell klar, dass in der Abscheu, die wir vor einer (unschönen) Lage haben, die größte Chance zur Veränderung liegt – so unbequem das auch wirken mag. Erst wenn wir in der Gesamtenergie über 200 liegen, kann auch die Kraft der Sehnsucht greifen und uns einen sonnigeren Lebensweg bescheren.

Bitte seien Sie sich dieses Mechanismus' immer eingedenk, vor allem in mühsamen Zeiten!

Noch einen weiteren Aspekt möchte ich unbedingt in diesem Zusammenhang erwähnen!

Sehr viele Menschen, vor allem Mütter, leiden einerseits unter einem Schuldgefühl, etwas falsch oder nicht genügend für ihr Kind getan oder in irgendwelchen Situationen nicht ›gut‹ gehandelt zu haben. Das Unpassende einer Handlung möchte ich nicht verniedlichen, nicht einmal schmälern, denn jedes Handeln ist ein Ding an und für sich und zieht Auswirkungen nach sich. Allerdings spielt dabei der dahinterstehende Herzenswunsch – nicht das verstandesorientierte Das-ist-für-den-andern-Gut! – eine ausschlaggebende Rolle.

Wir wissen ja nun, dass es Zufälle nicht geben kann. Es darf sich demnach jeder Mensch, der unter solchen Schuldgefühlen leidet, insofern befreit fühlen, als er zu diesem Zeitpunkt nicht anders konnte und deshalb niemanden ›schuldlos‹ verletzt hat. Lassen Sie also solche Gewissensqualen fahren, sie nützen niemandem und sind nicht einmal sachlich angebracht. Entspannen Sie sich und nutzen Sie lediglich die daraus gewonnene Erkenntnis für Ihren weiteren Lebensweg, indem Sie manches nun anders handhaben als zuvor.

Kompakt:
Evolution ist nicht ein Machwerk des Verstandes, sondern er steht ihr vielmehr gefährlich im Weg. Der (wunderbare) Verstand ist ein perfekter Diener, aber ein unbrauchbarer Herr. Dieser Herr kann ausschließlich unsere innere Verbindung zum All-Einen sein. Was wir als ererbt erachten, ist eine Mischung aus tatsächlich Ererbtem, was das Körperliche anbelangt und aus unserem rein persönlichen ›energetischen Erbe‹, das wir über alle Zeiten und Sphären mit uns tragen und das uns an die Orte zieht, an denen wir es auflösen oder vollenden können.

Eigenverantwortung

Sie – oder besser ihr weitverbreitetes Nichtvorhandensein – ist der eigentliche Grund für das Chaos der Corona-Krise: die Eigenverantwortung. Auch ist ihre sehr geringe Verbreitung erst durch die angebliche Pandemie so richtig sichtbar geworden. Das ist so schnell dahingesagt, also lassen Sie uns dazu in die Tiefe gehen und dann überlegen, ob, was und wie erfolgreich man etwas dagegen unternehmen kann.

Durch das Erfahren über das Leben vor allem indigener Völker wird erst so richtig klar, was es mit dem Verlust der Eigenverantwortlichkeit in unseren zivilisierten Ländern auf sich hat. Wir sind dermaßen daran gewöhnt, dass es zu allem und jedem Regeln gibt, dass wir uns mehr und mehr in unser Schicksal ergeben haben, so aber auch immer bequemer und stumpfer dahinvegetieren. Ich bin mir der Härte dieser Worte durchaus bewusst, doch ich bin überzeugt davon, dass Sie mir am Ende dieses Kapitels zustimmen werden. Meine Aussage hat nichts mit einer Bewertung zu tun, sondern ist das Ergebnis von Beobachtungen.

Beginnen wir bei dem philosophischen Hintergrund zur Eigenverantwortung. Wir haben uns mit ihm in den vorhergehenden Kapiteln immer wieder auseinandergesetzt. Es begann im Kapitel *›Schöpfung‹*, wonach wir ihm in ›Die lange Reise‹ mehr auf den Grund gegangen sind. Unsere Hauptaufgabe als Menschengeist – und das betrifft ausschließlich jeden von uns! – ist es, unser Wollen zu finden, zu üben und dessen Zielsetzung im Sinne der Schöpfungsgesetze auszurichten. Noch einmal detaillierter, denn es ist ein wirklich wichtiger Punkt.

Als einstiges Geistsamenkorn hatten wir lediglich die *Fähigkeit* zu Wollen in uns. Ansonsten trieben wir planktongleich über den Boden des Reiches des geistig Unbewussten dahin, bis wir eine erste Heimat in einer der unzähligen Blüten in den unermesslichen Gärten dieser Sphäre fanden. Vielleicht kann man sich diesen Zustand besser vorstellen, wenn man die Augen schließt und etwas in die Ohren stopft, wodurch man großteils von der Umgebung ausgeschlossen ist. Stellen Sie sich zusätzlich vor, dass Sie nichts spüren und nichts riechen. Lediglich ein zartes, unstillbares Verlangen nach irgendetwas schlummert in Ihnen. In der ersten Stufe geht es also darum, überhaupt einmal wahrnehmen zu lernen, was um einen herum geschieht. Man kann diesen Entwicklungsschritt – und nicht nur den – mit der Entwicklung vergleichen, die jeder Mensch ab dem Eintreten in den halb vorbereiteten Fötus wiedererlebt. Liebevoll werden wir im Mutterleib – dort oben in der Blüte – darauf vorbereitet, einmal diesen sicheren Ort verlassen zu sollen und können. Hier auf der Erde war es unsere Geburt, dort oben der sanfte Knall der sich öffnenden Knospe, die uns zum Leben außerhalb des direkten Schutzes erweckte.

Nun beginnt der unermesslich lange Weg der Erfahrungen. Als Menschengeistwesen haben wir die außerordentliche Fähigkeit, uns auch gegen die Homöostase, gegen das Selbstverständnis der Schöpfungsgesetze zu entscheiden.

Das ist, im Gegensatz zu allen anderen Lebewesen auf unserer Erde, ein herausragendes Merkmal. Denn dadurch kommen wir in die Fähigkeit, Abläufe bewusst verändern zu können. Allerdings birgt diese Gabe auch die große Gefahr, sich in dunklen und destruktiven Regionen zu verlieren. Alles in allem werden wir so auf unserem Entwicklungsweg vom unbewussten Geistsamen zu einem bewussten Individuum.

Ich weise hier auch noch auf etwas Weiteres hin. Entgegen der weitverbreiteten Annahme, wir hätten für unsere Entwicklung so viel Zeit wie wir wollen, gibt es einen Zeitpunkt, ab dem es zu spät ist. Der tritt dann ein, wenn ein Schöpfungsteil seine Blüte überschritten hat und in den Zerfall geht – vergleichbar mit einer Frucht, die am Boden unter dem Baum sich wieder in die Erde auflöst, aus der sie einst entstanden ist. Den Menschengeist betreffend ist dieser Vorgang leider sehr dramatisch und unsagbar schmerzvoll. Er bedeutet nämlich, dass er all das Individuelle, das er sich über Zehntausende von Jahren in den Sphären der Stofflichkeit erwarb – die ja, im Gegensatz zu den höheren ewigen Sphären dem Werden und Vergehen unterworfen sind – zurücklassen muss. Der Vorgang ist ein Vorgang des Verwesens, Abfallens und Abscheuerns des Individuellen, aus dem dann lediglich wieder der unsterbliche Geistsamenkern in die unterste Schicht der Sphäre des geistig Unbewussten aufsteigt – wieder völlig unbewusst, bar aller Erkenntnisse und erworbener Individualität. Ich möchte diesen Prozess nicht breittreten, wollte ihn aber doch einmal erwähnt wissen, dass man die Notwendigkeit des Bewusstwerdens nicht allzu leicht nimmt.

›Bewusstwerden‹ ist also kein leeres Schlagwort aus esoterischen Kreisen, sondern eine Notwendigkeit, ohne die wir unser Menschseindürfen verspielen würden. Man kann es auch so sehen, dass wir diese Fähigkeit unter der Bedingung leben und nutzen dürfen, als wir sie *für* die Schöpfung nutzen und nicht gegen sie. In etwa so wie eine Firma uns einen Firmenwagen in der Regel nicht für Urlaubsfahrten oder dass man ihn gegen einen Baum fährt, zur Verfügung stellt, sondern um etwas im Sinne des Unternehmens damit zu machen.

Bewusstsein ist etwas Hochlebendiges. Es bedeutet im Idealfall, unablässig in der Gegenwart zu leben. Wie kann man sich so etwas vorstellen? Im Kapitel *›Mich, sie – lieben‹* haben wir eine kleine Übung gemacht, bei der ich Sie gebeten hatte, mit geschlossenen Augen Ihren Atemzügen zu lauschen und sich gleichzeitig auf die Rundum-Wahrnehmung zu konzentrieren. Es ist das Gegenteil eines fokussierten Wahrnehmens. Vielmehr wird einem nichts exakt, aber dafür alles gleichzeitig gewahr. Man kann sich humorvollerweise dazu noch vorstellen, dass die Ohren wie kleine Radarschirme kreisen. Aber nicht nur die Ohren, sondern sämtliche äußeren und inneren Sinne.

Oder wenn Sie möglichst schnell durch eine Menschenmenge gelangen möchten. Dabei können Sie sich darauf konzentrieren, den Fluss der Menschen rings um sich wahrzunehmen, um ihnen so viel müheloser intuitiv auszuweichen, sich mit tänzerischer Leichtigkeit durch die Leute zu bewegen. Dieses nach allen Richtungen Offensein, zugleich auch noch innerlich, ist Bewusstheit. Mit ›innerlich‹ meine ich ein ständiges Scannen dessen, was auf einen zukommt, aber nicht mit dem Verstand, sondern dieser feinen inneren Wahrnehmung, über die wir schon ein paar Mal gesprochen haben. Mit diesem Abwägen des entweder persönlichen Flusses oder der Stimmigkeit hinsichtlich der alleinigen großen Wahrheit haben wir ein zum einen untrügliches und zum andern blitzschnelles Instrument zum Einschätzen von allem – wirklich allem. Voraussetzung dafür ist, dass man bei allem, das einem unbekannt erscheint, nachspürt, wo die eventuelle Ablehnung herrührt. Ist es wirklich das Empfinden, dass es nicht stimmig ist oder vielmehr irgendeine festgefahrene Meinung oder steckt Angst dahinter, die das klare Nachempfinden vereitelt?

Diese ständige innere Wachheit, wie man auch dazu sagen könnte, ist Bewusstheit, mehr noch, sie ist zugleich auch Sich-selbst-Bewusstheit. Man spürt sich dabei sowohl als eigenständiges Individuum, aber auch als ein Teil all dessen, was um einen herum ist und geschieht.

Und exakt dieser Zustand ist die Voraussetzung dafür, für sein Handeln Eigenverantwortung übernehmen zu können.

Eigenverantwortung, Sichselbstbewusstsein, Bewusstheit und Urvertrauen und damit praktisch Angstfreiheit gehören untrennbar zusammen. Ich finde, dieses, um es neudeutsch auszudrücken ›Powerpack‹ ist es wert, sich darum zu bemühen.

Der Zustand der andauernden Wahrnehmung ist nichts Neues. Im Daoismus ist er bekannt unter dem Begriff Wu Wei, was so viel bedeutet wie ›Tun im Nichttun‹. Ein Widerspruch in sich? Nur auf den ersten Blick. Es geht dabei um die innere Beweglichkeit als Kern eines von Ruhe umgebenen Wesens. Bildlich stelle ich mir dabei Siddhartha[1] vor, wie er am Ufer des großen Flusses sitzt, an einen Baum gelehnt, den Strohhut in die Stirn gezogen. Nach außen wirkt er wie ein Schlafender, doch in Wirklichkeit beobachtet er unablässig das Fließen des Wassers. Kaum bemerkt er etwas in dem Fluss, das ihn betrifft, springt er pfeilschnell ins Nass, um sich dorthin zu begeben. Alles in allem ein Zustand der äußersten Ruhe und zugleich äußersten inneren Wachheit.

Wenn ich die aktuelle Lage betrachte, dann komme ich zu dem Schluss, dass nur ein sehr kleiner Teil der Bevölkerung in Eigenverantwortlichkeit handelt. Wäre es anders, dann hätten die Planer der ganzen Pseudo-Pandemie nicht ansatzweise eine Chance, ihr Programm dermaßen ungehindert durchzuziehen. Vielleicht denken sich manche, was man mit einer derartigen Macht nicht an Positivem bewegen könnte. Das mag auf den ersten Blick schon so sein. Nur – würde das etwas an der Eigenverantwortung des Großteils der Menschen ändern? Ich glaube nicht. Im Gegenteil würde sich der Großteil der Menschen aufat-

---

[1] Siddhartha wird einerseits als der Gründer des Buddhismus bezeichnet. Zum anderen ist er der Protagonist eines Romans von Herman Hesse, wo der junge Brahmane mit seinem Freund Govinda auszieht auf die Suche nach ›Atman‹, demm All-Einen.

mend zurücklehnen, sich freuen, dass alles vorbei ist und – nichts ändern. Doch genau das ist ja die Chance, die uns die dunklen Mächte ungewollt in die Hände spielen: Durch die leidvollen Situationen, die sie auslösen, wird jeder zu seiner ganz persönlichen Dynamik gezwungen, zu der er freiwillig nicht bereit wäre. Erinnern Sie sich: Die Grobstofflichkeit ist die Sphäre, in der die größten Gegensätze auf engstem Raum nebeneinander existieren können. Das bietet eine unglaubliche Erlebnisdichte mit der herausragenden Möglichkeit, sich in Wahrnehmung zu üben, um das Wollen in die für einen hilfreichen beiden Richtungen zu konzentrieren: ›Das will ich‹ und ›Das will ich nicht‹.

Vielleicht fragen Sie sich nun, wie Sie denn in Eigenverantwortlichkeit kommen und dem Einfluss der dunklen Macht entkommen können. Einige Schritte haben Sie bereits dazu getan und weitere werden folgen. Je mehr Sie über die Schöpfung wissen, desto sicherer fühlen Sie sich. Je sicherer Sie sind, desto freier und fröhlicher fühlen Sie sich. Je freier und fröhlicher Sie sind, desto höher schwingen Sie. Je höher Sie schwingen, desto unangreifbarer sind Sie durch das Dunkel. Wissen und Wahrnehmung sind die Schlüssel und den Weg dorthin zu zeigen ist die Aufgabe dieses Buches.

Kompakt:

Eigenverantwortung, Sichselbstbewusstsein, Bewusstheit und Urvertrauen gehören zusammen. Wu Wei wird dieses nur anscheinend paradoxe Tun im Nichttun im Daoismus bezeichnet, gleichzeitig innere Aufmerksamkeit und größte äußere Ruhe.

Geborgen, lebendig und ihre Trittbrettfahrer

Und wieder haben wir es mit zwei Bedürfnissen zu tun, die an Gegenpolen angesiedelt zu sein scheinen. Ungeachtet dessen brauchen sie einander wie Yin und Yang, Tag und Nacht, Frau und Mann, Homöostase und Chaos, Sicherheit und Abenteuer, Sehnsucht und Abscheu.

Geborgenheit ist eine archaische Kraft, an der es in unserer kalten und verstandesorientierten Gesellschaft ganz besonders mangelt. Es ist auch leicht nachvollziehbar, warum es so ist. Die Schieflage hat nämlich meist schon vor unserer Geburt begonnen und mit an Sicherheit grenzender Wahrscheinlichkeit während ihr und danach.

Zur Veranschaulichung möchte ich wieder auf Jean Liedloffs Buch verweisen. Versetzen wir uns zum besseren Verständnis in den Zustand vor unserer Geburt. Abgeschirmt von Kälte und allzu lauten Geräuschen haben wir warm und beschützt all die entwicklungsgeschichtlichen Stationen durchlaufen – vom Einzeller durch das amphibische Stadium bis hin zum Homo sapiens[1]. Wir befanden uns durchgehend in einem geschlossenen System und konnten uns des Schutzes sicher sein. Und dann geschieht es urplötzlich, dieses schreckliche Ereignis des Ausgestoßenwerdens in eine völlig andere Welt!

---

[1] Im Archaikum vor rund 4 Milliarden Jahren erstarrte die Erdkruste und die ersten Bakterien entstanden. Vor rund 400 Millionen Jahren, im Devon, entstanden die ersten Amphibien. Der Homo Sapiens, unser Vorfahre, ist erst rund 130.000 Jahre alt.

Der Geburtsvorgang an sich ist schon eine gewaltige Erschütterung: von dunkel und abgegrenzt nach hell und offen, von feucht zu trocken, von leise zu laut, von eingebunden zu selbstständig – ein mächtiger Schritt! Damit käme ein Menschenjunges ja noch klar, ist doch der Vorgang über Jahrmillionen in der Evolution eingebettet, geübt und perfektioniert worden. Zum Beispiel wird der Schock durch hohe Gammaglobulin-Dosen zum Infektionsschutz abgefedert und das Sehvermögen stellt sich erst nach geraumer Zeit scharf, wenn das Auge entsprechend gewachsen ist; im wahrsten Sinn des Wortes der neuen Herausforderung gewachsen ist. Alles ginge gut, wenn nun ein enger Kontakt zwischen Kind und Mutter gepflegt würde. Wenn das Kind gleich nach der Geburt die warme Haut seiner Mutter spürte, bewegt würde, wie es das schon von im Mutterleib gewohnt war, die Zuwendung weiterhin spürte. Doch was geschieht?

Das Kind wird von der Mutter getrennt, um sie ›zu entlasten‹, wird in trockene Tücher gewickelt – ein völlig neuer Zustand – und an einen möglichst ruhigen, steril riechenden Ort abgelegt. Die Geburt fühlt sich für das Baby an wie ein Hinausgeschleudertwerden ins absolut unbekannte Nichts. Und das auch noch völlig allein. Vor allem in Krankenhäusern läuft dann alles ganz nach Schema ab. Wenn sich das ändern würde, käme das Baby irgendwann schon wieder klar damit, doch es ändert sich nicht. Es bleibt auf Distanz zur Mutter bis auf die kurzen Phasen des Stillens – wenn die Mutter es überhaupt stillt – oder wenn es gewickelt oder ab und zu aufgenommen wird.

Den Rest der Zeit muss es alleine klarkommen in einer sterilen Umgebung in Pastellfarben ohne Bewegung, Körperkontakt oder sonstige Zuwendung. Wenn es schreit, wird das insofern missverstanden in der Ansicht, man dürfe Babys nicht verwöhnen, weil sie einem sonst später auf der Nase herumtanzten. Das ganze Drama, das sich außerhalb der Wahrnehmung von uns abspielt, wird einem vielleicht allein durch diesen einen Satz von Jean Liedloff bewusst: »A baby's cry is precisely as serious as it sounds« – der Schrei eines Babys ist exakt so ernst, wie er sich anhört.

Unser Intellekt hat Mütter dermaßen konditioniert, die Bedürfniskundgebungen eines Babys misszuverstehen, indem sie aus Erwachsenensicht interpretiert werden, dass das kleine Wesen pausenlos vor den Kopf gestoßen wird. Ich möchte nicht näher darauf eingehen, sondern empfehle bei Interesse noch einmal Liedloffs Buch.

Was lernt das Baby durch diese bei uns übliche Behandlungsweise? Vor allem lernt es, dass es nicht ›richtig‹ ist. Dass es die Zuneigung der Mutter nicht bekommt, selbst wenn es sich bis zur Erschöpfung darum bemüht – also verdient es sie wohl nicht. Ein Baby kann noch nicht denken oder rückschließen und es kann seine ganz archaischen Bedürfnisse nur binär kundtun: Wohlbefinden mit Lachen oder Unwohlsein mit Schreien. Schlafen muss nicht unbedingt Wohlbefinden signalisieren, es kann genauso Erschöpfung sein nach dem erfolglosen Versuch, sein Bedürfnis nach Eingebundensein verständlich zu machen.

Doch das alles ist noch harmlos im Vergleich damit, was einem Baby noch mehr widerfahren kann. Manchen Müttern ist ihr Kind nicht willkommen, wodurch es immer wieder Ablehnung oder Schlimmeres erfährt. Dabei will es doch immer nur eines: die Zuwendung seiner Mutter, um einigermaßen sanft diese große Veränderung zu überstehen.

Was geschieht durch diese Erfahrungen des Abgelehntwerdens, selbst in einem Umfeld, das wir als harmonisch oder kinderfreundlich bezeichnen? Das Mindeste ist ein latentes Bedürfnis nach Zugehörigkeit und Geborgenheit. Ich glaube, dass ein Großteil aller Partnerwünsche daraus resultiert. Selbst in fortgeschrittenem Alter haben wir unser Gewollt-Sein noch nicht genügend oft und nachdrücklich erlebt, um es zu glauben. Ein großer Teil aller Beziehungsprobleme gründet auf den noch immer nicht erfüllten Bedürfnissen. Wie sich das auswirkt, würde allein Bücher füllen, was auch bereits viele Psychologen getan haben. Zum besseren Verständnis empfehle ich Vorträge von Professor Franz Ruppert, der aus seinen Erkenntnissen auch gleich eine Therapie – die Anliegen-Methode – entwickelt hat. Auf Letztere komme ich später noch kurz zurück.

Der sozusagen Gegenspieler des Bedürfnisses nach Geborgenheit ist das nach Lebendigkeit. Die beiden Betätigungen, also die des Ruhens und die der Bewegung, sind keine einfachen Bedürfnisse, sondern Ausdruck der fundamentalen Lebensprinzipien von Aktivität und Entspannung, denen wir bei genauerem Hinsehen auf Schritt und Tritt begegnen. So, wie wir das Bedürfnis nach Geborgenheit eingepflanzt bekommen, ist uns auch das nach Lebendigkeit eigen. Beide sind gleichermaßen wichtig und wollen ausgelebt werden. Ob es nun Mikro-Abenteuer sind wie das Erklimmen einer wackeligen Leiter, um Kirschen zu pflücken oder Fernweh, dass uns immer wieder zu Reisen anspornt, ist zu einem guten Teil Veranlagungssache. Was für den einen die Besteigung eines Sechstausenders ist, kann für jemand anderen bereits ein Konzertbesuch sein. Man sollte sich lediglich daran erinnern, dass beide Bedürfnisse ihre gleichwertige Berechtigung haben und – das ist wichtig – sich ständig verändern und verschieben können. So kann jemand Abenteuerfreudiges sich durchaus auch nach Geborgenheit sehnen und jemand, der sich üblicherweise zu Hause am wohlsten fühlt, auf einmal den Drang verspüren, die Fremde zu erkunden.

Geborgen und lebendig – alles klar. Aber was ist mit den Trittbrettfahrern gemeint?

Wieder treffen wir auf die Wahrnehmung, die uns bei dieser Antwort gute Dienste leistet. Erinnern wir uns an den tiefgründigen Lebenssinn zurück, also das Bewusstwerden – das sich übrigens mit der Fähigkeit des Wahrnehmens Hand in Hand entwickelt – so ergibt sich daraus, dass es sich um einen inneren und nicht um einen äußeren Prozess handelt. Es geht demnach um *innere* Ruhe und um *innere* Beweglichkeit. Oft aber äußern sich Bedürfnisse in körperlichem Verlangen, was zu hinderlichen Missverständnissen führen kann. Das wohl am weitesten verbreitete und zugleich am wenigsten verstandene ist das Bedürfnis nach Sex. Hier fällt der natürliche Drang nach Fortpflanzung mit dem Verlangen nach Geborgenheit zusammen, und wir denken, die Erfüllung läge darin, miteinander zu schlafen. Dabei würde es in vielen Fällen genügen, in den Arm genommen zu werden. Doch ich möchte mich bei diesem Thema nicht zu lange aufhalten. Es geht ja um die Trittbrettfahrer. Und um die Wahrnehmung.

Wenn wir uns und andere beobachten, sollte es verstärkt darauf ankommen, sich beziehungsweise den anderen nicht nur optisch zu sehen und Mimik und Gestik zu deuten, sondern vor allem auch nachzuspüren, worum es in der Tiefe gehen könnte. Tun Sie das bewusst, wird Ihnen bald auffallen, dass äußerlicher Drang nach etwas in vielen Fällen der Ausdruck eines eigentlich inneren Bedürfnisses ist. Das geht sogar so weit, dass insgeheim der Körper mitspielt und gewisse Situationen erzwingt.

Sehen wir es uns genauer an. Jemand muss ständig etwas tun, ist pausenlos in Bewegung. Das kann sich in Form von unablässiger Arbeit zeigen, sei es im Job, zu putzen oder im Garten zu arbeiten, aber auch durch unruhige Gesten, Kauen an den Fingernägeln und anderen kleinräumigen Bewegungen. Die Ursache ist eine innere Unruhe, die viele Ursachen haben kann. Natürlich kann man auch das nicht verallgemeinern, denn es gibt nun einmal phlegmatischere und aktivere Menschen. Aber ich beobachte öfters – oder besser: nehme wahr – neben äußerer Unruhe eine viel stärkere, oder eigentlichere, innere wahr. Es lässt sich richtiggehend mit dem Schreien eines Babys vergleichen, das damit sein ungestilltes Bedürfnis mitteilen möchte. Bei uns Erwachsenen zeigt sich die Diskrepanz zwischen Bedarf und Erfüllung in Form von Unruhe – es ›passt‹ einfach etwas nicht, wie man sagt.

Wahrnehmung kann hier helfen, die wahren Ursachen zu entdecken und sein Handeln danach auszurichten. Wie man das konkret tun kann, dazu erfahren Sie später zur Arbeit mit Anteilen mehr.

Alles, was wir deutlich im Außen erkennen, von Geschäftigkeit bis Ungeduld, von Lethargie bis Krankheit, sind fast immer Ausdrücke nicht erfüllter *innerer* Bedürfnisse. Der äußerliche Ausdruck ist nicht die Wurzel, sondern Trittbrettfahrer dessen, was im Innen von uns ansteht.

Kompakt:

Geborgenheit und Lebendigkeit sind die gefühlsmäßigen Entsprechungen der großen Kräfte von Spannung und Entspannung, des Pulses des Lebens. Werden sie nicht erkannt und richtet man sein Tun nicht nach ihnen aus, so zeigen sie sich gern im Außen, spielen sich als Wichtigtuer auf, sind aber in Wirklichkeit reine Trittbrettfahrer der wahren Gründe. Oder vielleicht besser: deren Hilferufe.

Die neue Kommunikation

Die aktuelle Situation zeigt uns so scharf wie keine je zuvor, dass alles grundlegend neu werden muss. Viel zu weit haben wir uns von dem Menschen entfernt, der seiner für ihn vorgesehenen eigentlichen Aufgabe nachkommt: durch die Fähigkeit der freien Entscheidung, die seiner geistigen Art innewohnt, neue Impulse auf die Erde zu bringen, im Sinne einer Weiterentwicklung. Nicht eines so grausamen Raub- und Abbaues alles perfekt Funktionierenden. Wir erleben derzeit die Bankrotterklärung des Verstandes, des Intellekts, der offenbar nicht in der Lage ist, menschenwürdige Verhältnisse beizubehalten. Lange hat es gedauert, bis wir dermaßen unübersehbar mit unserem Versagen konfrontiert worden sind. Doch nun, bitte sehr, sollten wir schön langsam wirklich das tun, was viele Leute fordern: aufwachen! Doch nicht zu irgendeiner Erleuchtung, sondern um beschämt festzustellen, dass wir jämmerlich in unserem Menschsein versagt haben. Diese Feststellung beziehe ich nicht auf die wenigen Mächtigen, die mit ihren digital-finanziellen Machenschaften glauben, alles bestimmen zu können. Sie natürlich auch, aber vor allem meine ich all die anderen, die diese Mächtigen durch ihre Gleichgültigkeit überhaupt so weit haben kommen lassen.

Die ausstehende Veränderung betrifft alle Lebensbereiche, also liegt eine Menge Arbeit vor uns – was für eine Herausforderung! Also krempeln wir die Ärmel hoch und widmen uns dem wohl wichtigsten aktiven Werkzeug auf diesem neuen Weg: der Kommunikation.

Wenn Sie auf die vorige Seite zurückblättern und die Grafik betrachten, so erkennen Sie zwei grundverschiedene Zugänge zu dem gleichen Thema. Links sehen Sie die heute übliche Art der Verständigung. Zwei Menschen haben zwei Ansichten und es geht darum, welche die richtige ist. Während jede der Personen der anderen klarzumachen versucht, ihre Vorstellung wäre die bessere, beziehungsweise richtigere, erhitzen sich die Gemüter. Wie sehr so eine Meinungsverschiedenheit die Sinne trüben kann, können Sie gerade jetzt beobachten: Die beiden Fronten der Maßnahmenbefürworter und die der Maßnahmengegner finden selten einen gemeinsamen Nenner. Insofern finde ich die aktuelle Lage sehr hilfreich, weil sie Verhalten ans Licht bringt, die zwar bisher auch schon vorhanden, aber nie massiv ins Gewicht gefallen waren. Nun können wir beim besten Willen nicht mehr wegschauen.

Meinungsverschiedenheiten entbrennen oft aus einem ganz banalen Grund: Man kennt weder das Bild des anderen, noch seine Gründe und schon gar nicht die dahinterstehenden Bedürfnisse samt ihren Emotionen, die es ihm praktisch unmöglich machen, seine Meinung zu ändern. Ein – wieder aus der aktuellen Zeit stammendes – Beispiel: Es ist nicht eine Angst, die kursiert, sondern es sind gleich drei: Die Angst vor Erkrankung, die Angst vor Diktatur und Existenzangst. Haben zwei Personen unterschiedliche Ängste, so ist es sinnlos, zu diskutieren, weil maßgebend andere Bedürfnisse davon betroffen sind. Man kann also schwer zu einem gemeinsamen Ergebnis kommen, oder?

Auch auf die Gefahr hin, dass Sie nun meinen Geisteszustand infrage stellen, kann ich mir nicht verkneifen, die geniale *Chance* der Gegenwart hervorzuheben! In dem früheren (vergleichsweise) faden Einerlei wären solche Überlegungen weder ernst genommen, noch überhaupt beachtet worden. Nun sind wir *gezwungen*, uns mit Veränderungsoptionen auseinanderzusetzen – und wir bekommen, wenn wir uns auf unsere Wahrnehmung einlassen, auch noch gleich jede Menge an Beispielen und Anregungen frei Haus geliefert.

Doch wieder zurück zu unseren beiden Kontrahenten. Ein Problem liegt also darin, dass keiner die Bedürfnisse des anderen kennt. Das zweite sind bei den meisten Streitgesprächen die Werte jeder Person, erinnern wir uns einfach an die drei Angstvarianten. Für den Einen ist der höhere Wert, nicht krank zu sein, für den Anderen, seine wenigstens bisherige Freiheit zu bewahren und beim Letzten ist es schlichtweg Angst, seine Familie und sich selbst nicht ernähren zu können. Wie kann man dabei auf einen gemeinsamen Nenner kommen?

Um von der Art des Diskutierens, bei der einer durch Rechthaben gewinnen muss, wegzukommen, ist es notwendig, den Vorgang genauer anzusehen. Wie wird denn das Rechthaben erreicht? Genau, durch die besseren Argumente. Zweifelsohne gibt es Debatten, bei denen das möglich ist, zum Beispiel bei sachlichen Überlegungen, zu denen es sachliche Erfahrungen gibt. So wird für eine Schlitzschraube ein Kreuzschraubendreher einfach ungeeignet sein. Eine Diskussion mit guten Aussichten auf eine friedliche Einigung, nicht wahr? Na ja ... auch kein unbedingtes Muss, auch wenn die Sinnhaftigkeit auf der Hand liegen mag. Es mag einer, der gerade an einem Werkstück zugange ist, dem anderen sagen: »Gib mir doch mal den Schraubendreher«, woraufhin der andere ihm einen Kreuzschraubendreher reicht. »Doch nicht den! Siehst du nicht, dass diese Schraube einen Schlitz hat?« – »Doch, aber du kannst ja auch ›Kreuzschraubendreher‹ sagen.« Und schon ist die Missstimmung geschaffen. Dabei ist das eine problemlose Situation, die sich rein sachlich leicht regeln lässt, so, wie Parken im Parkverbot mitunter eine Buße nach sich zieht und Rotwein Flecken macht.

Wenn wir uns aber die Diskussion um das ›richtige‹ Haus auf der Grafik ins Gedächtnis rufen, dann wird es schon schwieriger. Was macht ein Haus ›richtig‹? Die Anzahl der Fenster? Die Stockwerke? Oder eine Gaube in der

Dachschräge? Neben persönlichen Vorlieben lassen sich aber auch solche Fragen meist sachlich klären.

Nun haben wir es aber bei den anstehenden gesellschaftlichen Veränderungen nicht nur mit Sachlichem zu tun, vielmehr dringen sie tief in die persönlichen Bedürfnisse aller Betroffenen ein. Mit der üblichen konfrontativen Diskussion, wie wir sie gewohnt sind (linke Seite der Grafik), werden wir dabei nicht weit kommen. Doch es geht noch weiter, denn wir werden zunehmend mit Dingen zu tun haben, die sich außerhalb des verstandlich Begreifbaren befinden. Wir haben erlebt, dass der Verstand kein guter Herrscher ist. Also werden wir umdenken müssen, indem wir unsere Intuition an die erste Stelle setzen, die Fähigkeit, über unsere sachlich-stoffliche Welt hinauszusehen. Wir werden nicht darum herumkommen, uns mit den Gesetzen der Schöpfung zu beschäftigen, wenn wir uns in ihr wohlfühlen wollen. Sogar in einer Firma muss man sich nach den dort üblichen Gepflogenheiten richten, was liegt also näher, als sich mit der Schöpfungsordnung zu beschäftigen, wenn man schon in ihr lebt?

Da wir es dabei aber nicht mit sachlich Prüfbarem zu tun haben, gibt es ein weiteres Problem. Wie will man in einer Diskussion recht haben zu etwas, das man verstandlich gar nicht erfassen kann? Seele? Sphären? Gott? Wir werden also auf eine andere Weise der Lösungsfindung umsteigen müssen.

Der andere Weg, zu einem gemeinsamen Ergebnis zu kommen, sucht die Lösung nicht darin, welche Sichtweise die bessere ist. Die Lösung liegt vielmehr in der Stimmigkeit für beide/alle Beteiligten.

Die Voraussetzung zur Zielerreichung ist für beide, dass sie die Bilder des anderen kennenlernen. Das wird übrigens schon lange im Rahmen von Mediationen angestrebt. Um das zu erreichen, sollte jeder zuerst einmal den Raum bekommen, *sein* Bild darzustellen. Währenddessen sollte das Gegenüber lediglich das Verständnis vertiefende Fragen stellen, aber keine Gegenargumente liefern. Im Idealfall kann sich bereits eine der beiden Lösungen als eine für beide gangbare herausstellen. Es kann aber genauso gut sein, dass sich keine der beiden, sondern eine ganz andere als noch passender ergibt.

Ein förderlicher Nebeneffekt dieser Lösungsfindung ist die bessere Stimmung, weil es keinen Verlierer gibt und die Atmosphäre von gegenseitiger Wertschätzung geprägt ist.

Und, wie bereits erwähnt, kann man durch den Vergleich und das Verstehen der Bilder des Gegenübers auch auf Gebieten zu einem Ergebnis kommen, die sich weit außerhalb des Prüf- und Sichtbaren befinden, also dessen, was mit unserem wirklichen Lebenssinn zu tun hat.

Kompakt:

Die konfrontative Weise der Lösungsfindung wird sich in die Vergangenheit verabschieden müssen, wenn wir in Zukunft zu etwas Gemeinsamem gelangen möchten. Wir müssen uns damit abfinden, dass uns der Verstand nur als guter Diener, aber nicht als schlechter Herr nützt. Die neue Methode der gemeinsamen Lösungsfindung durch

Mitteilen der gegenseitigen Bilder ist in allen zwischenmenschlichen Belangen eine aussichtsreiche Methode. Mit ihr können wir dem destruktiven Konkurrenzdenken entkommen, um in ein wertschätzendes Miteinander zu gelangen.

Hilfsmittel Sprache

Nach Bildern ist die Sprache unser meistbenutztes Kommunikationsmittel. Das ist nichts Neues. Dass sie nicht nur den verhältnismäßig unkomplizierten Austausch ermöglicht, sondern uns auch ein Hilfsmittel ist, Weiteres zu erkennen, daran denken wir selten oder haben überhaupt noch nie darüber nachgedacht. Man sollte seinen Blick aber ganz konkret auf die Sprache richten, damit sie uns dieses Geheimnis preisgibt.

Sprache ist ja keine reine Aneinanderreihung von Buchstaben, sondern sie besteht aus Segmenten – Wörtern, Sätzen, Absätzen, Kapiteln, ganzen Geschichten. Ich möchte mich aber nicht mit der Systematik beschäftigen, sondern mit der Energie, die die Sprache geformt hat und die sie in weiterer Folge ausstrahlt. Womit wir wieder einmal an einer Stelle angelangt sind, an der man deutlich sieht, dass es keine Zufälle geben kann.

Wörter sind nicht willkürlich entstanden wie Straßennamen – wobei ich selbst das infrage stelle, wie gesagt, es gibt gar keinen Zufall, nicht den winzigsten. Die Entwicklung der Worte ist ein archaischer Prozess, der sich über lange Zeit hinzog. Weil sich Worte als Klang um den sie beschreibenden Begriff gebildet haben, können sie uns viel über die Magie berichten, die sie grob abbilden. Und damit können sie uns auf unserem Weg zur bewussten Wahrnehmung konkret unterstützen. Wir wollen ja aus der rein materiellen Sichtweise auf eine ganzheitliche im Sinne all unserer Qualitäten umschwenken, wozu ein geweiteterer

Blick als bisher gehört. Es ist sozusagen eine freiwillige, eigeninitiative Umerziehung, die wir uns damit gestatten (müssen). Die Sicht losreißen vom Detail, den Rücken strecken, den Kopf heben und neu lernen, Zusammenhänge zu erkennen. Dafür ist die Sprache ein gutes Beispiel und Hilfsmittel, da sie beides vereinbart: das Offensichtliche und das Magische. Da wir uns ja Letzterem mehr zuwenden wollen, ist sie auf diesem Weg eine wunderbare Brücke, die uns jederzeit und überall treu begleitet.

Beginnen wir beim Offensichtlichsten, dann stellen wir fest, dass es eine Menge an Sprachen gibt. Sie sind so unterschiedlich, dass man fremde lernen muss, um sich mit den Menschen, die sie gebrauchen, verständigen zu können. Damit haben wir schon den ersten aufregenden Anknüpfungspunkt. Freilich kann man behaupten, die unterschiedlichen Sprachen hätten sich aus den unterschiedlichen Kulturen heraus ›so ergeben‹. Das zeigt uns aber, dass es unterschiedliche Kulturen gab – ja, natürlich – und aus denen verschiedene Lautformungen und damit Sprachen entstanden sind. Ja und? Es zeigt uns etwas Fundamentales: Menschen sind so unterschiedlich, dass wir sie einfach nicht verstehen können. Nun ja, auch ›ja, natürlich‹. Ja, das Offensichtliche liegt oft so unverblümt vor unserer Nase, dass wir es gar nicht mehr sehen. ›Menschen sind so unterschiedlich‹ ist dabei die Kernaussage, mit der wir übrigens an das vorhergehende Kapitel *›Die neue Kommunikation‹* anknüpfen.

Ganz selbstverständlich gehen wir davon aus, dass unser Gegenüber die Welt genauso sieht, wie wir es selbst tun.

Wie kommen wir eigentlich dazu? Ich glaube, auch das ist unserer Orientierung an fast ausschließlich Äußerlichkeiten geschuldet. Nur was wir sehen, hat ›Hand und Fuß‹ und alles andere ist unwichtiger, esoterischer Kram. Für viele Menschen ist sogar die Psyche inklusive ihrer Therapie etwas so Abstraktes, dass sie es nicht in ihr Weltbild lassen. Auf dieser, also der rein äußerlichen Grundlage ist auch unsere Kommunikation entstanden, bei der es lediglich darum geht, dem anderen seinen eigenen Standpunkt klarzumachen, aber nicht, den anderen zu verstehen. Erkennen Sie darin diese tieftraurige Isoliertheit? Anstatt sich auszutauschen und kennenzulernen, verschließen wir uns ängstlich und beharren darauf, dass unsere Werte anerkannt werden – darum geht es leider ja letztlich immer.

Diese Isoliertheit besteht natürlich nicht nur anderen Menschen gegenüber, sondern auch allem nicht sofort Sichtbaren. Und ja, leider, auch uns selbst gegenüber. Wir verstehen unser Gegenüber nicht bis mäßig und alles uns umgebende Unsichtbare mäßig bis gar nicht. Allein durch bewusste Beschäftigung mit Worten könnten wir erste Schritte aus dieser Isolation heraus gehen. Den Impuls dazu geben wir mit unserem Interesse, *es zu wollen* …

Was heute durch die Globalisierung zusehends verwaschen wird, sind die wunderbaren kulturellen Unterschiede und Besonderheiten. Ich finde das unglaublich schade! Die Vielfalt geht verloren, so wie Arten aussterben und klares Wasser uninteressant braun-trüb wird, wenn man verschiedene Farben hineinschüttet. Man kann es aber auch positiv sehen, weil dadurch vielleicht das Verbindende, allgemein

Menschliche deutlicher hervortritt – wir sind also letztlich alle einfach Menschen. Doch selbst die globale Vermischung wird nichts daran ändern, dass es neben unterschiedlichen Entwicklungsstufen verschiedenste Charakterströme gibt, vom bis zur Erbsenzählerei perfektionistischen Deutschen über den heißblütig-spontanen Südländer, den sich natürlich gebenden Afrikaner, bis zum ewig lächelnden Asiaten. Und alle bemühen sich, ihre Eigenarten aufzugeben und sich einem globalisiert überall gleichen Menschen zu nähern. Ich liebe die Vielfalt der Völker und ihre Eigenheiten. Und doch kam es mir neulich eigenartig vor, als ich in einem Youtube-Video einen jungen Chinesen in perfektem Deutsch Methoden erklären sah und hörte, wie man sich besser fühlt. So, wie mich Individualität einzelner Personen richtiggehend glücklich machen kann, würde ich mir wünschen, dass sich alle Völker wieder auf ihre eigene Art besinnen, sie kultivieren und leben, anstatt in diesem einen großen Matsch aufzugehen.

Sprache ist wortgewordene Energie, wir haben das grob kulturell angeschnitten, doch auch im Detail sieht es nicht anders aus. Um ein Wort besser zu verstehen, also im Sinne seiner Energie, genügt es oft schon, sich seinem Klang hinzugeben. Enthört man nicht dem Wasser sein gischtendes Zischen, dem See seine Ruhe, dem Rohr seine Hohlheit und dem Damm seine Standfestigkeit? Sogar Doppelbegriffe kann man damit enttarnen, zum Beispiel die Bank, auf der man sich ausruhen kann, genauso wie die Bank, auf deren gefülltem Konto man sein Gemüt beruhigen kann –

aber beide trügerisch, wenn sie oder das Konto morsch werden.

Nun haben wir auf der einen Seite das Wort, das eine Energie verkörpert. Dem gegenüber stehen die Individuen, die diese Worte verwenden. Eigentlich sollte man annehmen, dass auf diese Weise eine Kommunikation reibungslos funktionieren sollte, doch weit gefehlt. Der Grund dafür ist bekannt: Wörter, also Fakten sind eine Sache, das Kleingedruckte dazwischen aber eine andere. So wurden sogar Methoden entwickelt, um die Vermischung von Bedürfnissen, Gefühlen und Tatsachen auseinander zu nesteln. Im Kapitel ›*Nur das Herz sieht …*‹ habe ich das anhand der Gewaltfreien Kommunikation und des Vier-Ohren-Modells schon erwähnt.

Doch das ist noch gar nicht alles. Es gibt Begriffe, denen Menschen unterschiedliche Werte zuordnen. Interessanterweise je mehr, desto weiter sich die Begriffe von der sogenannten Realität entfernen. So kursieren die verschiedenartigsten Vorstellungen von ›Geist‹, ›Seele‹, ›Empfindung‹ und ›Gefühl‹, beziehungsweise werden sie derart schwammig eingesetzt, dass man alles Mögliche hinein- und herausinterpretieren kann.

Ist es da ein Wunder, dass wir ständig ›aneinander vorbeireden‹?

Hier können wir durch Wahrnehmung sehr viel verändern. Das beginnt schon bei der erwähnten neuen Kommunikation, bei der wir versuchen, zuerst die Welt des anderen zu erforschen und damit verstehen, bevor wir Aussagen einander gegenüberstellen. Auch hier können wir den Nutzen erkennen, wenn wir hinter die Dinge blicken und uns nicht danach orientieren, was wir an der Oberfläche zu erkennen glauben.

Eine sehr hilfreiche Übung wäre es, sich gegenseitig seine Begriffe zu erklären: ›Was verstehst du unter …?‹ – ›Ich verstehe das.‹ – ›Wie kommst du dazu?‹ und so weiter.

Wir könnten noch mehr in die Tiefe gehen und uns allein mit Vorsilben beschäftigen, ein sehr lohnendes Gebiet, wie ich finde. So bin ich dahintergekommen, dass man die Vorsilbe ›er‹ als einen Ausdruck für ›das Schöpfungsgesetz‹ betrachten kann. *Er*ziehen – ziehen zum Er; *er*kennen – kennenlernen des Er; etwas *er*gibt sich – es hat sich im Rahmen des Er offenbart. Alleine schon die Vorsilben wären Stoff für ein ganzes Buch.

Die Wahl der Worte erzählt uns viel über deren Sprecher. Will er etwas vorspielen oder ist er natürlich? Woher stammt er? Was ist ihm wichtig? Und die Wahl der Worte deutet mitunter auch auf eine soziale Abstammung hin. Alles immer wieder Indizien für einen direkten Zusammenhang zwischen Energie und – in diesem Fall – Hörbarem. Eine vielschichtige, aber nichtsdestoweniger sichere Brücke zwischen dem Offensichtlichen und dem, was dahinter steht.

Kompakt:

Sprache ist nicht nur ein Hilfsmittel zur Kommunikation, sondern sie kann uns auch den Weg zwischen dem Offensichtlichen und seiner Herkunft zeigen. Sie ist ein nicht zu unterschätzendes Hilfsmittel, wenn wir daran interessiert sind, unsere Mitmenschen, Zusammenhänge, die Dinge hinter den Dingen und eine daraus entstehende, beruhigende Übersicht über alles zu erlangen.

Richtig und falsch

Anschließend an das vorherige Kapitel ›*Hilfsmittel Sprache*‹ möchte ich zum Einstieg in das Thema den Laut der zwei Worte ›richtig‹ und ›falsch‹ nutzen.

Stellen Sie sich dazu einen reißenden Bach vor. Ein Baumstamm, der der Länge nach im Wasser treibt, hat durchaus die Chance, ein Stück weit zu kommen. Er ist nach der Fließrichtung ausgerichtet, wobei der Klang des Wortes ›richtig‹ das noch unterstreicht. ›Richtig‹, ein Ton, der vorwärtsstrebt, vielleicht noch durch das rollende R zu Beginn auf die Spur gebracht. R … ich … tich … – man kann sich gut die Wellen vorstellen, auf denen das Holz dahin tanzt.

Ganz anders ›falsch‹. Hier drängt sich mir das Bild eines Baumstammes auf, der quer im Bach hängend, unaufhörlich von den sprudelnden Wassern bedrängt und geschüttelt wird. Stimmiger kann es kaum sein, finde ich, um den Unterschied der beiden Worte zu verbildlichen. Okay, denken Sie jetzt vermutlich, dem widerspricht doch niemand und neu ist es auch nicht, dass richtig und falsch sozusagen Antipoden sind. Wissen Sie was? Ich stimme Ihnen in allen Punkten der Anklage zu hundert Prozent zu.

Aber … ich wollte das gar nicht in Abfrage stellen. Es geht mir nämlich um die Bedeutung der beiden Gegenspieler.

Was bedeutet richtig, was falsch? Gibt es ein generelles Richtig oder nicht? Woran orientiert man sich bei der Zuordnung zu einer der beiden Wertungen?

Zu dem Begriff ›richtig‹ kann man das Gleiche sagen wie zur Wahrheit. Es gibt beide Richtigs, so, wie es beide Wahrheiten gibt. Das allgemeine, in Form der ewig gleich bleibenden Schöpfungsgesetze und ein kleines individuelles, das für jeden von uns anders sein kann. Wenn schon diese Verwandtschaft zwischen richtig und Wahrheit ins Auge fällt, liegt es auf der Hand, dass die näher zu sein scheint als vermutet.

Die Metapher mit dem Fluss zur Einleitung ist nicht von ungefähr. Für mich handelt man nämlich dann richtig, wenn man sich im oder mit dem Fluss seines eigenen Lebens, seiner Lebensaufgabe und seiner Empfindung für Stimmigkeit verhält – und damit automatisch auch im Einklang mit den Schöpfungsgesetzen. Womit sich auch gleich ein passendes Synonym zu ›richtig‹ zeigt, und zwar ›stimmig‹.

Das alles scheint mir einleuchtend und auch logisch. Heikel wird es, wenn man sich näher ansieht, in welchen Zusammenhängen ›richtig‹ und sein dunkler Bruder verwendet werden. Man merkt dann schnell, dass ›richtig‹ nichts mehr mit dem persönlichen Im-Fluss-Sein zu tun hat, sondern an verschiedenen gesellschaftlichen Normen gemessen wird. So ist es sowohl nicht richtig, über eine rote Ampel zu fahren, beim gemeinsamen Essen zu furzen und zu rülpsen, und schon gar nicht, in einem Geschäft einen Laib Brot zu klauen. Kaum jemand kommt auf die Idee, diese Regeln infrage zu stellen. Als Argument wird dazu angeführt, schließlich könne eine Gesellschaft nur dann bestehen, wenn es Regeln gäbe. Schön und gut, aber was hat die Natur getan, bevor es den Menschen gab? Sie ist perfekt gediehen, hat sich im Gleichgewicht gehalten, eine schier unglaubliche Artenvielfalt hervorgebracht, bis … der Mensch so weit gediehen war, sprich: sich vermehrt hatte, dass er maßgeblich eingreifen konnte. Der Hohn dabei ist, dass der Mensch das auch durfte, nein, sogar *sollte*. Nur nicht in der vernichtenden Auswirkung, die er bewirkte, sondern als impulsgebendes Wesen, beschenkt mit dem freien Willen, der es … leider auch zulässt, sich gegen die Natur, also unsere Umgebung und uns selbst zu wenden.

Ich bin deshalb überzeugt, dass wir nur eine einzige Chance erhalten, als Mensch auf diesem Planeten noch weiterhin sein zu dürfen: Wir haben die Schöpfungsgesetze zu lernen und vor allem zu befolgen.

Das ist keine unlösbare Aufgabe, denn es gibt immer mehr Menschen mit besonderen Fähigkeiten, die uns Wissen offenbaren, das noch vor fünfzig Jahren verborgen war. Nur müssen wir dringend aufhören, dem Verstand – samt seinen ihn benutzenden Süchten – den Thron zu überlassen, der ihnen einfach nicht zusteht. Begonnen beim Aufziehen unserer Kinder über die Schule bis hin zu Arbeit und Politik ist radikales Umdenken notwendig. Jeder mit nur einigermaßen wachem Blick kann erkennen, dass weder Hunger noch Krieg notwendig sind, sondern dass wir diesen Planeten zu einem paradiesischen Ort machen könnten, auf dem auch fünfzehn Milliarden Menschen keine Not leiden müssten. Alle anderen Aussagen sind nicht zu Ende gedachter Unsinn oder böswillige Verschleierung.

Machen wir eine Kehrtwende und erklären das zum allgemeinen ›Richtig‹, was mit der Natur und den Schöpfungsgesetzen Hand in Hand läuft, und das zum Falsch, was ihnen zuwiderhandelt, dann können wir mit Sicherheit von einer raschen Verbesserung ausgehen. Ich bin überzeugt davon, dass sich mit Freude Menschen in Interessensgruppen zusammenfinden können, um auf jeweils ihrem Gebiet die besten Lösungen zu finden. Man braucht doch nur alles der Natur abzuschauen – die übrigens nicht zentralisiert organisiert ist.

Und wieder: Das ist die Aufgabe von jedem Einzelnen von uns. Wir müssen uns konkret mit uns und unserem Verhältnis zu unserer Umgebung beschäftigen. Jeder für sich. Keine Ausreden à la ›die werden's schon richten‹!

Kompakt:
Richtig und falsch gibt es und sie sind richtig und falsch. Nur verstehen wir leider das Falsche darunter. Indem wir versuchen, das Universum zu verstehen – und das ist uns möglich gemacht – erhalten wir als Gegengabe einen Überblick, der uns zu beinahe allem befähigen kann. Wir müssen lediglich den Mut dazu aufbringen, zu unserer ganz persönlichen Wahrnehmung zu stehen, auf diese Weise unser eigenes Richtig zu finden, um dann danach zu handeln.

Schuld

Schuld ist die kaum bemerkte Macht, die unsere Gesellschaft unterwandert. Aus diesem Grund finde ich es dringend notwendig, diesen Begriff aus seiner Tarnkappenumhüllung auszupacken und ihn als das zu zeigen, was er tatsächlich ist.

Schuld bestimmt unser Leben in dermaßen weitgreifendem Ausmaß und niemandem fällt es groß auf – das Wort ist ja kein unbekanntes – weshalb sich auch kaum jemand darüber Gedanken macht, was Schuld wirklich ist. Sie ist allgegenwärtig und vor allem oft auch von der Wertung her in einem völlig ungefährlichen Bereich untergebracht – wir brauchen bloß an die Schulden bei einer Bank zu denken, die für viele, vor allem Unternehmen, zum völlig normalen Tagesgeschäft gehören.

Zur Enttarnung haben wir einen hilfreichen Schritt schon mit dem getan, worüber wir bereits im Kapitel *›Segel und Ruder‹* gesprochen hatten. Zur Auffrischung: Mit unserem Wollen, Denken und daraus resultierenden Handeln schaffen wir Bindungen zu dem Ziel unseres Wollens, stärken unsere gleichartigen Anteile und schicken entsprechende Energie auf die Reise, die verstärkt wieder zu uns zurückkehren wird. Eigentlich ist mit diesem einzigen Satz das Wesen der Schuld beschrieben. Sie ist eine Mischung aus Bindung, Stärkung eigener Anteile und Erwartung des Eintreffens ihrer Auswirkung und der dabei vorhandenen Resonanzfähigkeit. So von seiner finsteren Aura entblättert, sieht dieser Begriff doch nicht nur harmlos, sondern eventuell durchaus freundlich aus – ergibt sich daraus schließlich auch, dass Schuld auch auf positive Art bestehen kann. Allerdings finde ich, dass man sich vom Schuldbegriff deshalb entfernen sollte, weil er mit unglaublich viel leidvoller Energie aufgeladen ist – siehe Kapitel ›Felder‹ – mit der man sich automatisch verbindet, sobald man sich mit Schuld in irgendeiner Weise verbindet.

Mit dieser Enthüllung geschieht allerdings auch etwas, das vielleicht sogar direkt auf Sie sehr verstörend wirken mag. Es tut mir leid, sollten Sie diese Ausführungen verletzen, denn das ist das Letzte, was ich beabsichtige. Ebenso wenig möchte ich aber deshalb als grausam oder herzlos angesehen werden. Die Enttarnung des über Jahrtausende gezielt aufgebauten Begriffs muss in vielen Fällen so schmerzhaft wirken, wie er in anderen erleichternd wahrgenommen werden wird.

Betrachten wir noch einmal Hawkins' Tabelle (Kapitel ›*Sehnsucht und Abscheu*‹), so fällt sofort auf, dass an ihrer untersten Stelle die Scham rangiert. Scham, die Zwillingsschwester der Schuld. Mich wundert es nicht, aus Sicht psychologischer Beeinflussung, dass Schuld und Scham in dem Machtkomplex der Kirchen an oberste Stelle der Manipulationswerkzeuge gesetzt worden waren. Doch nicht nur ›waren‹, sondern man ist sich der psychologischen Macht auch heute sehr wohl bewusst, wenn man zum Beispiel Menschen versucht einzureden, Oma und Opa stürben durch einen Virenantransport durch ihre Enkel. Je tiefer ein Mensch schwingt, umso leichter ist er manipulierbar. Ziehen wir eine Verbindung zur aktuellen Corona-Situation, ist die Parallele mehr als auffallend. Maßnahmenkritiker sind schuld daran, wenn andere an der Krankheit leiden, Kinder ohne Masken und Abstand zu anderen sind schuld daran, wenn ihre Großeltern sterben. Ich möchte nicht näher auf diesen perfiden Mechanismus der Propaganda eingehen, denn ich glaube, dass man schon mit nur einigermaßen offenem Herzen in der Lage sein muss, die Triebkräfte hinter all dem zu erkennen.

Scham, Schuld und Angst sind eng miteinander verbunden. Man schämt sich, schuld am Leid jemandes anderen zu sein und hat Angst vor den Folgen. Was für ein fataler Teufelskreis und, noch viel schlimmer, was für Menschen müssen es sein, die dermaßen perfide Strategien zur Unterwerfung verwenden, um ihre Ziele umzusetzen!

Die gute Nachricht: Die Schuld im bisher verstandenen Sinn gibt es nicht!

Die schmerzvolle Nachricht: Kein Mensch ist in einer Situation aufgrund der Schuld von jemandem anderen.

Entschieden möchte ich das gerade vorhin Gesagte noch einmal in Erinnerung rufen: *Mit unserem Wollen, Denken und dem daraus resultierenden Handeln schaffen wir Bindungen zu dem Ziel unseres Wollen, stärken unsere gleichartigen Anteile und schicken Energie auf die Reise, die verstärkt in gleichbleibender Art wieder zu uns zurückkehren wird.*

Wenn wir uns der Tragweite dessen bewusst werden, kann ich mir vorstellen, dass die unterschiedlichsten Emotionen brodelnd hochkochen. ›Ich soll für das und das, was mir geschehen ist (hintergangen, betrogen, über den Tisch gezogen, verletzt, denunziert …), selbst verantwortlich sein?!‹ oder ›Ich soll dafür verantwortlich sein, dass ich ein behindertes Kind habe sowie mein Kind dafür, dass es behindert ist?!‹ oder ›Die afrikanischen Kinder sollen dafür verantwortlich sein, dass sie verhungern?!!‹

Ich verstehe Ihre Empörung. Und ich weiß, dass ich damit vielleicht Ihr Verständnis und Ihre Nachvollziehenwilligkeit überstrapaziere. Haben wir uns doch schon immer darin geübt, Schuld bei anderen zu suchen und es als Schwäche gesehen etwas zuzugeben – sogar oft vor sich selbst. Deshalb meine Bitte, dass Sie das mit der Schuld, die zur Verantwortung wurde, wohlwollend zu betrachten versuchen – ich kann nicht aus Empathie etwas Unwahres sagen. Auch wenn es momentan als herzlos und unempathisch wirken mag, werden Sie erkennen, dass auch unglaubliche Erleichterung in Ihnen Einzug wird halten können.

Bitte beachten Sie demnach, dass ich nicht den Begriff ›Schuld‹ verwendet habe, sondern ›verantwortlich für‹.

Was die Einsicht in diesen radikalen – ich möchte sagen – Paradigmenwechsel zusätzlich erschwert, kann sein, wenn man sich noch nicht damit angefreundet hat, dass wir nicht nur einmal leben. Ist man davon überzeugt, dann vermute ich aber, dass Sie ohnehin nicht bis hierher gelesen haben. Erst mit dem Wissen, dass wir unsere energetischen Dispositionen – also das, woran wir gebunden sind, was zu uns zurückkehren wird, und unsere aktuelle energetische Zusammensetzung – von Mal zu Mal mitnehmen und dann wieder weiter kultivieren, wird vieles schlüssig und verständlich.

Es mag hart wirken, irgendwann einmal eine leidvolle Situation, in der man sich befunden hat oder befindet, selbst ausgelöst zu haben. Doch blicken wir aus einer anderen Richtung darauf. In bestem Wissen um die Möglichkeiten haben wir selbst darum gebeten, diese Erlebnisse zu haben. Sei es, um ein paar Punkte von unterhalb der 200er-Skala nach oben zu gelangen oder, bereits weiter oben, sogar beflügelt werden zu können. Schließlich ist es zu einem großen Teil eine Sache des freien Willens, *wie* wir mit dem umgehen, womit wir jeweils aktuell konfrontiert sind. Genau betrachtet ist das auch einzig und allein der freie Wille: Wie gehe ich *jetzt* damit um, was mir *jetzt* begegnet und was mich *jetzt* umgibt und beschäftigt. Damit bewirke ich die Veränderung meines Zustandes, meiner Bindungen und auch dessen, was zu mir zurückkehren muss – also meine Zukunft. ›Damit‹ meint hier: mit der Energie, die ich *jetzt* in die Zukunft sende.

Auf der anderen Seite muss es doch unglaublich erleichternd wirken, wenn man sich bewusst wird, dass man nicht an den Erziehungsfehlern ›schuld‹ ist, die einem deshalb unterlaufen sind, weil man es nun einmal nicht besser wusste. Ich bin nämlich überzeugt davon, dass selbst Menschen, die Schlechtes tun, ihr Bestes geben. Denn ›das Beste‹ ist immer relativ.

Ich möchte noch auf die Sache mit dem Gefühl eingehen, sich schuldig zu fühlen für etwas, das anderen Menschen widerfährt; häufig geht es Müttern so. Man kommt zum Beispiel zu der Einsicht, etwas in der Vergangenheit falsch gemacht zu haben und quält sich dann damit, schuld daran zu sein, dass jemand darunter gelitten, dadurch eine Chance verpasst hat oder bei richtigem Verhalten ›anders‹ geworden wäre.

Speziell von dieser Art Schuldgefühl sollte man sich nachhaltig verabschieden.

Ich glaube Ihnen, dass das sehr schwer ist, denn es hat nichts mit bewussten Vorgängen zu tun. Wie Egel haben sich Glaubenssätze im Unterbewusstsein festgefressen. Doch seien Sie getrost, man bekommt nichts aufgebrummt, das unlösbar wäre. Auch bei diesen Schuldgefühlen handelt es sich um abgespaltene Anteile, die Ihnen jedes Mal Energie abziehen, sobald Sie des Themas gewahr werden. Im späteren Teil des Buches, in dem es um Heilung geht, finden Sie vielleicht einen für Sie brauchbaren Ansatz, um diese Anteile wieder zurückzuholen, um damit jedes Mal ein wenig ›ganzer‹ zu werden.

Es mag stimmen, dass man anders hätte handeln können und es mag ebenso zutreffen, dass die Handlung falsch (im richtigen Sinn) gewesen war. Doch einerseits kann man davon ausgehen, dass trotz allem jeder sein Bestes gibt, auch wenn das oft so gar nicht danach aussehen mag. Andererseits kommt nun einmal niemand in eine Situation, die für ihn unpassend wäre. Selbst wenn man denkt: ›Ja, mein Kind mag sich zwar ausgesucht haben, in diese Verhältnisse geboren zu werden, aber sicher nicht, dass es dann von meinem zweiten Mann geschlagen wird; schließlich war das doch viel später«, ist das in Bezug auf

Schuld unzutreffend. Die Schöpfungsgesetze arbeiten nicht so simpel wie ein Computer der Neunzigerjahre. Bei dem Blick oben von der Wolke – wie ich es im Kapitel ›Wiedergeboren‹ beschrieben habe – hinunter auf die Möglichkeiten für unser kommendes Leben, die verschiedenen Linien betreffend (also die Familien samt ihrer Herkunftslinie), sahen wir nicht nur deren Zustand zum Zeitpunkt der Geburt. Durch die Bindungen eines jeden Menschen, sowie die energetischen Gegebenheiten, sind von einer höhren Warte – und ›die Wolke‹ ist so eine – auch Entwicklungen zu einem ziemlichen Maß vorhersehbar. Zwar kann jeder Mensch durch verändertes Wollen prinzipiell in jedem Augenblick seine Zukunft verändern, doch einerseits wird ihn trotzdem all das erwarten, was er in der Vergangenheit angehäuft hat, und andererseits finden Veränderungen *in der Regel* nur sehr träge statt. Aus beidem ergibt sich eine fast immer gute Vorhersehbarkeit. Also weiß eine Seele vor ihrer Wahl recht gut, auf was sie sich einlässt. Man kann den Zustand dort oben nicht mit unseren Erfahrungen vergleichen beziehungsweise verstehen, weil dort die Wahrnehmung viel umfassender ist als hier in der Grobstofflichkeit. Doch vom *Prinzip* her kann man es verstehen.

Abschließend zu diesem Kapitel möchte ich noch auf die eingangs erwähnten Schulden eingehen. Es ist mir bewusst, dass sie vor allem im Geschäftsleben zum anscheinend notwendigen Alltag gehören. Vielleicht sollte man für sich selbst unterscheiden zwischen echten Schulden und dem Mietkauf, der natürlich trotzdem unter dem offiziellen Begriff ›Schulden‹ oder ›Kredit‹ läuft. Ich finde es durchaus sinnvoll, Wohnraum für sich selbst zu finanzieren, wenn man das möchte, sei es ein Kauf oder Neubau. Speziell unserem Bedürfnis nach Sicherheit kommt es sehr entgegen, irgendwann etwas Eigenes zu besitzen. Selbst wenn man dann finanziell sehr schwach aufgestellt ist, kann man überleben, weil wenigstens keine Miete zu bezahlen ist. Auch kann man nur in sehr seltenen Fällen aus einem Wohnraum hinausgeworfen werden, der einem gehört. Auch wieder Sicherheit – allerdings erst dann, wenn die Schulden abbezahlt sind.

Lassen wir aber einmal den Gedanken an die Sicherheit außer acht und nehmen an, dass wir immer genug haben werden, um zu überleben, wie sieht es dann aus? Mit allem Sicherheit bietenden Eigentum haben wir den Besitz aber auch am Hals. Wir müssen uns darum kümmern und wenn unsere Bedürfnisse sich wandeln sollten – raus aus der Stadt, rein in die Stadt – ist es mit Mehraufwand verbunden, wenn wir ver- und neukaufen müssen, anstatt nur aus- und neu einzuziehen.

Ich wohne nahe einem wunderschönen südösterreichischen See, mit dem Fahrrad gerade einmal eine Viertelstunde weit weg. Als ich hierherzog, blickte ich manchmal sehnsuchtsvoll auf die kleinen Segelboote, mit denen man über den ganzen See schippern oder sich auf ihnen liegend die Sonne auf den Bauch scheinen lassen kann. Ich hatte mich schon näher damit beschäftigt, was der Besitz solch eines Bootchens bedeuten würde. Als sich alles aufsummierte, vom Liegeplatz – oder einem Stellplatz und Bootsanhänger (der wiederum bei jedem neuen Auto einer Anhängekupplung bedarf) – der jährlichen Pflege samt eventueller Neulackierung, den vielen Flautestunden hier – es ist zwar ein wunderbarer See, aber mit dem Wind ist es nicht weit her – kam ich zu dem Schluss, dass die gelegentliche Miete nicht nur billiger ist, sondern vor allem viel mehr Freiheit bedeutet.

Nehmen wir nun auch noch die Sicherheit aus der Gleichung, etwa die, nur mehr die Betriebskosten für ein Haus aufbringen zu müssen, anstatt Miete oder Raten bezahlen zu müssen, vor allem im Alter, wenn man nur noch seine Rente hat. Also die Sicherheit, auch mit wenig Geld überleben zu können. Bedeuten solche Gedanken nicht in Wirklichkeit mangelndes Vertrauen in die Schöpfungsgesetze, von denen wir wissen, dass uns nichts ungerecht – also zufällig – treffen kann? Geben wir damit nicht zu, kein Vertrauen zu haben, und versuchen wir nicht damit, dem Schicksal ein Schnippchen zu schlagen? Nur so als Gedanke.

Schulden, so sinnvoll sie auch scheinen mögen, bedeuten ausschließlich Abhängigkeit. Und die nicht nur vom Geldgeber, sondern auch vom Job, der Gesundheit und was es noch alles braucht, um Raten begleichen zu können. Nicht zuletzt bedeutet das alles Einschränkung unserer Bedürfnisse und Spontaneität. Auch frage ich mich, inwieweit Schulden in das Konzept der Natur passen. Tun sie nämlich gar nicht. Sogar im Geschäftsleben finde ich persönlich Schulden nicht sehr hilfreich. Freilich darf man heute nicht zu langsam sein, die Konkurrenz … aber sind das nicht eigentlich alles Blüten eines völlig verkorksten Systems? Entschuldigen Sie den kleinen Ausflug in meine persönlichen Ansichten, ich denke, es gehört zur Abrundung dazu.

Kompakt:
Schuld ist vielleicht die schlimmste Fessel, die uns am Boden des Unbewusstseins hält. Sie hat eine dermaßen belastende Energie, dass man sie aus seinem Wortschatz streichen und ersatzlos gegen ›Eigenverantwortung‹ einwechseln sollte.

Glück und Angst

Wieder begegnen wir zwei Gegensätzen, so weit voneinander entfernt, dass der eine den anderen völlig ausschließt – hat man Angst, ist man nicht glücklich und im Glück kennt man keine Angst. Dieser Unterschied ist so außerordentlich, dass es lohnt, darüber zu sprechen.

Vielleicht sollten wir uns aber vorher überlegen, was Glück und Angst eigentlich sind, abgesehen davon, dass sie auf unserer Hawkins-Skala sehr weit auseinanderlägen, hätte Hawkins dem Glück Aufmerksamkeit geschenkt. Die Angst jedenfalls rangiert mit ihren 100 Punkten tief im unbewussten Bereich, darunter der an Apathie grenzende Kummer, darüber die Begehrlichkeit. Nachbarschaften, die ich als gut nachvollziehbar empfinde, denn mit zunehmender Tiefe nimmt die Erstarrung zu, mit steigender Tendenz hingegen die Beweglichkeit.

Glück würde ich, rein gefühlsmäßig irgendwo in dem Erleuchtungsbereich ansiedeln, den Hawkins zwischen 700 und 1000 erkannt hat. Versuche ich, Glück nachzuempfinden, dann hat es noch einmal eine lichtere Qualität als Freude und Frieden, es beinhaltet mehr Leben. Und Erleuchtung ist schließlich das pure Leben.

Wieder fällt mir zum Glück – also zum *Thema* Glück – Jean Liedloff ein. Egal, in welcher Stadt der Welt ich spaziert bin, frohe Gesichter habe ich selten gesehen. Auch wenn man in vorbeifahrende Autos blickt, entdeckt man nur ganz selten ein Lächeln. Da Gesichter den emotionalen Zustand abbilden, denke ich, dass deshalb so gut wie alle Menschen in unseren ›zivilisierten‹ Ländern nicht glücklich sind. Nach dem, was Jean Liedloff in ihrem Buch von den Yequana-Indianern erzählt, scheint es dort genau umgekehrt zu sein. Gleichgültig, was diese Leute tun, sie scherzen viel, lachen und scheinen den größten Teil ihres Lebens glücklich zu sein. Ähnliche Beobachtungen habe ich in armen Ländern wie den Kapverdischen Inseln oder auf São Tomé und Principe gemacht. Wenn jemand dort dreißig Euro pro Monat verdient, gehört er zu den gut Verdienenden. Auf São Tomé machte ich nähere Bekanntschaft mit einem Schwarzen. Ich verbrachte viel Zeit mit ihm und durfte so auch seine Familie kennenlernen, seine Frau und ihre beiden Töchter. Wir besuchten einmal seine Mutter mit dem kleinen Gemischtwarenladen und anlässlich einer Geburtstagsfeier durfte ich sogar die Familie in größerem Umfang, so an die vierzig Leute, kennenlernen. Überall waren Kinder unterwegs und es herrschte eine fröhliche, manchmal ausgelassene Stimmung. Zwar war die durchgängige Fröhlichkeit der Yequana hier nicht zu finden, viel zu viel hatten schon westlicher Missmut und Unzufriedenheit ausgelöscht, aber verglichen mit dem, was ich aus unserer Welt kenne, wo viele von uns zumindest ein gutes Auskommen haben, waren es immer noch Oasen der Unbeschwertheit. Glück hängt offensichtlich nicht mit Bedürfniserfüllung zusammen, denn wenn es so wäre, dann müsste es den Menschen in unseren Breiten viel, viel besser gehen, als den Menschen in armen Ländern. Verglichen mit den Yequana hinkt der Vergleich natürlich, weil diese sogenannten Wilden tatsächlich den lieben langen

Tag lang glücklich sind und es ihnen an nichts fehlt. Zum Beispiel kennen sie das Wort ›Arbeit‹ gar nicht.

Je länger ich mich damit befasse, umso deutlicher tritt hervor, dass in unserer Gesellschaft so gut wie *alles* schief läuft, was sich in dem aktuellen Zustand eskaliert zeigt. Es wird nicht funktionieren, wenn wir auf der bestehenden Grundlage einige Bereiche ändern wollen. Es ist vielmehr notwendig, alles auf den natürlichen Gesetzen entsprechend aufzubauen. Dafür ist keine Revolution notwendig, sondern lediglich, dass sich möglichst viele Menschen ihrer selbst bewusst werden, den vorgesehenen Weg für den Menschen an sich kennenlernen und sich dann danach ausrichten. Man kann den Vorgang mit einem alten Betriebsgelände vergleichen, das aufgelassen worden ist. Es dauert nicht lange, bis aus den aufgesprungenen Asphaltflächen Gräser, dann Büsche und Bäume wachsen, und sich die Natur wieder das zurückholt, was man ihr genommen hatte. Wenn möglich können wir natürlich auch alte Gebäude abreißen, um dann gemeinsam mit der Natur auf der dann jungfräulichen Erde etwas Neues entstehen zu lassen.

Als Wegweiser soll immer das Glück dienen, die Frage an sich selbst lauten: ›Was macht mich glücklich?‹ Freilich braucht es ebenfalls etwas Erfahrung, um überhaupt erkennen zu können, was einen wirklich glücklich macht. Man wird erkennen, dass es weder ein schickes Haus, noch ein elegantes und angesagtes Auto ist, noch eine Modelfigur oder bekannte Personen zu kennen. Wie heißt es so praktisch in der Bibel (ungeachtet des Missbrauchs der religiösen Lehren durch die Kirchen können wir aus den Lehren selbst viel gewinnen): ›Werdet wie die Kinder!‹

Um das zu werden, sind zwei Voraussetzungen zu erfüllen: Wir müssen die Zusammenhänge erkennen – also nicht konkret, sondern übergeordnet – wodurch wir Schritt für Schritt in die Lage kommen, uns selbst in dem Großen und Ganzen zu erkennen. Und wir müssen unsere Position sowie dass ein tiefer Sinn hinter allem steckt, ausmachen, was einen zur Einsicht bringt, dass die Lage jedes Einzelnen – also auch die eigene – genauso richtig ist, wie sie ist.

Danach brauchen wir die Bereitschaft, uns zu beobachten. Wie wirkt etwas auf uns? Triggert es etwas, wird also irgendein Programm – ein gewohnter Ablauf – ausgelöst oder ist es eine innere Wahrnehmung, die uns zeigt: es ist stimmig, was wir gerade tun und erleben oder nicht? Mittels dieses zarten Tanzes mit uns selbst kommen wir immer besser zu der Fähigkeit, das jeweils aktuelle ›stimmig‹ oder ›nicht stimmig‹ zu empfinden. Es mag für manchen eigenartig klingen, dass dieses zarte Spüren, diese feine Intuition – im Vergleich zu all den wichtigen Regeln, mit denen wir ständig beschäftigt sind – so einen großen Stellenwert haben soll. Doch Sie werden im Lauf der Zeit erkennen, dass Sie damit direkt an das vielfältige Weben im Universum angeschlossen sind. So verrückt es auch klingen mag, können Sie auf diesem Weg nicht nur blitzschnell, sondern auch äußerst treffsicher entscheiden, was gerade angebracht ist. Diese Leichtigkeit, die weder Regeln noch Gesetze braucht, sondern aus sich heraus ›richtig‹

handelt, wirkt unglaublich befreiend und macht einen glücklich – wie ein Kind.

Unter Umständen denken Sie nun, das wäre der perfekte Weg zur perfekten Anarchie, wenn einfach jeder seiner persönlichen Empfindung nachginge. Tatsächlich bewirkt es genau das Gegenteil. Mit der Intuition hat man den direkten Zugriff auf das – wie man es zeitgemäß ausdrücken könnte – universelle Netzwerk. Dadurch braucht man weder etwas zu lernen noch zu wissen und handelt trotzdem im Sinne von einem selbst, aber auch aller einem Umgebenden. Ohne die wilden Klimmzüge von Gesetzen, Verboten, Polizei und Überwachung macht jeder automatisch das, was für alle am besten ist. Und kann jemand das Handeln des anderen nicht verstehen, spricht man eben darüber (siehe Kapitel *›Die neue Kommunikation‹*).

Eine Vorarbeit ist allerdings nicht zu unterschätzen: Wir müssen zu unterscheiden lernen, was Intuition wirklich ist und was Programm. Was diese verhängnisvollen Programme – automatischen Gewohnheiten – sind, darauf kommen wir etwas später zu sprechen. Vorab so viel: Obwohl sie aus dem Unterbewussten agieren, sind sie so laut und fordernd, dass sie die Intuition mühelos übertönen und uns glauben machen, sie *wären* die Intuition. Diese Programme sind aber nicht nur *nicht* die Intuition, sondern sie sind zugleich auch der Nährboden für alles, was uns beschwert, wozu auch an vorderster Stelle die Angst zählt.

Damit schließt sich nun der Kreis bezüglich der Kapitelüberschrift.

Natürlich wird einem das erst wirklich bewusst, wenn man es selbst erlebt hat – öfters erlebt hat. Doch ich kann Ihnen versprechen, dass Sie dem Glück gar nicht entkommen können, sobald Sie sich von äußeren Einflüssen aller Art, seien es Medien oder die Meinungen anderer, lossagen und dieser feinen inneren Stimme folgen. Sie mag Ihnen zwar, vor allem zu Beginn dieser Reise, ab und zu Seltsames und Ungewohntes zuflüstern. Aber probieren Sie es einfach aus. Mit zunehmender Übung werden Sie sicherer.

Indem Sie so direkten Kontakt zu Ihrem ganz persönlichen, optimalen Weg innerhalb des Großen und Ganzen erhalten, erfüllen Sie Ihre persönliche Lebensaufgabe ebenfalls optimal. Und ganz genau das ist der direkte Schlüssel zum Glück. Glück oder deren Palette an Gegenspielern, von Angst über Langeweile bis Wut, sind direkte Merkmale dafür, wie achtsam und mühelos Sie sich in Ihrem eigenen Fluss bewegen.

Wenn Sie diesem Weg folgen mögen, wird Sie jede Menge Abenteuerliches erwarten – und Sie werden jede Menge Spaß damit haben. Wenn Sie es zulassen, kann es all Ihre Lebensbereiche verbessern, von der Beziehung zu anderen Menschen über Ihre Gesundheit bis hin zu der Beschäftigung, die Ihrem Lebensunterhalt dienen soll. Ich sage bewusst nicht Arbeit, denn ich bin überzeugt davon, dass jeder Mensch auf diesem Weg die Tätigkeiten findet, die ihm sowohl Freude bereiten als auch ein von finanziellen Sorgen freies Leben bescheren kann. In den meisten Fällen wird Veränderung nicht von heute auf morgen geschehen, denn die neuerdings ausgesendeten guten Vibes, wie man neudeutsch gern sagt, brauchen etwas Zeit, um sich positiv auswirken zu können.

Kompakt:

Glück und Angst sind nicht nur auf der Skala von Dawid Hawkins sehr weit auseinander, sondern auch die maßgeblichen Antagonisten in unserem Leben. Über die Wahrnehmung können wir unseren persönlichen Fluss finden und auf diesem Weg von der Seite der Angst zu der des Glücks wechseln.

Werte

Werte machen unsere Persönlichkeit aus, so glauben wir jedenfalls. Uns sollen aber nicht die äußeren wie Geld und Besitz interessieren, sondern die inneren. Ich meine damit nicht die gesellschaftlich üblichen Werte wie dass man nichts stiehlt, lügt oder andere übervorteilt, sondern die ganze dichte Palette von denen, die sich als Meinung äußern. All diese Werte geben uns üblicherweise eine Stütze, eine Gehhilfe, mit der wir uns einigermaßen sicher durch die Gesellschaft bewegen. Sie bestimmen mit, wer uns sympathisch ist und spielen auch dabei eine Rolle, ob man die ›gleiche Wellenlänge‹ hat.

Nun machen wir einen Themenschwenk und wenden uns einer Unterhaltung zu. Um bei der aktuellen Situation zu bleiben, beobachten wir zwei Menschen, die beide unter einer der drei erwähnten Ängste leiden. Der eine hat Angst davor, angesteckt zu werden, während der andere diese Angst nicht hat, dafür hat er Existenzangst. Er betreibt ein Restaurant, das aufgrund des Lockdowns nicht öffnen darf. Auch Ängste gründen auf Werten, die sich hier recht unterschiedlich zeigen. Werte sind sehr komplexe Gebilde, die sich aus Erfahrungen zusammensetzen, die wir wiederum aus unseren Mustern heraus bewertet haben.

Bemühen wir zum besseren Verständnis ein Beispiel. Jemand war von seiner Mutter nicht gewollt gewesen. Zwar bemühte sie sich, eine ›gute‹ Mutter zu sein, aber das Kind wurde ihr schnell lästig und merkte daher ständig, dass es irgendwie im Weg war. Da es aber von der Mutter abhängig war und das Problem nicht in sich selbst lösen konnte, lernte es irgendwann, dass es mehr Aufmerksamkeit erhielt, wenn es still und lieb war. Dieses Verhalten löste bei der Mutter ein schlechtes Gewissen aus, wodurch sie sich ihm doch etwas mehr widmete. So lernte das Kind, dass es Zuwendung erhielt, wenn es nett und lieb war und seine eigenen Bedürfnisse möglichst in den Hintergrund schob. Dadurch bildeten sich eine ganze Menge an Werten: Du musst still sein, du darfst dich nicht aufdrängen, deine Bedürfnisse sind weniger wert als die anderer und mehr.

Nun ist es so, dass diese Werte im Laufe der Zeit noch jede Menge an Gefährten bekommen, weil sich Dazupassendes als ebenfalls stimmig herausstellt. So kommt vielleicht noch dazu, dass man selbst weniger wert fühlt als andere, dass Menschen, die der Mutter ähnlich sind, leicht zu Leitbildern werden – fatalerweise gerade deshalb, weil sie die gleichen seinerzeit das Kind verletzenden Eigenschaften haben – etwa Politiker oder Schauspieler, und damit auch deren meiste Aussagen.

Doch Werte können sich auch auf allen anderen Wegen an uns heranmachen. So übernehmen wir unbewusst gerne Werte von Menschen, die wir schätzen und lehnen Werte von denen ab, die uns zuwiderlaufen. Wir übernehmen Werte, wenn sie der allgemeinen Meinung zu einem Thema entsprechen. Wir übernehmen Werte, um nicht anzuecken, also ›dabei‹ zu sein. Oder wir haben mit etwas Erfolg oder Misserfolg, es ist also mit markanten Emotionen verknüpft, auch so erweitern wir unsere Wertepalette.

Sie sehen, dass sich ganz unbemerkt ein ganzes Gebäude an Werten ansammelt, wobei dieser Vorgang nichts Rationales an sich hat.

Egal, wie die Werte zustande kamen, haben sie für uns die Funktion eines Bollwerks, in dem wir uns sicher fühlen. Dieses Bollwerk werden wir immer mit Krallen und Zähnen verteidigen, komme, was wolle. Dass dabei jedes rationale Denken aufhört, liegt ganz einfach in dem archaischen Bedürfnis nach Sicherheit. *Denn jede Aussage, die einen unserer Werte infrage stellt, wird als sehr persönlicher Angriff auf unsere innere Sicherheit gewertet.* Ist es da ein Wunder, dass es schnell emotional und vernunftsfern wird?

Kommen wir wieder zu unserer Diskussion der beiden Personen mit den unterschiedlichen Ängsten zurück. Wie man leicht erkennen kann, verstecken sich unterschiedliche Werte hinter den Ängsten. Vielleicht hat die Person mit der Virenangst liebe Menschen verloren oder hat selbst eine schlimme Krankheit durchgemacht, die ihr noch in den Knochen steckt. Die andere Person musste diese Erfahrungen nicht machen, verliert aber die Zukunftsperspektive, wenn sie ihr Restaurant verliert, in das sie bereits dreißig Jahre ihres Lebens investiert hat. Naturgemäß werden die Argumente ganz unterschiedlich ausfallen. Vermutlich so unterschiedlich, dass ein übereinkommendes Ergebnis der Diskussion unmöglich wird.

Sind Werte etwas Gutes? Hilfreiches? Ich glaube, die meisten Menschen sind entweder der Ansicht, dass es wichtig ist, welche zu haben und/oder, dass sie nicht wegzudenken wären, es also auch keinen Sinn ergäbe, sich darüber Gedanken zu machen.

Ganz nach dem meist Wilhelm Busch zugeschriebenen Spruch ›Ist der Ruf erst mal ruiniert, lebt es sich gänzlich ungeniert‹ hoffe ich, Sie lesen auch jetzt weiter, wenn Sie schon bis hierher durchgehalten haben – auf eine Provokation mehr kommt es nun vermutlich auch nicht an.

Ich möchte Werte nämlich als etwas Hinderliches infrage stellen. Allerdings meine ich damit nicht ersatzlos. Natürlich brauchen wir etwas, woran wir uns orientieren können. Aber ich glaube, jede Art von starrer Ansicht – und das sind Werte nun einmal – kann nur Probleme mit sich bringen.

Aber was ist dann mit den zehn Geboten? Es würde zu weit führen, darauf näher einzugehen. Deshalb nur so viel, dass sie teilweise unrichtig ausgelegt werden und dadurch unlogisch wirken. Außerdem sind sie nicht als starre Regeln gedacht, sondern als Hinweise, wie man sich in seinem Leben weniger belastet.

Das Problem bei Werten, und seien sie noch so ›gut‹, ist ihre unnachgiebige Starre. Nichts bleibt immer gleich, alles ist im Wandel. Durch das Festhalten an Werten kann es leicht geschehen, dass man Chancen für Veränderungen nicht nur übersieht, sondern erst gar nicht auf die Idee kommt, dass Veränderung angebracht sein könnte.

Auch gute Werte sind demnach problematisch, zudem ergibt sich gleich die nächste Frage, was denn nun eigentlich ›gut‹ und ›schlecht‹ wäre. Bei manchen Werten scheint es offensichtlich zu sein, denn Stehlen und Morden ist schlecht. Doch wie sieht es aus, wenn man zu schwarzhäutigen Menschen ›Schwarze‹ oder gar ›Neger‹ sagt? Ist das schlecht oder nur ein gesellschaftliches No-Go? Sie sehen, wenn man sich auf Diskussionen zu guten oder schlechten Werten einlässt, landet man schnell in einer Wertediskussion, einer jener überflüssigen Auseinandersetzungen, die immer vom Verstand beherrscht und daher leblos und erfolglos sind.

Und trotzdem können solche Auseinandersetzungen bis zum Bedürfnis führen, den anderen umzubringen. Wenn Sie das für übertrieben halten, dann erinnern Sie sich bitte an jegliche Glaubenskämpfe. Werte gewährleisten unsere grundlegende Sicherheit, dementsprechend wichtig nehmen wir sie auch. Aus diesem Grund empfehle ich Ihnen dringend:

Erinnern Sie sich bei jedem Streitgespräch daran, dass sich in Wirklichkeit dabei Mauern zweier Festungen aneinander scheuern und jeder Angst hat, dass sie einstürzen könnten!

Anstatt an etwas festzuhalten, das wir uns in der Vergangenheit aufgebaut haben, sollten wir unsere Fähigkeit schulen, in jedem Augenblick wahrzunehmen, was gerade angebracht ist. Damit sind wir zwangsläufig wieder dabei angelangt, worüber wir schon im Kapitel ›Wahrnehmung‹ gesprochen haben: Wahrnehmung bedeutet, möglichst immer im Jetzt zu leben. Im Jetzt zu leben bedeutet, ganz bewusst den Austausch zwischen sich selbst und allem zu spüren und danach zu handeln. Unter Austausch verstehe ich diese feine energetische Kommunikation, die sich schließlich im Spüren zeigt, ob man mit seinem Handeln im Fluss ist oder nicht, ob es sich stimmig anfühlt oder nicht. Allein diese Daseinsform gewährleistet, dass man seine Bindungen eine nach der anderen ablösen kann, ohne wieder neue, hinderliche zu schaffen.

Kompakt:
Werte werden manchmal sogar mit Tugenden verglichen. Tatsächlich aber bergen sie durch ihre Starre die Gefahr in sich, nicht im Jetzt zu leben und zudem den Erfolg von Kommunikation und deren Nutzen für sich selbst ernsthaft zu gefährden. Bei jeder Aggression, die entsteht, weil man seine Werte verletzt sieht, sollte man sich selbst beobachten und die Gelegenheit nutzen, der inneren Unstimmigkeit auf den Grund zu gehen.

Das unsichtbare Gefängnis ...

Haben Sie auch schon einmal erlebt, dass Sie nach einer Lösung gesucht haben, und sie sich einfach nicht finden lassen wollte? Was Sie auch ausprobiert haben, es wollte einfach nicht funktionieren. Auch hier haben wir es mit einem Folgephänomen zu tun, dass unserer wahrnehmungsentfremdeten Seinsweise geschuldet ist. Doch sehen wir es uns näher an.

Stellen Sie sich dafür bitte vor, Sie säßen in so einer Holzkiste, wie Sie sie in der Kapitelgrafik sehen. Die Kiste lässt Ihnen genug Raum, um darin zu kauern, viel mehr nicht. Nun sind aber in dieser Kiste nicht nur Sie als ihr physischer Körper, sondern darin sind mit Ihnen auch all Ihre Werte, Fähigkeiten und Schwächen, Erlebnisse, Erinnerungen, Muster, Programme – einfach alles, was Sie ausmacht.

Wenn Sie nach irgendeiner Lösung zu einer beliebigen Veränderung suchen, was steht Ihnen dazu zur Verfügung? Genau, alles, was Sie ausmacht, also alle Werkzeuge in der Kiste. Wenn es bei der Lösung darum geht, ein Regal an die Wand zu schrauben, einen Knopf anzunähen oder jemandem Beileid wegen eines Verlusts zu bekunden, dann werden Sie vermutlich erfolgreich sein; denn Sie wissen, wie man das macht. Vielleicht haben Sie noch nie ein Regal an der Wand befestigt, aber zumindest gesehen haben Sie, wie es jemand anderes gemacht hat oder Sie haben etwas Ähnliches getan.

Kritisch wird es, wenn Sie eine Lösung suchen, die Sie als Ergebnis nicht kennen. Zum Beispiel wollen Sie nicht immer gleich auf einen Reiz reagieren, etwa Mobbing, und es sich nicht immer zu Herzen nehmen. Oder Sie möchten sich das Rauchen abgewöhnen, ohne an den indirekten Entzugserscheinungen zu leiden. Sie wollen vielleicht weniger oder gesünder essen und haben schon alles Mögliche probiert. Oder Sie haben es satt, immer wieder mit Angst auf die ständig neuen Horrorszenarien der Medien zu reagieren. In diesen Fällen scheitern Sie vermutlich, denn Sie haben unter all den Werkzeugen in der Kiste nichts, mit dem Sie eine Lösung herbeiführen könnten.

Dieses Scheitern muss eintreten, und zwar aus einem ganz einfachen Grund: Einerseits möchten Sie eine Veränderung gegenüber der aktuellen Lage. Also die neue Situation ist *anders, als Sie es bisher kennen.* Dadurch entsteht ein

Konflikt: Die neue Situation ist *anders*. Doch nichts von dem in Ihrer Kiste kennt das Neue, denn es ist ja anders. Das heißt, mit all Ihren Werkzeugen können Sie nicht etwas Unbekanntes herbeiführen, keine der bekannten Strategien kann funktionieren, da sich ja das Neue außerhalb des kompletten Erfahrungsbereichs befindet.

Mit anderen Worten: Sie können rein verstandlich keine Veränderungen in Bereichen herbeiführen, die sich außerhalb des Radars des Verstandes befinden. Dazu gehören auf jeden Fall sämtliche emotionalen Befindlichkeiten, Bedürfnisse und alle feineren Dinge sowieso.

Und mit noch anderen Worten: Sie können solche Lösungen *aus sich heraus* nicht erreichen. Also aufgeben, da hoffnungslos? Keinesfalls, nur …

… und der Weg hinaus

Wenn wir wollen, dass sich etwas ändert, müssen wir etwas anders tun als bisher. Es wird nicht funktionieren, sich Änderung herbeizuwünschen, ohne das eigene Verhalten zu verändern, da Verhalten und Gegenwart zusammengehören.

Das Fazit des vorhergehenden Kapitels war, dass wir Veränderung kaum mit bekannten Strategien und Wissen bewirken können. Wir brauchen demnach Impulse von außen. Na klar, wie sonst, denken Sie jetzt vielleicht, warum eiert der so um diese logische Sache herum?

Mit den Impulsen von außen meine ich keine Bedienungsanleitung, wie man die widerspenstige Fernbedienung programmiert, sollten Sie so etwas meinen. Man könnte die Metapher mit der Kiste ja in diese Richtung missgedeutet haben. Auch meine ich keine neue Diät, um die gewünschten zwanzig Pfund abzunehmen. Es geht um den Zustand des Neuen, wie es sich anfühlt. Als Vergleich kann man sich einen Eskimo vorstellen, der zeitlebens nur Schnee, Eis, Iglus und Eisbären, aber keinen Film, Bücher oder das Internet kennt. Nun soll er sich einen Kamelritt in der Sahara vorstellen. Das wird schwierig.

Was wir also für Veränderung benötigen, sind Impulse von außen, also von dem Neuen herein zu uns in unserer Kiste. Die Aufgabe ist vom Prinzip her ganz simpel:

1. Sich zuerst einmal darüber klar werden, dass die Kiste ein Fenster hat. Das erkennt man ganz einfach, indem man sich umdreht (so wie auf dieser Grafik sieht nämlich die Wand der Kiste hinter uns aus). Vielleicht kommt Ihnen das nicht nur lächerlich logisch, sondern noch viel lächerlicher einfach vor. Doch stopp! Das was hier auf den ersten Blick so babyhaft simpel aussehen mag, ist es nicht. Das Umdrehen ist nämlich eine Metapher für die Bereitschaft, Ungewohntes und Unbekanntes überhaupt erst in sein Leben zu lassen. Als Beispiel würde das für jemanden, dem die Kritiker der Corona-Maßnahmen ein Dorn im Auge sind, die Bereitschaft sein, sich deren Argumente anzuhören *bereit zu sein.* Ein sehr großer Schritt also.
2. Der zweite Schritt ist nun, das Fenster auch zu öffnen. Das bedeutet, von der Bereitschaft zur Tat zu schreiten. Um bei dem eben genannten Beispiel zu bleiben, würde es ein echtes Gespräch mit einem Corona-Kriti-

ker bedeuten, wobei das *Zuhören an erster Stelle* steht, um überhaupt zu verstehen, was das Gegenüber meint.

3. Der letzte Schritt besteht darin, das, was einem da begegnet, nicht nur anzuhören/anzusehen (um dann, stolz ob des vielleicht sogar nur vorgespielten Interesses wegen zum Gehabten zurückzukehren), sondern es ehrlich zu prüfen, sich ihm interessiert widmen, mit der Bereitschaft, es zu sich herein zulassen, sprich, etwas bei sich zu ändern. Und dann auch etwas in der neuen Richtung *zu tun*, wenn es einem stimmig erscheint.

›Interessiert widmen‹ ist dabei der Code zum Erfolg. Es geht nicht darum, alles ungefiltert und ungeprüft einzusaugen, was da plötzlich von draußen auf einen zukommt. Denn es ist zwar vermutlich anders, aber das bedeutet nicht zugleich, dass es für uns auch richtig sein muss. Auch hier gilt ja: ›Wer nicht entscheidet, für den *wird* entschieden‹.

Und wiederum sind wir – wie könnte es auch anders sein – bei der Wahrnehmung angelangt, denn wir brauchen dringend einen Helfer bei der Beurteilung, ob etwas von dem, das uns nun neu begegnet, auch nützlich (richtig, stimmig) für uns ist, um die gewünschte Veränderung herbeizuführen.

Kompakt:

Wenn wir Veränderung in irgendeinem Bereich wollen, ist die Voraussetzung, für alles offen zu sein, auch wenn es einem zu Beginn gegen den Strich laufen sollte, um dann mit der Wahrnehmung zu prüfen, was stimmig ist.

Verstandesvertrauen

Seit Jahrtausenden kann man eine zunehmende Abhängigkeit vom verstandlichen Denken beobachten. Die Wissenschaft ist das Maß aller Dinge und es ist ja bekannt, dass sich Wissenschaft nur mit Sicht- und Messbarem beschäftigt. Wissenschaft ist das Maß aller Dinge und letztlich zerfransen sich Diskussionen um unklare, da Randthemen, in Gutachten und Gegengutachten. Doch bleiben wir einmal bei den sogenannten fundierten Tatsachen. Wie ist es bei denen um die diversen Prämissen bestellt?

Vor einiger Zeit beschäftigte ich mich etwas intensiver mit den Erkenntnissen des Virologen Dr. Stefan Lanka, und ich muss sagen, dass dadurch mein Weltbild kurz zum Erzittern kam. Nicht wegen dem, worüber ich bisher gesprochen habe, sondern über die Fundamente der Wissenschaft. So plausibel, dass es wahr sein muss, stellt Lanka einige der bekanntesten Fakten der Wissenschaft infrage. Sollten Sie Lankas Informationen noch nicht kennen, werden Sie eventuell nun heftig zusammenzucken – aber warum sollte es Ihnen anders gehen als mir. Ich führe nur eine Aussage an, ich denke, die genügt: ›Es gibt keine Viren‹.

Haben Sie sich erholt …?

Ich möchte nun gar nicht diskutieren, ob das richtig ist oder falsch, darüber sollte sich jeder seine eigene Meinung bilden. Lohnen wird sich diese Auseinandersetzung auf jeden Fall.

Es geht mir vielmehr darum, zu zeigen, wie sehr wir uns von innerer Beweglichkeit entfernt haben. Hätten wir unsere zutiefst eigene Gabe der direkten Wahrnehmung des Es-ist-im-Fluss oder des Gegenteils nicht verkümmern lassen, wäre der sich aktuell ankündigende Paradigmenwechsel – der hat nichts mit Lankas Aussage zu tun - nicht nur kein Problem, sondern wir hätten ihn stattdessen bereits in seinem Wandel beobachtet und als selbstverständlich miterlebt. Ich finde solche Schocks sehr heilsam, weil sie uns dabei helfen, uns aus der verkrusteten Wahrnehmungsarmut zu befreien. Solche Momente, die den Puls in die Höhe treiben und uns kurz die Luft nehmen, sind welche der hilfreichsten, die wir erleben dürfen. Durch sie werden wir daran erinnert, dass unsere Fähigkeit, ›mit dem Leben zu tanzen‹ eingerostet ist.

Viel wichtiger aber ist das Vertrauen auf alles verstandlich Begründete, das unsere aktuelle Lebensgrundlage darstellt, sozusagen das Fundament, von dem wir unser Leben ableiten. Betrachten Sie doch einmal unser Leben: Versicherungen geben uns Sicherheit. Von irgend jemandem als solche propagierte ›Fakten‹ bieten uns Sicherheit. Ist es die einhellige Meinung der Medien und Regierung, dass aktuell der Coronavirus hochgefährlich ist, dann glauben wir es. Werden wir durch die gleichen Informanten dazu angehalten, unser Gesicht zu verhüllen, weil es uns gesundheitliche Sicherheit verspricht, dann glauben wir es. Ich könnte die Beispiele ins Unendliche fortsetzen. Was aber ist die Quintessenz daraus?

Genau: An etwas zu glauben gibt uns Sicherheit.

Finden Sie nicht auch, dass wir uns darin nicht unterscheiden von mittelalterlichen Gläubigen, die an den erfolgreichen Sündenerlass der Kirche glaubten? Die glaubten, dass es Himmel und Hölle gibt und dass der liebe Gott ein alter Mann mit weißem Bart ist?

So, wie sich aktuell offenbar genau die gleichen Vorgänge ereignen wie damals vor dem Zweiten Weltkrieg, scheinen wir uns auch in Bezug auf den Glauben nicht geändert zu haben. Wenn nur genügend viele und vor allem maßgebliche Leute etwas behaupten, dann muss es ja wohl so stimmen, nicht? Schließlich kann nicht jeder zugleich Arzt, Jurist, IT-Fachmann, Sternekoch und Automechaniker sein. Wir müssen doch auf die Spezialisten vertrauen. Oder etwa nicht?

Nein.

Unser ganzes Leben ist auf einem fatalen Fehler aufgebaut: Unsere Instanz zum Vertrauen ist derzeit der Verstand, diese Fähigkeit von uns, die lediglich mit Prüf-, Sicht- und Messbarem klarkommt. Wir müssen daher alles ergründen oder uns von jemandem anderen – hilfreicherweise einem Spezialisten – ›plausibel‹ erklären lassen, damit wir … uns vertrauensvoll zurücklehnen und in diesem Zustand dann unsere Sicherheit genießen können. Mit dieser Grundlage bleibt uns gar nichts anderes übrig, als *blind* zu vertrauen.

Verschärft wird das Dilemma auch noch durch die ständig zunehmende Vielzahl und Detailliertheit an Informationen und die zugleich schwindende Zeit, da sich alles immer schneller dreht.

Ist das nun ein echtes Drama, eine Katastrophe oder vielleicht das Ende überhaupt?

Wieder nein.

Es ist lediglich der Punkt, an dem wir endlich lernen müssen, unsere Schwingen auszubreiten und zu fliegen. Uns mittels der uns eingeborenen Fähigkeiten des Geistes über den Verstand zu erheben, und den damit auf den ihm schon seit Anbeginn aller Zeiten zugedachten Platz des ausgezeichneten *Dieners* zu verweisen.

Kompakt:
Unsere Gesellschaft, unser Leben, unser Handeln, ja unsere Gedanken haben sich freiwillig in einem Zeitraum von Jahrtausenden immer tiefer unter den Deckel des Verstandes zurückgezogen. Nun werden wir, hart, aber hilfreich, dazu gezwungen, die Kappe abzunehmen – das Universum der Falkner, wir die Falken.

Geist beherrscht Materie

Während man den Satz ›Geist beherrscht Materie‹ früher nur in esoterischen Kreisen hörte, hat er mittlerweile auch die Physik erreicht – wenn auch mit Widerwillen, wie mir scheint. Denn ›Geist‹ ist etwas, mit dem der Verstand nicht zurechtkommt; und Wissenschaftler glauben, nicht über den Verstand hinausgehen zu dürfen. Zwar versucht man, den Geist zu vermenschlichen, was man an Wörtern wie ›geistreich‹ erkennen kann, zu dem man etwa im Duden die Synonyme anregend, aufgeweckt, belesen, einfallsreich findet. Vor allem ›belesen‹ sagt dabei viel über die Entfernung des wahren Sinns von Geist aus. Doch trotz dieser Versuche, ›Geist‹ zu verstehen, steht die Wissenschaft vor Rätseln. Man erkennt, dass da offenbar ›noch etwas‹ ist, hat aber keinen blassen Schimmer, was dieses *Es* wohl sein könnte. Dieser Wissensstand kann sich auch nicht ändern, außer – man gesteht sich ein, dass eben nicht alles wissenschaftlich, also verstandlich einordenbar ist.

Dabei verstehe ich die Angst davor, sich aus seinem Wissenschaftsschutzraum hinauszubegeben, nicht. Denn man hat ja nach wie vor Logik und Analogie als zuverlässige Hilfsmittel zur Verfügung, die sogar in der Wissenschaft anerkannt sind. Die Vorgehensweise, sich auch in vom Verstand nicht erreichbaren Bereichen zurechtzufinden, wäre demnach ziemlich einfach. Vielleicht hakt es aber an einem ganz bestimmten Punkt: Anzuerkennen, dass es etwas gibt, das weiser, klüger als der Mensch ist – von ›vollkommen‹ möchte ich erst gar nicht reden. Es ist nachvollziehbar, dass man als fehlerbehaftetes Wesen, das der Mensch nun einmal ist, aber auch mit einem gewissen Hang zum Narzissmus, keine Lust darauf hat, auf die Plätze verwiesen zu werden. Nun, über diesen Schatten werden wir aber wohl oder übel springen müssen, wenn sich etwas ändern soll. Dann allerdings wird es leicht. Spontan fällt mir dazu wieder der Wilhelm Busch zugeschriebene Satz ein: ›Ist der Ruf erst mal ruiniert, lebt es sich gänzlich ungeniert‹. Auf die Größe, unseren Ruf als ruiniert zu betrachten, sollten wir uns einlassen, denn ich befürchte, ohne dieses Wagnis stecken wir fest.

Wie also kann man sich sicher in Bereiche wagen, die außerhalb unserer fünf physischen Sinne liegen?

Wir brauchen für unser Abenteuer lediglich zwei Annahmen vorerst einmal fiktiv in den Raum zu stellen. Es wird nicht notwendig, zu glauben, im Gegenteil ist es wichtig, allem Neuen kritisch gegenüberzustehen. Diese Annahmen werden sich im Lauf der Zeit zur Gewissheit verfestigen, das verspreche ich Ihnen, Ihr Wissen wird dann zur Überzeugung.

Annahme eins lautet, dass es eine Quelle gibt, von der alles Leben ausgeht und die vollkommen ist. Wie man sie nennt, ist unerheblich, in unserem Kulturkreis ist sie als Gott bekannt. Sich über die Quelle nähere Gedanken zu machen – etwa, ob sie männlich oder weiblich ist, alt oder jung oder einen langen grauen Bart trägt – ist völlig sinnlos. Denn wir werden etwas, das höher als unser eigener Ursprung ist, niemals verstehen, uns daher auch kein Bild davon machen können. Ich glaube, mich zu erinnern, dass sogar in der Bibel steht, dass man es bleiben lassen soll, sich von Gott ein Bild zu machen. Warum wohl? Weil es nicht klappen *kann.* Am besten ist es also, dieses Vorhaben komplett zu streichen. Ganz automatisch ergibt sich aus dieser ersten Annahme der Vollkommenheit, dass Gott nicht willkürlich handeln *kann.* Wenn das jemand annimmt, denkt er nicht zu Ende. ›Vollkommen‹ bedeutet, dass es nichts Vollkommeneres gibt – ›vollkommen‹ kennt keine Steigerung und schon gar keinen Superlativ. In der Eigenschaft der Vollkommenheit liegt unvermeidlich die Unmöglichkeit einer Verbesserung, denn ›vollkommen‹ ist bereits seine eigene Meisterstufe. Was vollkommen ist, können wir uns übrigens genauso wenig vorstellen wie ewig und unendlich, also alles, was dort oben gilt.

Wir müssen es uns aber gar nicht vorstellen können. Es genügt, wenn wir davon gewisse Begriffe als Tatsachen ableiten. Das eine ist die Willkür, auch Zufall genannt. Das andere die Ungerechtigkeit, die viele in ihrem Leben empfinden. Beides hat in der Vollkommenheit keinen Platz. Vollkommen bedeutet voll. Es hat nichts mehr Platz darin zu einer Verbesserung. Nur weil wir uns nicht vorstellen wollen, dass es Vollkommenheit gibt und Zufall sowie Ungerechtigkeit nicht, heißt das doch nicht, dass es so ist. Vollkommenheit kann man auch als unbedingtes Schwingen in den Schöpfungsgesetzen bezeichnen. Der einfache Schluss, dass es je unvollkommener wird, desto weiter ein Handeln von diesem Schwingen entfernt ist. Wir Menschen ganz sicher. Da durch willkürliches Handeln nur Verschlechterung erfolgen kann, schließt sich diese Möglichkeit von selbst aus. Gedanken wie ›aber Gott hat all das erschaffen, also kann er tun, was er will‹ sind unlogisch, menschlich gedacht und treffen nicht zu.

Eigentlich braucht es keine zweite Annahme, doch sie erleichtert das Weiterforschen: Sie lautet, dass in der gesamten Schöpfung dieselben Schöpfungsgesetze herrschen. Es ist demnach nicht so, dass es vielleicht in der geistigen Sphäre keine Schwerkraft gäbe oder für Erzengel die Wechselwirkung nicht gelten würde. Schwere, Anziehung der Gleichart und Wechselwirkung wirken überall in gleicher Weise. Lediglich der Beschaffenheit der Sphären gemäß je höher und lichter, desto unmittelbarer. Sogenannte Wunder geschehen nicht deshalb, weil ihr Erzeuger sich außerhalb der Gesetze bewegen könnte, sondern weil etwas schneller beziehungsweise intensiver wirkt, als wir es gewohnt sind. Aber wir kommen weiter unten noch einmal darauf zurück.

Alles andere kann man, die ersten Annahmen berücksichtigend, ableiten und beobachten. Dafür stehen zwei Hilfsmittel zur Verfügung: die Logik und die Analogie. Damit wären wir durchaus auf wissenschaftlichem Level, lediglich das Messen mit physischen Instrumenten steht uns nicht zur Verfügung. Für die Aufgabe, die Schöpfung besser zu verstehen, wenden wir die Logik horizontal an und die Analogie vertikal. Dabei verstehe ich unter ›horizontal‹ innerhalb einer Sphäre, also etwa unserer grobstofflichen und unter ›vertikal‹ von hier aus aufwärts.

Ich handhabe das so:

Hier in unserer gewohnten, physischen Welt inklusive dem Denken nutze ich das logische Schlussfolgern. Da die Gesetze in allen Sphären gleich wirken, lässt sich demnach im Physischen (horizontal) Schlussgefolgertes mittels der Analogie (vertikal) auf andere Sphären übertragen. Dabei muss lediglich berücksichtigt werden, dass in den anderen Sphären mit zunehmender Entfernung Licht, Leichtigkeit, Unmittelbarkeit, Schnelligkeit und so weiter zunehmen. Wenn man zum Beispiel hier etwas will, dann ist der Weg zur Umsetzung mitunter sehr lang. In den höheren Sphären ist er so kurz, dass zum Beispiel allein der Gedanke an eine bestimmte Umgebung diese so werden lässt – für uns hier nicht leicht nachvollziehbar. Das wirkt auf uns wie eines der besagten Wunder, dabei ist es aber nichts anderes als eine sehr viel schnellere Auswirkung von Schöpfungsgesetzmäßigkeiten.

Mehr brauchen wir nicht zu wissen, das genügt als Grundlage. Freilich sind damit nicht auch gleich alle Fragen beantwortet. Ein bisschen sollten wir uns schon um Antworten selbst bemühen.

Mit dem Verstehen, wie ›es wird‹, also wie alles entsteht, befindet sich die Wissenschaft in einer Sackgasse. Man hat zwar erkannt, dass es zwischen den kleinsten Elementarteilchen kein Vakuum gibt, sondern irgendeine Energie, doch weiß man weder, was sie ist, noch wie aus ihr Materie wird. Die Gedanken gehen so weit, dass es eine weiße Energie gäbe, die aus dieser schwarzen – die auch Nullpunktenergie genannt oder, etwas poetischer, als ›das Meer aller Möglichkeiten‹ bezeichnet wird – Materie entstehen ließe, man weiß aber nicht, was das ist. Sollte man nicht den Schritt über das Sicht- und Messbare hinausgehen, muss es hier zu Ende sein und sich in immer abstruseren technischen Spielereien versteigen.

Diese ›weiße Energie‹ ist nichts anderes als Geist, also der Stoff, der unser Innerstes ist und die Eigenschaft des freien Willens aufweist. Allein die Beobachtung, dass sich Energie entweder als Welle oder Teilchen zeigt, je nachdem, *wie man sie beobachtet*, legt das ja schon nahe. Während das Wesenhafte ganz im Sinne der Schöpfungsgesetze belebt, ist der Geist in der Lage, zu formen, also aus diesem Meer aller Möglichkeiten durch sein individuelles Wollen Formen erstehen zu lassen. So gibt es zum Beispiel Wesenhafte mit geistigen Fähigkeiten, die an der Kreation neuer Tier- und Pflanzenarten beteiligt waren und sind. Dass es in dieser Richtung geht und nicht umgekehrt, haben wir ja schon bei den Überlegungen zu den Aggregatszuständen beobachtet: Das Feinere formt immer das Gröbere. Auch hier gleich eine kleine Parallele:

Denken Sie bitte wieder an die hawkinssche Skala (Kapitel ›*Sehnsucht und Abscheu*‹). Je tiefer, desto schwerer und dunkler. Einmal 300 wiegt 90.000 Mal unter 200 auf. Höherschwingend beherrscht naturgemäß niedrigschwingend.

Dass das keine leeren Phrasen sind, erzählen Geschichten von fernöstlichen Gurus, die Gerüche erstehen lassen oder schweben und sogar an zwei Orten auftauchen, Dinge materialisieren oder verschwinden lassen können. Zwar braucht es dafür viel Übung und Konzentration, aber dann wird sich ›Geist beherrscht Materie‹ immer bewahrheiten, denn das ist ein Schöpfungsgegebenheit. Dass wir es so ohne weiteres nicht können, liegt daran, dass uns viel zu viele Glaubensmuster im Wege stehen – was nicht sein darf, kann nicht sein. Man befindet sich in dem Zustand, den ich im Kapitel *›Das unsichtbare Gefängnis‹* beschrieben habe. Nur bräuchte es hier einen Mut, den niemand aufbringen will oder kann. Es würde bedeuten, unwissenschaftlich zu sein, womit eine Karriere in diesem Bereich vermutlich zu Ende wäre. Dass wir dazu durchaus in der Lage wären, beweisen Situationen, in denen Menschen in der Lage waren, ein Auto aufzuheben, weil jemand Geliebtes darunter lag. Rein wissenschaftlich wird das durch einen erhöhten Adrenalinschub beschrieben, was aber, rein wissenschaftlich schon durch die Leistungsfähigkeiten der Muskeln infrage gestellt werden kann.

Zwar ist grundsätzlich alles möglich, aber die Voraussetzung dafür ist auch die entsprechend hohe Schwingung, damit das Grobstoffliche ›bewegt‹ werden kann. Nicht umsonst bemühen sich die besagten Gurus oft ein Leben lang, um ihre Fähigkeiten zu erringen. Wir brauchen also zwei Schritte. Der erste besteht darin, dass uns keine Glaubenssätze dreinfunken können. Dieser Schritt, der überhaupt erst die Voraussetzung schafft, ist schon für viele schwer. Doch noch schwieriger ist es, die nötige innere Schwingung zu erlangen. Man kann das vielleicht damit vergleichen, etwas zu verformen. Während das bei Papier sehr einfach ist, braucht es bei Holz schon mehr Kraft. Bei Eisen hingegen ist auch noch Hitze nötig, wie jeder

Schmid weiß, damit man eine Stange verbiegen kann. Übersetzt kann man das so sehen, dass man umso mehr Schwingungsenergie benötigt, je schwerwiegender das Problem ist. Es ist durchaus *möglich*, einen Knochen in Sekundenschnelle heilen zu lassen. Doch die Lichtenergie dafür ist äußerst hoch – man bringt das nicht mit ein bisschen Wollen zustande. Trotzdem man dazu nicht so ohne Weiteres in der Lage ist, ist tröstlich, dass man es nicht unbedingt selbst zuwege bringen muss. Die Schöpfung ist viel genialer, als wir uns das vorstellen. Wenn für eine Veränderung der Weg durch die passende Einstellung frei ist, dann kann es dadurch zum Beispiel zu Begegnungen kommen, durch die das möglich wird, was wir selbst nicht zustande brächten. Man sollte also achtgeben, dass man nicht zu eng und althergebracht denkt.

Ich habe so etwas selbst erlebt, als ich knapp hinter einer Kurve mit meinem Motorrad geparkt hatte und weiterfahren wollte. Als ich mit dem linken Fuß den Ständer hochklappen wollte, rutschte ich ab, hatte aber noch so viel Schräglage, dass die Maschine in die Straße umkippte. Aus lauter Sorge, ein Auto könnte hinter der Kurve hervorschießen, riss ich problemlos die 300 kg hoch. Als mir so etwas später einmal bei einer Tankstelle passierte, blieb das Monstrum wie von einem Magneten angezogen am Boden haften, ich hatte keine Chance. Das Aufheben gelang mir deshalb, weil ich in diesem Augenblick mir zu hundert Prozent meiner Aufmerksamkeit nur der absoluten Notwendigkeit und zugleich Gefahr bewusst war und dadurch keine Glaubenssätze zu Wort kommen konnten.

Auch daran ist erkennbar, dass wir Menschen an einer Mauer anstehen und nicht weiterkommen. Man will das aber nicht einsehen. Also gehen die Bestrebungen auf der bereits beschrittenen Schiene weiter. Da sie zwar nach Neuem strebt, sich aber weder über die Materie erheben will noch kann, werden materielle Lösungen erwartet. Noch scheint es hier weiterzugehen, doch ich denke, dass jedem, der sich noch einen Funken an Menschlichkeit bewahrt hat, schnell klar wird, dass dieser Weg in einen Abgrund führen muss. Es geht dabei um den Transhumanismus. Das Bestreben nach Verschmelzung von Mensch und Maschine mag manchen so vorkommen wie eine gruselige Dystopie. Das ist es aber leider nicht. Es sind sehr ernst gemeinte Ziele, was sich leicht recherchieren lässt. Es ist gar nicht so schwer, etwas dazu zu finden, so gibt es etwa offizielle Dokumente der kanadischen Regierung von *Policy Horizons Canada.* Es geht dabei um biodigitale Konvergenz[1], das heißt, die vollständige Integration von biologischen und digitalen Einheiten, eine Koevolution von biologischen und digitalen Technologien sowie eine konzeptionelle Konvergenz von biologischen und digitalen Systemen. Im Klartext heißt das etwa Roboter mit biologischen Gehirnen und biologische Körper mit digitalen Gehirnen.

Ich möchte zu diesem Thema nicht weiter in – im wahrsten Sinn des Wortes – die Tiefe gehen, sondern wollte nur

---

[1] Zusammenwachsen, Zusammenführen

zeigen, wie grundlegend missverstanden der Ruf zur Veränderung wird. Anstatt dass sich die Menschen ihrer geistigen Fähigkeiten bewusst und sie erforschen würden, wird mit brachialer Gewalt die reine Verstandesschiene weiter forciert. Wenn man um die wahren Hintergründe der aktuellen sich immer schneller zuspitzenden Entwicklung weiß, dann wird klar, dass diese Bemühungen in ein Desaster führen und in ihrer Faszination viele mit in den Abgrund reißen müssen. Auch wenn digital nach außen hin leichter und lichter (Datenverarbeitung) wirken mag als analog (Kohlebergwerk), so geht es trotzdem um rein Stoffliches. Das Digitale hat durchaus einen Sinn, und wenn es nur der ist – siehe Vergleich der Aggregatszustände – zu zeigen, dass es selbst in der Grobstofflichkeit unterschiedliche ›Dichten‹ gibt. Mehr für unsere höhere Erkenntnis aber auch nicht.

›Geist beherrscht Materie‹ ist mit Blick auf die Verschmelzung von Digitalem mit Biologischem ein gefährlicher Irrtum, den zu begehen ich Sie warnen möchte! *Das* ist damit *nicht* gemeint!

Ich finde es unendlich schade, dass wir uns in unserem Technikwahn immer weiter von unserer Heimat entfernen und somit die Gefahr größer wird, für immer verloren zu gehen. Spontan erinnern mich solche Vorhaben an Astronauten, die ihre Raumfähre verlassen haben und deren Verbindungsschnur schlampig eingeklinkt war, sodass die sich löste und sie in ihrem Raumanzug so lange durch den leeren Weltraum trieben, bis ihnen der Sauerstoff ausging – und das bei vollem Miterleben …

›Geist beherrscht Materie‹ bedeutet, dass jedes Wesen mit geistiger Essenz in der Lage ist, Materie zu beeinflussen. Von manchen solcher Wirkungen erzählt etwa Bruce Lipton in seinem Buch *Intelligente Zellen*, wo er erklärt, dass wir mit unseren Emotionen, die ja unserem Wollen entspringen – direkt oder indirekt – in der Lage sind, unsere Zellen zu beeinflussen. Jede Psychosomatik[1] bedeutet auch nichts anderes als dieses Zusammenspiel. Dass man diese Fertigkeit nicht ohne Weiteres erringen kann, beweist, wie vorhin erwähnt, die Tatsache, dass besagte Gurus teilweise ein Leben lang dazu benötigten. Trotzdem geht es um nichts anderes, als seine Glaubenssätze, die uns die Unmöglichkeit vorhalten, auszuschalten und das Wollen zu konzentrieren.

Dass uns diese formende Fähigkeit so fremd vorkommt, ist lediglich ein Indiz dafür, wie weit wir uns von unseren natürlichen Fähigkeiten entfernt haben. Keinesfalls ist sie ein Beweis dafür, dass es so etwas nicht gibt. Wir brauchen uns lediglich zu bemühen, diesen Kanal wieder freizumachen, dann können auch Sie und ich wahre Wunder vollbringen. Vielleicht auf dem Gebiet der Gesundheit durchaus eine lohnende Herausforderung.

Kompakt:

›Geist beherrscht Materie‹ bedeutet keine transhumanistisch orientierte Entwicklung, bei der der ›Geist‹ dermaßen genial würde, dass wir als biologische Wesen mit digitaler Technik verschmelzen könnten. Im Gegenteil zeigt

[1] Einfluss psychischer und sozialer Faktoren auf den Körper.

das nur die dramatisch falsche Orientierung, bei der Geist und Verstand verwechselt werden, anstatt sich der großen, zu Unglaublichem fähigen Kraft unseres wirklichen Geistes zu entsinnen, sie zu erforschen und zu nutzen. Doch damit das geschehen kann, ist ein Paradigmenwechsel notwendig.

Zukunft, Karten, Channeln

Seit jeher hat es Menschen gereizt, in die Zukunft sehen zu können. Werde ich gesund, die große Liebe finden und reich? So, wie diese Fragen bei vielen im Gemüt brennen, so haben sich natürlich auch genügend Menschen gefunden, die das Bedürfnis befriedigen wollen. Glaskugeln, Hände und Handlinien, Karten, Runen halten als Gegenstände her, die Zukunft zu erhellen, während andere Menschen etwas ›spüren‹, ›sehen‹ oder einfach ›mitgeteilt bekommen‹. In letzterem Fall spricht man vom Channeln, man bekommt also durch einen ›Kanal‹ Mitteilungen von jenseits der aktuellen Welt. Vielleicht hört sich diese Einleitung skeptisch an. Dann trifft das auch zu einem gewissen Teil meine Sichtweise zu diesen Praktiken – aber nur zu einem gewissen Teil. Mit diesen Techniken bewegen wir uns nämlich in einem Raum, der Schwindler magisch anziehen muss – denn es lässt sich nur schwer und selten etwas beweisen.

Überlegen wir gemeinsam, ob – und wenn, wie – es möglich ist, in die Zukunft zu blicken.

Wie bereits mehrfach in den vorhergehenden Kapiteln besprochen, formen wir uns ja mit jedem Gedanken und Handeln unsere Zukunft, indem wir uns an Orte, Personen und Eigenschaften binden und Energien auf einen Kreislauf schicken, dessen Endpunkt wiederum wir selbst sind. Dieser Vorgang ist unverrückbar und läuft in unerschütterlicher Gewissheit ab, schon seit jeher und in alle Zeiten. Vergleichen wir die Impulse unserer Gegenwart mit dem Stoß, den wir einer Kugel geben, so lässt sich, ähnlich der Route, die die Kugel zurücklegen wird, auch der Verlauf eines Menschen voraussehen. Doch genauso wie bei einer Kugel müssen wir alle Details kennen, seien es Steinchen, Rinnen oder Gefälle, die deren Bahn beeinflussen werden.

Die Bahn unseres Schicksals kann man sich so vorstellen: Mit unserem Handeln werden in fernerer oder näherer Zukunft vage Formen gebildet, wie die Skizze einer zukünftigen Landkarte. Die Finger der Gegenwart reichen sozusagen mehr oder weniger weit und kräftig in die Ferne. Stellen Sie sich Finger und Landkarte als etwas vor, das, je weiter es sich entfernt, immer vager wird, immer schwächer ausgeformt. Dabei sind diese Formen nicht starr, sondern in ständiger, pulsierende Bewegung, wie Tang in der Dünung des Meeres. Mit zunehmendem Fortschreiten – oder aus umgekehrter, ferner Sicht mit größerer Nähe – werden diese zu Beginn nur Schemen zunehmend konkreter, ausgeformter und ›wirklicher‹. Bis der letzte Schritt ›in die Realität‹ erfolgt. Damit *ist es*. Und zugleich verschwindet das eben gewesene ›Ist‹ auch schon wieder in der Vergangenheit. Wie die Gegend, aus einem Zug heraus betrachtet, auf einen zukommt, einen Wimpernschlag lang ›da‹ ist und schon wieder in der Ferne verschwindet. Bei allem spielt immer alles zusammen, also Bild, Ton, Geruch, das Tasten und Schmecken. Hier kann man zwei davon gut beobachten, Bild und Ton: das eben beschriebene Bild, sowie der sich wandelnde Ton, der als Dopplereffekt beschrieben wird.

Doch kommen wir zum Blick in die Zukunft zurück. Wir haben nun ein konkreteres Bild von dieser Zukunft, wie sie zuerst vage, dann immer konkreter, wie sie sich wie ein immer exakter ausgearbeitetes Bild in die Gegenwart schiebt, oder besser: wir uns ihr entgegen. Das ist allerdings nur eine Beschreibung, um den Vorgang verstandlich erfassbarer zu machen, denn in Wirklichkeit gehen weder wir in die Zeit, noch zieht die an uns vorbei, sondern wir bestimmen dieses ›Scharfstellen der Gegenwart‹ durch unser Bewusstsein. Vielleicht kennen Sie ja die Beobachtung aus der Physik, die besagt, dass Energie je nach Intention des Betrachters sich einmal als Teilchen, dann wieder als Welle zeigt. Auch das – und dieser Vergleich kann es noch nicht wirklich treffen – weil wir uns hier in einem Bereich bewegen, den der Verstand nicht erfassen kann, so, wie ihm auch Ewigkeit, Unendlichkeit und Gott ein Mysterium werden bleiben müssen. Man kann das alles nur versuchen zu ›erspüren‹.

Was man bei all dem nicht vergessen sollte, dass wir selbst nur ein winziger Teil eines Großen und Ganzen sind. Unser Wollen, unsere Zukunft sind Flüsse und Energien, die in unendlicher Vielfalt ineinander verschränkt sind. Wäre schon der persönliche Schicksalsteppich viel zu komplex, um ihn zu verstehen, so sprengt allein ein Gedanke an den gesamten menschlichen Schicksalsteppich unser Vorstellungsvermögen völlig.

Wenn wir Veränderungen unserer Zukunft bewirken wollen, zum Beispiel gehört dazu jede Heilung, dann sollten wir dabei berücksichtigen, dass ja auch unser gesamtes

Umfeld davon betroffen ist – *es ist ja absolut alles immer miteinander verbunden.* Aus diesem Grund ist eines einleuchtend: Je schneller und beeindruckender Änderung geschehen soll, umso höhere Energie ist dafür notwendig. In die Praxis umgesetzt bedeutet das intensiveres und auch zeitlich längeres (also Training, Wiederholung) Bemühen. Ebenfalls geht daraus hervor, dass eine Unterstützung oder Blockade der von der Veränderung im Außen betroffenen Teile begünstigend oder hinderlich wirken kann.

Vielleicht ein Beispiel, um es zu konkretisieren: Für eine Mutter ist ihr kranker Teenager ihr Ein und Alles. Sie würde sich einsam fühlen, wenn das Kind nicht mehr da wäre. Sicher ist sie überzeugt davon, dem Kind möglichst schnell Heilung angedeihen lassen zu wollen und das kommuniziert sie auch jedem. In Wirklichkeit würde aber ein gesundes Kind ihre Einsamkeit ins Unermessliche wachsen lassen. Daher wünscht sie sich unbewusst, dass das Kind nicht gesund werden möchte. Das mag abwegig klingen, aber solche Prozesse sind aus der Psychologie hinreichend bekannt. Unterstützt die Mutter ihr Kind aber durch Motivation von allem, was bei der Gesundung hilft, wird es schneller gesund werden. Mit diesem Absatz möchte ich verbildlichen, wie alles in einer Wechselbeziehung steht. Fügt sich das zu Verändernde gut in seine dann neue Umgebung, so wirkt das hilfreich, wenn nicht, dann kann es bremsen.

Wenn man also im Sinn hat, etwas zu verändern, um zu gesunden oder sich zum Guten zu entwickeln, und man erhält Gegenwind, dann sollte man überlegen, ob man sich nicht von den behindernden Umständen befreien kann – selbst dann, wenn dadurch eine Beziehung in Gefahr geraten sollte.

Nun wissen wir in etwa, wie die ›Zukunft entsteht‹, je ferner, je vager, je näher, desto konkreter. Nun kommen wir gleich wieder zu etwas, das verstandlich nicht begreifbar ist, weil es viel zu komplex ist. Die Tatsache, dass es keinen Zufall geben kann – absolut alles ist nämlich in einem wechselwirkenden Zusammenhang befindlich, zu absolut jedem Zeitpunkt. Alles, wirklich alles, selbst die winzigste Kleinigkeit, ist ein Teil von allem, beeinflusst sich gegenseitig, formt und bildet unablässig um. Drei Faktoren spielen in diesem Tanz die tragenden Rollen: das Der, das Die und das Das.

Übersetzt: als formende Instanz der Geist (Yang), als Kraftspendendes das Wesenhafte (Yin) und schließlich als sozusagen der zu formende Teig das *Es* – in geformtem und ungeformtem Zustand. Auf den ersten Blick mag das verwirrend klingen, doch ich glaube, dieses sogenannte *Es* ist das, was gleichermaßen in der Quantenphysik als das Meer aller Möglichkeiten benannt wird (siehe Joe Dispenza), also das, was entstehen *kann*, zugleich aber, in bereits geformter Erhärtung unsere Realität darstellt. Auch wieder etwas, das man sich verstandlich schwer oder gar nicht vorstellen kann. Ich bitte Sie deshalb, all das als inneres Bild zu versuchen zu *spüren*, so gelingt das Nachvollziehen wohl besser.

Wie gesagt: Da es also keinen Zufall, keine Willkür in der Auswirkung des Wirkens in der Schöpfung geben kann, erfolgt natürlich auch nicht das Ziehen von Karten zufällig. Warum? Den Karten werden ja ganz bestimmte Qualitäten beigemessen, das kennen Sie vielleicht aus dem Tarot. Diese Qualitäten, sprich: Energien, korrespondieren mit den Energien dessen, was gerade ist. Dieses Ist, also die Gegenwart, beinhaltet aber gleichzeitig Vergangenheit und Zukunft. Es spielt also sowohl der Istzustand der Person, für die die Karten gelegt werden, eine Rolle, als auch die sie betreffende Zukunft. Diese energetische Mischung bedingt exakt die passenden Karten. Oder Runen oder was für einen Mittler zur Sichtbarmachung man auch nutzen mag.

Nun ist aber eines dabei wichtig zu wissen: Es handelt sich dabei immer um eine absolute Momentaufnahme! Auch wenn die Zukunft, je näher wir ihr kommen, immer konkreter wird, so bleibt sie trotzdem bis zum letzten Augenblick ungewiss. Natürlich je näher sie heranrückt, umso sicherer wird sie in der Form eintreffen. Was sie jedoch ändern kann, das ist unser Wollen. So kann man sich im letzten Moment dazu entscheiden, etwas zu tun oder zu lassen und dadurch ungeahnt essenzielle Unterschiede in seiner Zukunft auslösen. Wahrscheinlich zwar wenig, da wir stets in unseren gewohnten Bahnen denken und handeln, aber möglich. Hie und da erfahren wir von solchen ›Zufällen‹, indem etwa Menschen verhindert wurden, einen Flug anzutreten, bei dem dann das Flugzeug abstürzte. Dieses ganze Netz, unser persönlicher Schicksalsteppich, den wir uns unablässig mit jedem Denken und Handeln weben, ist ein unglaublich buntes, unendlich komplexes Gewebe, in dem es keinen einzigen Webfehler gibt.

Ob jemand also einen Blick in die Zukunft wirft, sei es mithilfe von Karten, Runen oder anderen Hilfsmitteln oder die Zukunft auf irgendeine Weise wahrnimmt und diese Wahrnehmung weitergibt, spielt die Energie des Vermittlers mitunter auch eine gewisse Rolle. Sogar wenn jemand selbst diese Zukunftssicht vornimmt, können seine eigenen Wünsche das Bild verfälschen, und sei es erst bei der Interpretation der Bilder, die man erhalten hat. Je nach Werkzeug kommt es auch auf die Fähigkeit des ›Wahrsagers‹ an, ob er gegebenenfalls Bilder oder Gehörtes interpretiert oder es wirklich so weitergibt, wie er es empfangen hat. Das hat sowohl etwas mit Fachkenntnis zu tun als auch mit Einfühlungsvermögen und Neutralität, also Abgrenzungsfähigkeit.

Ergänzend möchte ich noch etwas zu Channelings sagen. Channelings sind Botschaften, die Medien innerlich hören oder sehen und mit ihren Worten wiedergeben. Sie stammen aus einer anderen als der grobstofflichen Sphäre. Das bedeutet aber noch lange nicht, dass sie wirkliche *Wahrheiten* beinhalten *müssen!* Die Sphäre, in der man zwischen den Leben verweilt, ist groß und vielfältig. Und sie hat nichts mit der geistigen Sphäre zu tun, nicht einmal mit der geistig unbewussten. Wenn jemand sich aus der Grobstofflichkeit verabschiedet, und sich dann über ein Medium hier in unserer aktuellen Sphäre verständigen kann, muss das noch gar nichts bedeuten; denn dieser Mensch weiß vermutlich kaum mehr als jemand hier in seinem physischen Körper; mit der Ausnahme, dass er den Vorgang dieses Sterbens erlebt hat und seine neue Umgebung wahrnehmen kann. Deshalb stammen die meisten gechannelten Botschaften lediglich von der nächsten Sphäre, die kaum mehr Zutritt zu echtem Wissen hat als unsere. Im Gegenteil wird ein Mensch hier in seinem irdischen Körper mit guter Wahrnehmung mehr mitbekommen als ein unbewusster Channel-Partner im Jenseits.

Und noch etwas: Je höher ein Menschengeist schwingt, desto weiter wird er sich bald nach seinem irdischen Ableben von der grobstofflichen Sphäre entfernen – und desto schwerer wird es sein, mit ihm in Kontakt zu kommen. Allein das Gesetz der Anziehung der Gleichart verbietet es, dass hochschwingende Wesen sich nahe niedrigschwingenden aufhalten können. Insofern ist Vorsicht angebracht, wenn Menschen Erzengel channeln oder gar Jesus oder Gott selbst. Das ist rein energetisch völlig unmöglich! Im besten Fall werden *Bilder* weitergegeben, wenn etwas gesehen wird. Dass Jesus seinerzeit hier auf der Erde sein konnte, war ein unglaublich lange geplantes, energetisches Meisterwerk. Zuerst war ein sehr reiner Menschengeist als Grundlage notwendig. Für diesen Menschengeist wurde dann ein urgeistiger Kern vorbereitet. So, wie die Seele eine Hülle für einen Geist ist, wurde dieser Geist dann Hülle für ein urgeistiges Wesen. Und erst dieses urgeistige Wesen konnte dann seinerseits als Hülle für einen göttlichen Funken dienen. Es wäre bei solchen Gedanken wirklich mehr Bewusstsein der Kleinheit des Menschengeistes angebracht, dann würde vieles einen passenderen Stellenwert erhalten. Aber Bescheidenheit gehört oft nicht unbedingt zu den menschlichen Tugenden. So kann einem beim Channeln sowohl als Durchführender als auch als Klient leicht die Eitelkeit verwirrend in die Quere geraten.

Es ist also, mehr als sonst, geboten, die eigene Wahrnehmung einzusetzen. Sowohl was die Wahl einer Person betrifft, die einem helfen soll, als auch bezüglich der Botschaften, die man erhält.

Kompakt:
Unsere Reise durch die Zeit kann man mit einem Scheinwerfer vergleichen. Während die Gegenwart im grellen Zentrum des Lichtkegels liegt, werden Zukunft und Vergangenheit mit zunehmender Entfernung vager. Mit Hilfsmitteln wie etwa Karten, aber auch durch innere Bilder können wir Verbindung zur Zukunft (aber auch Vergangenheit) erhalten. Das geschieht durch die Resonanz der konkreten Qualitäten von Karten (wofür steht die Karte) und anderen Gegenständen, auf die auf uns zukommenden Energien. Beim Channeln sollte man immer daran denken, dass wir nicht wissen, wer am anderen Ende der Leitung sitzt, das in der Regel nicht allzu weit weg ist.

Hilfe und Feindschaft von Drüben

Bisher haben wir viel darüber gesprochen, was man selbst alles tun kann, um seine Zukunft zu verändern. Doch wir sind nicht allein, auch wenn es mit unseren rein physischen Sinnen so aussehen mag.

Unsere Umgebung ist von Wesen unterschiedlichster Art bevölkert. Da sind zum Einen die Seelen Verstorbener, die aus verschiedenen Gründen erdgebunden sind. Wenn zum Beispiel ein Vater zu seinem Sohn sagt, das sogenannte Jenseits wäre Blödsinn und wiederholt das auch noch öfters, weil er nicht daran glaubt, dann kann die Erkenntnis, dass es doch nicht so ist, nachdem er gestorben ist, große Schuldgefühle seinem Kind gegenüber auslösen. Er möchte ihm immer wieder mitteilen, dass er doch noch lebt, doch das Kind kann ihn nicht verstehen, da es ja mittlerweile selbst nicht mehr daran glaubt, dass mit dem irdischen Tod nicht alles vorbei ist. Die Schuld, seinem Kind etwas Falsches eingetrichtert zu haben, hält ihn eventuell sehr lange eng bei der grobstofflichen Sphäre, das kann durchaus so lange sein, bis das Kind selbst auch hinübergeht.

Aber es kann auch andere Gründe für eine Erdgebundenheit geben, die man gleich als sehr logisch erkennt. Jede Sucht und jedes sehr starke Verlangen nach rein irdischen vorhandenen Möglichkeiten schafft, worüber wir ja gesprochen haben, wie alles, eine Bindung. In diesem Fall, da es sich um Physisches handelt, an die grobstoffliche Sphäre. Solches Verlangen kann so stark werden, dass es, obwohl grobstofflicher Natur, am feinstofflichen Körper mit anhaftet. So kann es starken Rauchern genauso gehen wie Menschen, für die Geld und Güter sehr wichtig sind, dass sie sich nicht davon trennen können. Sie halten sich nach ihrem irdischen Tod hier in der Nähe auf, wo sie an den passenden Emotionen noch hier Lebender mitprofitieren können. Es ist ein trauriges Dasein, da sie in keine der beiden Welten gehören. Geschichten von Spuk, verwunschenen Häusern und Poltergeistern erzählen von solchen Schicksalen. Ich habe selbst bei schamanischen Interventionen solche ›Geister‹ erlebt und durfte ihnen ›den Weg ins Licht‹ zeigen, ihnen einen Impuls geben, dass sie sich lösen konnten – sehr berührende Erlebnisse.

Eine weitere Art sind Wesen, die sich aus Feldern heraus entwickeln, also in letzter Konsequenz unserem Wollen entstammen. Sie können sehr mächtig sein und durchaus unangenehmen Einfluss auf einen ausüben, wenn man das zulässt. Sind Ihnen vielleicht einmal die Fratzen aufgefallen, die gerne die Tempel in Thailand und anderen fernöstlichen Ländern schmücken? Menschen dort haben zu dem gesamtheitlichen Denken eine nähere Beziehung als wir, sind somit auch eher in der Lage, solche Wesen zu sehen. Diese Gedankenwesen sind bei diesen Tempeln Pate gestanden. In verschiedensten Kulturen werden solche dunkle Wesen verehrt und es werden ihnen Opfer gebracht, weil man Angst hat, sich ihren Missmut zuzuziehen. Sie werden nicht durch die Opfer genährt, sondern durch die Angst, die zum Opfern animierte. Dass so auch unliebsame Teufelskreise entstehen können, liegt auf der

Hand – es ist dasselbe wie bei den eigenen Anteilen, zu denen wir nun kommen.

Von diesen anderen Störenfrieden haben wir schon gesprochen, den eigenen Anteilen, die sich selbstständig gemacht haben. Sie sind etwas ganz anderes, denn sie hängen unmittelbar mit ihrem Wirt in Verbindung, können ohne ihn nicht existieren, denn sie sind ja in Wirklichkeit ein Teil von ihm. Hier geht es darum, diese Enklaven wieder einzugliedern. Dazu mehr in einem späteren Kapitel.

Ebenfalls beeinflussen uns dunkle Felder, wenn wir es durch unsere Resonanz zulassen.

Doch es gibt viel mehr hilfreiche und lichte Wesen in unserer Umgebung. Da sind unzählige kleine Wesenhafte, die sich um die Natur kümmern und auch sehr mächtige Wesenheiten. Früher konnten ab und zu Menschen diese Wesenhaften sehen und so entstanden auch die Geschichten von Göttern, die allerdings im Nu sehr vermenschlicht wurden. Auch gibt es Wesen, die uns unterstützen und auch der legendäre Schutzengel eines jeden Menschen ist keine grundlose Erfindung. Überraschend häufig können Kinder noch solche Wesen sehen, was ihnen aber von den Erwachsenen dann schnell ausgetrieben wird: »Red keinen Blödsinn, so was gibt es nicht!«

Kompakt:

Auch wenn es so scheinen mag, sind wir alles anderes als allein. Die Sphären um uns sind dicht bevölkert.

Paradigmenwechsel

Im Kapitel ›*Die Sterne sprechen*‹ habe ich ja bereits darauf hingewiesen, dass offenbar ein universeller Schalter umgelegt worden ist, vergleichbar mit einem jener Ungetüme, die wir aus alten Filmen kennen, neben denen ›Power‹ steht, darunter ›off‹ und darüber ›on‹. Mit dem Eintreten in die neue Luft-Ära sind deshalb so heftige Umbrüche verbunden, weil wir uns als gesamte Menschheit in eine vollkommen falsche Richtung entwickelt haben. Das kann man mit einem Haus vergleichen, das sich ein Kind etwa im Sommer baut. Wurde es gleich am Anfang den kommenden Bedürfnissen entsprechend gebaut, so erwartet man die Herbstperiode mit Freude, kann man sich dann doch bei einem Feuerchen zusammenkuscheln. Ist das Häuschen aber nur auf den Sommer ausgerichtet gewesen, so muss man zuerst heftige Umbauarbeiten durchführen und kann erst dann die neue, gemütliche Zeit genießen. Während bei einem Haus ein solches Prozedere überschaubar ist, wirken sich natürlich über Jahrtausende angehäufte Irrtümer entsprechend heftiger aus. Tatsächlich erleben wir derzeit den größten Paradigmenwechsel, den die Menschheit jemals erlebt hat.

Ich möchte Ihnen ein Beispiel nicht vorenthalten, in welchem Maß wir nun gefordert sind, im Eilzugstempo innere Flexibilität zu lernen.

Viren – nicht nur Covid-19, sondern generell – und Genetik mit ihrer Vererbungslehre sind wohl jedem ein Begriff. Viren können krank machen und zum Tod führen.

Körperliche Stärken und Defekte werden mittels Genen an ihre Nachkommen weitervererbt. Haben Sie beides jemals infrage gestellt? Nein? Ich auch nicht. Bis ich vor einiger Zeit den Aussagen Dr. Stefan Lankas begegnete. Er hat seinen Doktortitel nicht als Jurist oder Arzt, sondern als Virologe erworben. Wenn man seinen Aussagen lauscht oder sie liest, erkennt man schnell, dass er etwas tut, von dem ich mir stets dachte, es wäre selbstverständlich: Er hinterfragt *wissenschaftliche Modelle.* Auf diese Weise erfuhr ich einmal mehr – geahnt hatte ich es ohnehin schon länger – dass in der Wissenschaft zu einem skandalösen Maß *ungeprüft* auf Vorhandenem aufgebaut wird. Eine der fatalen Folgen deckt Stefan Lanka auf. Bereits 1954 – also doch schon eine ganze Weile her – stand fest, dass die bis dorthin vertretene Virenlehre unhaltbar ist. An sieben wesentlichen Fehlannahmen belegt er diese Tatsache. Hier die ersten davon, der Internetseite https://rotekartefuecorona.de, Kapitel *›Start‹* entnommen:

> Sie [Virologen] geben Virus-Vermutungen als angebliche Beweise für deren Existenz aus.
>
> Das fängt an, dass Virologen das Sterben von Zellen im Reagenzglas als Beweis UND als Isolation von Viren deuten.
>
> Dann deuten sie typische Bestandteile sterbender Zellen im Reagenzglas als Bestandteile von Viren und konstruieren daraus nur gedanklich Modelle von Viren und ihren angeblichen Erbsubstanzsträngen. Die Strukturen, die im Elektronenmikroskop als Viren ausgegeben wurden, sind ganz normale Bestandteile

sterbender Zellen. Solche „Viren" hat man niemals in einem Menschen oder seinen Flüssigkeiten gesehen, daraus isoliert oder deren angebliche Erbsubstanz als Ganzes nachgewiesen.

Zu Ihrer definitiven Beruhigung: Krankmachende Viren kann es bei Kenntnis der wirklichen Biologie nicht geben. Die wirklichen Krankheitsursachen sind bekannt und haben mit materieller Ansteckung nichts zu tun. Wenn Sie das für die Aktion „Rote Karte für Corona" recherchieren, werden Sie mit einer weiteren und sicheren Erkenntnis belohnt: Alle Virologen – nicht nur bei Corona – haben sich durch ihre eigenen Aussagen in sieben zentralen Punkten selbst widerlegt.

Die am schnellsten und leichtesten für Sie zu überprüfende und festzustellende Tatsache, zu der Sie bei Ihrer Recherche kommen werden, ist der eindeutige Beweis der Anti-Wissenschaftlichkeit ALLER Virologen. Es ist schriftlich fixierte Pflicht eines jeden Wissenschaftlers, sich selbst und andere ständig zu hinterfragen, alles anzuzweifeln. Trotzdem haben Virologen die zwingend vorgeschriebenen Kontrollversuche zur Überprüfung ihrer Methoden niemals und für keinen einzigen Schritt ihres Tuns durchgeführt oder veröffentlicht. Deswegen dürfen keine Aussagen der Virologen als wissenschaftlich gewertet werden.

Es gibt aber mehr Literatur in der gleichen Richtung, zum Beispiel *Der Ansteckungsmythos: Warum Viren nicht die Ursache von Krankheiten sind* von Dr. Thomas S. Cowan und Sally Fallon Morell.

Ich kann Ihnen diese Lektüren, beziehungsweise Vorträge von Stefan Lanka (Youtube) empfehlen, was aber nicht bedeutet, dass ich behaupte, es wäre richtig. Ich möchte nämlich nichts weniger, als mich in das unselige Hin-und-Her der Coronakrise einmischen. Dieses Thema muss jeder für sich selbst lösen. Schließlich ist die Herausforderung des Findens der eigenen Sicht der große, höhere Sinn der Krise.

Mit diesem kleinen Ausflug öffne ich nur ein kleines Fenster, dass Ihnen zeigt, was Ihnen in kommender Zeit alles begegnen wird. Sie können praktisch nichts als bare Münze nehmen. Dass übrigens nicht geprüft, sondern auf Bestehendem blind aufgebaut wird, liegt an diesem Fluch unserer Entwicklung, den ich schon angedeutet habe: Mit unserer Besessenheit, in immer Kleineres vorzustoßen hat sich logischerweise auch unser Wissen exponentiell vermehrt. Während es zu Leonardo da Vincis Zeiten noch Universalgenies gab, die sich in vielen Disziplinen auskannten, ist das heute unmöglich geworden. Also ist man gezwungen, auf sogenanntem ›Erprobtem‹ aufzubauen. Was für Auswirkungen das auslösen kann, sollte dieses Beispiel illustrieren.

Doch noch etwas anderes, Selbsterlebtes. Im Sommer 2018 hatte ich mit einem Motorroller einen schweren Unfall. Ich bog auf einer Straße nächst meinem Zuhause nach links ab, also über die Spur des Gegenverkehrs. Ich hatte mich unzählige Male versichert, dass kein Gegenverkehr vorhanden war, würde speziell in so einer Situation nie leichtfertig handeln. Kaum hatte ich Gas gegeben, als es einen schrecklichen Schlag tat. Drei Wochen später erwachte ich aus dem Koma.

Vor wenigen Tagen bog eine Freundin, wenige Meter von dieser Stelle, ebenfalls nach links ab. Auf einmal war ein Wagen da, der sie streifte. Der Unfall verlief sehr glimpflich, mit geringem Schaden. Das Eigenartige dabei war aber, dass auch sie – trotz langjähriger Fahrpraxis und ohne je einen Unfall selbst verschuldet zu haben – sich mehrfach versichert hatte, dass sie freie Fahrt hatte. Kurze Zeit danach erfuhr ich, dass es tatsächlich Raum-Zeit-Phänomene gibt, nicht diese fantastischen Zeitreisen, wie wir sie aus Büchern und Filmen kennen, sondern definitiv erforschte Raum-Zeitsprünge. Durch solche Phänomene – ich möchte sie als Kontinuumsbrüche bezeichnen – erscheint auf einmal etwas an einem Ort, an dem vorher nichts war. Das heißt, dass sich die Zeit sozusagen ruckartig vorwärts bewegt, aber nicht für alle Beteiligten gleichzeitig. Solche Sprünge sind zwar nicht an Orte gebunden, aber es gibt Stellen – vielleicht gibt es geomantische[1] Zusammenhänge – an denen die Phänomene häufiger auftreten. Tatsächlich kommt es in diesem Straßenabschnitt öfters zu Unfällen der gleichen Art, immer beim Abbiegen.

Was möchte ich mit diesen beiden Ausflügen ausdrücken?

In dem mit 2020 besiegelten neuen Luftzeitalter werden wir in hohem Maße herausgefordert, und zwar unsere innere Beweglichkeit betreffend. Wir werden uns – und kön-

---

[1] Die Geomantie ist ganzheitliche Kunst, die energetischen Faktoren eines Ortes zu erfassen und deren Einklang mit menschlichen Bedürfnissen wahrzunehmen und zu beschreiben, um die Erkenntnisse zu einem besseren Verhältnis Mensch - Natur umzusetzen.

nen es bereits – nicht mehr hinter Gewohntem verstecken und in Sicherheit wiegen. Sondern wir werden nunmehr dazu gezwungen, uns unserer so lange ungenutzten Instrumente zu bedienen. Ich möchte eines betonen: Mit diesem Buch und meiner Sichtweise trage ich nicht mit einem weiteren Werk zur esoterischen Vielfalt bei, mit dem man, nicht viel anders als beim religiösen Glauben – eben glaubt. *Es geht nicht darum, etwas zu glauben!*

Jeder von uns hat die Organe seiner inneren Hüllen – Augen, Empfindung, ja sogar Nase und Ohren – und ist mit ihnen in der Lage, auf das große All-Wissen zuzugreifen. So kann jeder von uns nachprüfen, ob etwas richtig oder falsch ist, sowohl im übergeordneten als auch im persönlichen Sinn.

Diese Fähigkeit, *die Fähigkeit des Wahrnehmens,* gilt es nun zu lernen! Ohne sie werden wir verwirrt und verunsichert durchs Leben gehen und uns ständig orientierungslos blaue Flecken holen, bis wir irgendwann über eine Klippe taumeln.

Dazu ein Bild, um die Lage zu beschreiben: Stellen Sie sich vor, auf einer dieser süßen pazifischen Inseln zu stehen, die aus einem Stück traumhaften Sandes bestehen zuzüglich eines kleinen Palmenwäldchens. Bisher konnten wir uns bequem sonnen und haben uns keine großen Gedanken über die Menge an Wasser rundherum gemacht. Nun beginnt aber sachte der Meeresspiegel zu steigen. Man hätte das schon vor Jahrzehnten bemerken können, aber, ach was, es war doch nicht so schlimm, und außerdem wird es wieder vorübergehen – war doch schon immer so. Nein, es wird nicht vorübergehen, das Wasser wird unaufhaltsam steigen. Hätte man sich auf der Insel bereits seit Längerem mit dem Schwimmen beschäftigt, vielleicht sogar ein Floß gezimmert, dann hätte die Reise auf die große Insel am Horizont, die man bei klaren Tagen mehr ahnen als sehen konnte, abenteuerliche Freude bedeutet. Doch so, nun plötzlich doch von den Tatsachen eingeholt, wird es eng. In aller Eile ist es nun unerlässlich, das Versäumte nachzuholen. In aller Eile Tag und Nacht Schwimmen lernen und mit etwas Glück doch noch ein Flößchen hinzubekommen, um auf der Reise etwas ausruhen zu können.

Es sprossen schon lange und sprießen die unterschiedlichsten esoterischen Ansätze, die alle reklamieren, recht zu haben. Man spricht von Dimensionen, einer Aufhebung der Dualität und vielem mehr. Ich möchte dazu gar nichts sagen, denn Sie sollen sich Ihr eigenes *Wahrnehmungsbild* davon machen. Wenn Sie gelernt haben, Ihrer Wahrnehmungsfähigkeit zu trauen, spüren Sie augenblicklich, was an der Wahrheit ausgerichtet ist und was man diesem diffusen Sumpf aus Sensationsgier, eigenen Wünschen, Vorstellungen und nicht zuordenbaren Gedanken zurechnen muss.

Es gibt auch auf der anderen Seite Seelen, die nicht frei sind von Eitelkeit und wie im Internet haben wir schwer die Möglichkeit, die wirkliche Identität auszumachen.

Das ist nicht schlimm, nur sollte man es wissen. Wenn man seine innere Wahrnehmung pflegt wie einen großen Schatz, wohl den größten, den wir haben, dann wird sie uns stets davor bewahren, falschen Predigern auf den Leim zu gehen. Achten Sie lediglich auch hier darauf, woher der Impuls kommt. Ist es einer tief aus dem Inneren? Oder erzählt einem der Verstand etwas, das aus dem eigenen Wertepool stammt? Sicherheit können Sie nur erhalten, wenn Sie ihre innere Stimme so trainieren, dass Sie ihr in jeder Situation vertrauen können, weil Sie wissen, wie sie sich von den anderen Einflüsterungen unterscheidet.

Kompakt:
Wir leben in einem Paradigmenwechsel, der sich nur deshalb so dramatisch auswirkt, weil wir es versäumt haben, die Zeichen zu lesen und uns nicht schon früher auf unseren Weg gemacht haben. Der Verstand wird entmachtet und soll ab nun die Position innehaben, die ihm zusteht: Ein ausgezeichneter Diener. Wir müssen lernen, *unsere Wahrnehmung* als das Instrument zu nutzen, das uns unseren Weg zeigt.

Anteile

Langsam kommen wir zu dem Teil, in dem es um konkrete Vorschläge geht, wie man Veränderungen für den Paradigmenwechsel für sich zugänglich machen kann. Um die zur Gänze nutzen zu können, ist etwas Wissen zu unseren sogenannten Anteilen hilfreich. Grob gesagt sind das Energieeinheiten, die man sowohl in der Psychologie als auch im Schamanismus kennt, und von denen man in diesen Disziplinen auf unterschiedliche Weise davon spricht, dass Teile von ihnen abgespalten sind, doch wieder zurückgeholt werden können.

Kennengelernt haben wir diese Anteile bereits. Wir haben darüber gesprochen, dass sie in ihrer Unterschiedlichkeit mit unserem Wollen gestärkt werden. Nun zuerst einmal dazu, was diese Anteile überhaupt sind.

Zuerst einmal gibt es sozusagen Grundeinstellungen, Basics, wie man so nett sagt. Diese Ausgangssituation ist dann gegeben, wenn all unsere Organe und Meridiane einwandfrei arbeiten. Jedem der Organe ordnet man, zum Beispiel laut der chinesischen Medizin, bestimmte Emotionen zu. So hängen, sehr vereinfacht, Zorn und Wut mit der Leber zusammen, Freude mit dem Herz, Grübeln und Sorge mit der Milz, Traurigkeit mit der Lunge, Angst mit der Niere und Schock mit dem Herzen.

Vermutlich haben Sie schon von Chakren gehört, Punkte entlang der Wirbelsäule, die als Räder oder Energiewirbel dargestellt werden. Sie haben keine direkten Entsprechungen zu den Organen und stellen energetische Verbindungen zu den Körpern anderer Sphären dar. In chinesischen Lehren spricht man zudem von drei Energiezentren, sogenannte Tandens, auch Dantians. Das obere befindet sich im Kopf hinter den Augenbrauen und entspricht in etwa dem Stirnchakra, das mittlere liegt auf Herzhöhe (Herzchakra) und zum Standort des unteren gibt es leicht abweichende Sichtweisen. Das hier soll keine Einführung in fernöstliche Energielehren werden, sondern ich möchte damit nur zum Ausdruck bringen, dass es nicht nur eine einzige Energie in unserem Körper gibt, sondern unterschiedliche Zentren, die unterschiedlichen Qualitäten zugeordnet sind. Stehen all diese Energien in einem harmonischen Verhältnis zueinander, dann ist man gesund und leistungsfähig und emotional in Richtung Freude und Frieden ausgerichtet. Wie kommt es nun dazu, dass diese Struktur in Unordnung gerät?

Auch wenn es bei den vielfältigen Interventionsformen, die in der Psychologie – und anderen Heilzugängen – bekannt sind, nicht so scheinen mag, so ist auch dieser Vorgang in seinen Grundzügen einfach. Man kann sagen, dass von den Energiequalitäten Teile abgezweigt (abgespalten) werden, was zu einem Ungleichgewicht führt.

Es gibt generell zwei Wege, wie es dazu kommen kann: plötzlich oder durch Training. Plötzlich, also mit einem Schlag, nennt man ›Trauma‹. Training spricht für sich, es geht dabei um stetige Wiederholung.

Das, was man in der Psychologie als abgespaltenen Anteil bezeichnet, kenne ich aus dem Schamanismus als ›Abdruck‹. Im Lauf der schamanischen Arbeit kam mir eines Tages ein Bild, das ich in der Kapitelgrafik skizziert habe.

Die linke Kugel stellt den harmonischen Fluss der Anteile in einer völlig heilen Menschen-Einheit dar. Ungehindert können die Energien fließen, durchschlingen und begegnen sich, entfernen sich wieder und das alles innerhalb der gedachten Einheit ›Mensch‹ im weitesten Sinn.

Durch ein Ereignis – das kann ein plötzliches Trauma genauso sein wie eine ständige Wiederholung in die gleiche Kerbe – entstehen in dem perfekten Rund Abdrücke, wie wir einen in der rechten Darstellung sehen können. Was geschieht nun? Da die Abgrenzung zum Außen nicht als exakte Grenze betrachtet werden kann, sondern ein Austausch mit dem Außen stattfinden kann, wird sich die an diesem Ort fließende Energie auf einmal einen neuen Weg suchen. Sie steht bei dem im Weg stehenden Abdruck an und verlässt die Ganzheit. Gleichgültig, ob der Abdruck durch Trauma oder eine ständige Wiederholung in einem Verhalten entstanden ist, wird dieser Vorgang immer wieder stattfinden, wenn – exakt diese Energie angesprochen wird. Jähzorn nährt Jähzorn, Neid nährt Neid und so weiter.

Nun handelt es sich aber bei diesen nicht mehr ganzen Anteilen, von denen sich ein Teil ›abgespaltet‹ hat, sich also außerhalb der ursprünglichen Einheit befindet, nicht um irgendeine Energie, sondern um geistig-wesenhafte Energie. Geistige Energie wiederum besitzt eigene Intelligenz und natürlich auch ein eigenes Grundbedürfnis, zu existieren. Nun allerdings nicht mehr im Dienste der Einheit – denn zu ihr hat der abgespaltete Anteil den Bezug verloren – sondern im ganz ›persönlichen‹ *eigenen* Interesse. Da es allerdings nur dann Lebensenergie erhält, wenn genau seine spezielle Energie angesprochen wird, liegt es naturgemäß in seinem Interesse, dass genau diese, seine Energie geliefert wird – mit anderen Worten, dass sich der Mensch im Sinne dieser Energie destruktiv verhält, was wiederum Energie dem abgespaltenen Anteil zukommen lässt.

Erinnern wir uns nun wieder an das Bild aus dem Kapitel *›Segel und Ruder‹* zurück. Dort haben wir ja darüber gesprochen, dass wir neutrale Energie erhalten, diese zum Ziel des Wollens leiten, sie zugleich auf einen Umlauf schicken und schließlich diesen Anteil in uns nähren. Genau bei diesem Nähren bekommt dann, so vorhanden, der entsprechende Anteil ebenfalls sein Futter. Ob er also genährt wird oder aushungert, liegt einzig und allein an unserem Wollen, wohin wir unsere erhaltene Energie leiten. Entscheiden wir uns für ein Verhalten gemäß einem Abdruck, wird er genährt, ansonsten nicht.

Denken wir nun weiter und nutzen dafür die bisher gewonnenen Erkenntnisse. Durch unser Wollen entscheiden wir uns dafür, wie wir unsere Energie nutzen, das heißt, welchem Anteil wir sie zuführen. Ist dieser Anteil von einem der vorhandenen Abdrücke betroffen, also geschwächt, so fließt mehr oder weniger viel der Energie in diese an uns wie Parasiten hängenden Anteile, anstatt dass sie uns selbst als Ganzem zur Verfügung stünde. Es wird also nicht unsere Qualität gestärkt, die wir nutzen können, sondern die des durch den Abdruck ›ausgestülpten‹ Anteils. Da dieser Anteil meist die destruktive Komponente der betroffenen Qualität ist, leben wir sozusagen immer den zerstörerischen Anteil einer Eigenart – und das auch noch in unkontrollierter Weise. Als Beispiel dazu der Jähzorn als zerstörerischer Anteil des an sich positiven Durchsetzungsvermögens.

Um den Unterschied besser zu verstehen, braucht man sich lediglich die Grafik anzusehen. Dieser abgespaltene Anteil fristet dort draußen ein einsames Dasein, hat nichts außer seiner eigenen Energie – zusätzlich nur den destruktiven Teil – als ständige Umgebung. Trotzdem hat er einen Überlebenswillen, denn wir können uns diese Exklaven[1] als eigene Entitäten vorstellen, mit eigener Intelligenz, aber

[1] Eine Exklave ist ein außerhalb des geschlossenen Staatsgebietes, in einem fremden Staat liegender Teil des eigenen Staates

doch von uns, also ihrem Wirt abhängig bezüglich der Energiezufuhr. Je öfter wir in die Falle tappen, zum Beispiel jähzornig sind – sollte das seine Qualität sein – desto lieber ist es ihm, denn er wird dadurch gut versorgt. Versuchen wir hingegen, uns den Jähzorn abzugewöhnen, dann spüren diese abgespalteten Anteile ihre Lebensenergie schwinden und werden sich beeilen, uns wieder auf die Haltung hinzuweisen, die sie mit Energie versorgt. Denken wir die Sache noch fertig, so erklärt es sich recht einfach, warum uns Veränderung so schwerfällt. Vielleicht fallen Ihnen zur Gewohnheit neuronale Verknüpfungen ein, und dass die zuständig wären für die Gewohnheit. Es stimmt natürlich, dass die sich ausbilden. Doch der Ursprung liegt immer bei der feineren Energie, demnach beim Wollen.

Nehmen wir an, es geht bei der Gewohnheit – manche mit Suchtcharakter sind ebenfalls solche abgespaltene Energien – ums Rauchen, das man sich abgewöhnen will. Freilich spielt beim Rauchen auch ein wenig die Körperchemie in Form eines leichten Entzugs eine Rolle, aber die stärkere Kraft, die einem das Aufhören erschwert, kommt aus der psychischen Ecke. Also, man will aufhören, wodurch der Anteil keinen Energienachschub erhält. Wie bereits erwähnt, hat er Eigenintelligenz! Also wird er sich in das System von einem einklinken und versuchen, einen zu beeinflussen. Der kleinste gemeinsame Nenner, den man selbst und der Anteil haben – also das, worauf beide am ehesten Zugriff haben können, fein genug, um für den Anteil erreichbar zu sein, aber doch so ›real‹, dass man selbst daran teilhat – ist der Gedanke. Nun wissen Sie, woher ein guter Teil des Kopfkinos in einem solchen Fall stammt, der sogenannte innere Schweinehund, der Sie überreden will, wenigsten noch eine Letzte zu rauchen … und noch eine … und noch eine Allerletzte.

Zwar ist jetzt das Kapitel über die Anteile zu Ende, aber wir werden ihnen noch einmal begegnen, wenn es darum geht, wie wir mit ihnen leichter fertig werden können.

Kompakt:
Anteile sind einerseits ganz natürliche unterschiedliche Energien, die uns in ihrer differenzierten Art zur Seite stehen. Durch Traumata jedoch oder durch Gewohnheit können sich Teile davon abspalten und ihr egoistisches Eigenleben führen.

Das Dunkel

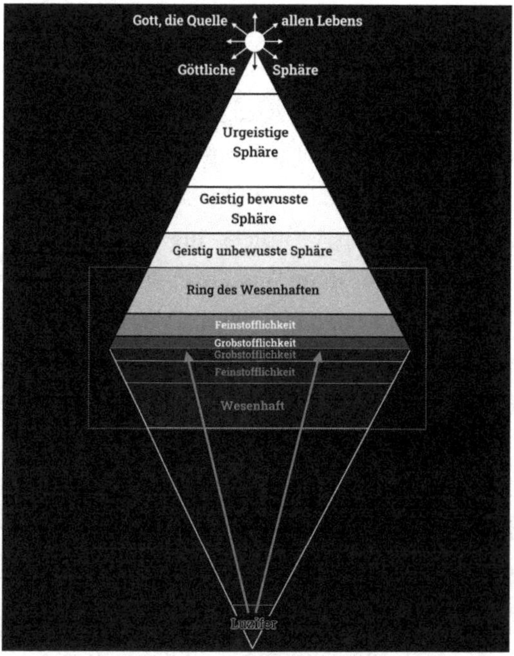

›Das Dunkel‹ ist einerseits in vieler Munde, vor allem in spirituellen Kreisen, aber ich glaube nicht, dass viele wissen, worum es dabei wirklich geht. Auch wenn Sie vielleicht der Ansicht sind, man solle sich nur mit Positivem beschäftigen – eine Einstellung, die ich durchaus teile – so bitte ich Sie, vor allem dieses Kapitel aufmerksam zu lesen, denn es erklärt viel davon, was und warum alles heute so schiefläuft. Um Gefahren zu vermeiden, muss man sie zuerst einmal kennen. Zu leicht läuft man sonst ins offene

Messer und denkt sich: ›Ich hab doch gar nichts getan, und warum jetzt das?‹

Um zu verstehen, was das Dunkel ist, haben wir nach den vorangegangenen Kapiteln schon ein gutes Rüstzeug. Mit ›Es werde Licht‹, das von Religionen als der Beginn der Schöpfung betrachtet wird, ist etwas anderes geschehen als wir annehmen. Es handelt sich dabei um einen mystischen Zeitpunkt, als die Quelle (Gott …) zum ersten Mal ihr Licht über das Göttliche hinausfluten ließ. Das ist *nicht* der Urknall, mit dem Wissenschaftler den Beginn unseres Universums erklären wollen. Dieses Urquellen-Licht ist *nicht* das Gegenteil vom Dunkel, sondern das Gegenteil vom Nichts – auch so eine Sache, die wir Menschen uns nicht vorstellen können. Diese Tatsache erklärt vieles, unter anderem auch etwas, das sich mitunter spirituelle Menschen fragen: Das Dunkel soll Teil des Lichts sein? Wie soll das denn gehen? Dunkel ist doch das Gegenteil von Licht, nicht wahr? Wenn man so denkt, hat einem wieder einmal das rein menschliche Denken ein Bein gestellt, denn rein auf unsere Umgebung bezogen ist das völlig richtig, aber nicht in diesem konkreten Fall, der anders gelagert ist. Keine Ausnahme von der Regel, sondern etwas ganz anderes, das wir in der Art nicht kennen (können). Einmal mehr sieht man, wie wichtig es ist, bei aller Suche von ganz oben auszugehen. Manches gibt es dort oben, das wir definitiv nicht verstehen können, so wie ›unendlich‹, ›ewig‹ und das Nichts. Dieses Nichts gibt es in der Schöpfung nicht, sondern alles ist durchdrungen von dem, was man Nullpunkt-, Vakuumenergie oder ›das Meer aller

Möglichkeiten‹ nennt, also der unvorstellbar große ›leere‹ Raum zwischen den kleinsten bekannten Teilchen. Tut man das nicht, sondern versucht, auf dem gewohnten Weg ins Detail hinein zu verstehen oder irgendwo von der Mitte aus abwärts zu schließen, muss man sich unweigerlich in dem unvorstellbaren weitläufigen Labyrinth verlaufen.

Wie sich das Dunkel anfühlt, weiß wohl jeder: Es sind diese Momente der Hoffnungs- und Mutlosigkeit, Bedrücktheit, Angst und all der Zustände, die wir aus den *›Ebenen des Bewusstseins‹* von David Hawkins (siehe Kapitel *›Sehnsucht und Abscheu‹*) unter 200 kennen. Wie aber entstehen diese emotionalen Zustände?

Als erste Annäherung können wir all diese schweren Zustände auf etwas ganz Bestimmtes hin abklopfen: Wie sieht es bei ihnen mit der Liebe aus? Wir erkennen schnell, dass sich diese Gefühlslagen nie mit all den Eigenschaften über 200 in Einklang bringen lassen, schon gar nicht mit Empathie oder Liebe (Sie erinnern sich sicher an das Kapitel *›Sehnsucht und Abscheu‹*). Daraus können wir schon einmal schließen, dass sie durch Entzug von etwas entstanden sein müssen. Sagen wir ruhig einmal, all diesen Emotionen fehlt es an Liebe. Anderes kann durchaus vorhanden sein, man kann deshalb trotzdem funktionieren, denken und verstandliche Arbeit leisten, die sogar brillant sein kann.

Denken wir weiter über diese Erkenntnis nach, so erkennen wir, dass all diesen Gefühlszuständen ein Teil des Yin-Yang-Gleichgewichts fehlt, und zwar der Yang-Teil. Ein anscheinend lächerliches Manko – aber lassen Sie sich überraschen. Dafür großer Bühnenwechsel.

Sicher haben Sie schon von dem gefallenen Erzengel Luzifer gehört. Und nein, das ist keine Legende, sondern eine traurige Tatsache.

Luzifer ist keineswegs der gern bockbeinig dargestellte Teufel, sondern von ebenmäßiger, aber eiskalter Schönheit. Genauso wenig ist er eine wütende und feuerspeiende Figur, die sich mit Grimm auf Menschen wirft und mit ihnen Pakte schließt. Teufel und Hölle sind lediglich Begriffe aus der Grob- und Feinstofflichkeit, die durch fehlgeleitete Energie von Menschen zustande kamen, die Luzifers Verführungen Folge leisteten. Im Gegenteil verachtet er die Menschen und deren Machenschaften, zu denen er sie verführt hat. Sie fragen sich jetzt vielleicht, wie das zusammenpasst – müsste er sie nicht vielmehr loben, wenn sie tun, wozu er sie verleitet?

Um dieses Paradox zu verstehen, muss man wissen, wie es zu Luzifers Position als sozusagen Gegenpol Gottes kam. ›Luzifer‹ ist übrigens auch der lateinische Name des Morgensterns, der Venus, und bedeutet Lichtträger. Er stammt aus der göttlichen Sphäre und hatte einst die Aufgabe, in der Stofflichkeit die Entwicklung zu unterstützen. Doch anstatt seiner Aufgabe im Rahmen der Schöpfungsgesetze in Liebe nachzukommen, führte er eigene Mittel ein, um die Menschengeister zur Entwicklung zu … sagen wir motivieren.

Trotz seiner ungeheuren Kraft kann Luzifer den freien Willen zur Entscheidung, die dem Menschengeist eigen ist, nicht direkt beeinflussen. Er kann uns demnach zu nichts *zwingen*. Aber er nutzt ein anderes perfides Mittel, dem nahezu alle von uns in irgendeiner Art immer wieder zum Opfer fallen: die *Verführung*. Sein Gedanke dahinter, mit dem er meinte, die Entwicklung der Menschengeister zu beschleunigen, lautete: ›Nur wer ihr widerstehen kann, ist der Entwicklung und deren Ziel, der geistig bewussten Sphäre, würdig.‹ Damit aber stellte er sich außerhalb der Schöpfungsgesetze und stürzte augenblicklich so aus seiner großen Höhe in ebenso große Tiefe ab. So kennen wir ihn als den ›gefallenen Engel‹. Aufgrund seiner Herkunft aber fiel er viel tiefer als nur bis in die tiefsten Tiefen der Stofflichkeit, wie die Grafik grob illustriert, in für uns ebenso unerreichbare Fernen wie die Sphäre, aus der er stammt. *Das* sind die beiden Gegenpole, das Licht und das Dunkel, und ich glaube, so ist es nun einfach nachvollziehbar, warum das Dunkel – also nicht das Nichts – ein Teil des lichten Alles ist.

Vielleicht kommt Ihnen der Begriff ›Versuchung‹ zu christlich gefärbt oder zu harmlos vor. Er ist aber nichts weniger als das. Um das nachvollziehen zu können, brauchen wir das Wort nur näher zu untersuchen.

In einem weiteren Buch möchte ich unter anderem näher auf Vorsilben eingehen. Es birgt nämlich jede Vorsilbe die große Macht, einen Begriff in eine ganz bestimmte Richtung umzudeuten, umzuwandeln. Die Vorsilbe ›ver‹, mit der wir es aktuell zu tun haben, verändert den ihr anvertrauten Begriff in einen destruktiven. Das kann bis zu einer tückischen Verbiegung eines an sich konstruktiven

Begriffes gehen. Wie euphemistisch[1] man wirklich Abscheuerregendes darstellen kann, zeigen die als philanthropisch[2] angepriesenen Experimente an Menschen wie die aktuellen Impfungen oder andere Medikamenten-Massentests, wie sie in Indien, Afrika und bei der US-Army durchgeführt wurden.

Konkret geht es bei der Versuchung um die Suche, die jedem Geist als zentrale Sehnsucht innewohnt, man kann sie als das wichtigste Werkzeug auf dem Weg zurück in die wahre Heimat bezeichnen. *Ver*suchung hingegen bedeutet, jemanden bei seiner Suche zu *ver*führen, also von der wahren Richtung abzubringen, im konkreten Fall unter dem Vorwand, den Suchenden auf diese Weise stärker zu machen, indem man es ihm nicht zu leicht macht – um ihn dann allerdings umso mehr zu verachten, wenn die Suche misslingt und er der Verführung erliegt. Fällt Ihnen da eine unheimliche Parallele zu aktuellen Bestrebungen auf? Was sich zurzeit weltweit abspielt, ist wie ein Lehrbuch für das luziferische Prinzip. Weiß man nicht um die Hintergründe, so kann ich gut verstehen, wenn man sich in Angst verrennt.

Eng mit ›Suche‹ und ›Versuchung‹ ist die ›Sucht‹ verbunden, der Zusammenhang liegt nach der eben gemachten Betrachtung klar vor einem: Durch die Versuchung wird der Suchende in Bereiche geführt, denen er verfällt, nach ihnen süchtig wird. Dabei kann es sich um alles handeln,

---

[1] Ein Euphemismus ist eine beschönigende Darstellung oder Verschleierung von anstößigen, unangenehmen oder gar verbrecherischen Personen oder Sachverhalten.

[2] Menschenfreundlich

von Drogen, Sexualität und Arbeit, aber genauso Sucht nach Selbstdarstellung, Macht und Reichtum. Je schwerer jemand einer Sucht verfällt, umso mehr verlässt ihn jegliche Empathie, bis er schließlich zu einem leeren, psychopathischen Zombie in Menschengestalt mutiert ist. Wenn man an die transhumanistischen[1] Bestrebungen eines Klaus Schwab denkt, dann kann man sich gut vorstellen, wie weit das noch gehen kann. Bei dieser Gelegenheit möchte ich übrigens wieder einmal meinen Hut lüften (wenn ich denn einen hätte) vor Filmemachern, wie sie mitunter aktuelle Geschehnisse auf den Punkt bringen. Ich denke dabei etwa an die Matrix-Trilogie[2] mit der blauen und der roten Pille.

Doch so erschreckend auch alles aussehen mag und und noch mehr werden wird – ich glaube nicht, dass bereits das Ende der Fahnenstange erreicht ist – so sollten wir doch immer eines im Kopf und Herzen behalten: Das Werkzeug des luziferischen Prinzips ist die *Versuchung*. Nicht der Zwang. Dunkle Mächte können uns lediglich umgarnen und versuchen – schon wieder – uns in ihre Netze zu ziehen. Ob wir der Versuchung erliegen oder nicht, liegt einzig und allein an uns. Damit meine ich: an Ihnen. An mir. *An jedem Einzelnen selbst.* Zwar werden die irdischen Tra-

---

[1] Transhumanismus wird schönredend gerne als menschliche Entwicklung und Entfaltung bezeichnet, ist aber in Wirklichkeit die materialistisch-verstandliche Antithese zur Spiritualität mit dem Ziel der Verschmelzung von Mensch und Maschine.

[2] ›Die Matrix‹ ist ein SciFi-Film von 1999. Dabei bedeutet das Einnehmen der blauen Pille, dass alles bleibt wie es ist und man weiterhin ein Opfer der Illusion bleibt. Die rote Pille bedeutet den Wagemut, hinter die Dinge blicken zu wollen, wei die Matrix, also die sogenannte Realität aufgebaut ist, um sich aus ihrer Gängelung befreien zu können.

banten des Dunkels wütend fauchen, aber sie können unserem Geist nichts anhaben – solange wir nicht zustimmen. Vergessen Sie das nie!

Wenn man sich die ganzen Pläne ansieht, mit der die finanziellen Eliten daran arbeiten, die Macht über den ganzen Planeten an sich zu bringen – und dazu gibt es viele, detaillierte und belegte Literatur, man muss nur danach suchen – dann antworten viele Menschen darauf, das wären Verschwörungstheorien. In der Tat scheint es ziemlich unwahrscheinlich zu sein, dass trotz der Schwarmintelligenz aller benutzten Denkfabriken und PR-Agenturen, die sich mit politischer Manipulation beschäftigen (ja, leider ist auch das traurige Tatsache, dass sich riesige Agenturen nur damit beschäftigen, wie die Bevölkerung zu bestimmtem Handeln manipuliert werden kann), alles so unglaublich konzertiert über die Bühne gehen soll. Zwar ist ein gewisser Teil wirklich planbar, worüber man sich auch leicht informieren kann, aber viele Details nicht.

Ein Beispiel dazu: Etwa vor fünfundzwanzig Jahren wurden bei uns an vielen Orten Zonen mit einer Geschwindigkeitsbeschränkung von 30 km/h eingeführt. Das sieht auf den ersten Blick sinnvoll aus. Beobachtet habe ich aber, dass sich die Autofahrer zwar an den in den Zonen nun ungeregelten Kreuzungen nach rechts umsahen, aber dazwischen viel unachtsamer fuhren als zuvor. Diese Maßnahme hat den Effekt, dass einem jede Spontaneität und Wachheit abgenommen wird und man dumpf, Regeln befolgend, völlig unaufmerksam vor sich hinfährt.

Ich war damals entsetzt über die Folgen. Würde ich behaupten, das wäre ein Teil eines globalen Planes, würde mich jeder als Verschwörungsspinner belächeln. Ich glaube auch nicht, dass es so war. Vielmehr hat man dabei das luziferische Prinzip sehr gut in der Praxis beobachten können. Nein, lächeln Sie nicht.

Erinnern Sie sich an die morphogenetischen Felder, die sich durch die, durch unser Wollen gelenkte, Energie bilden? Wir müssen lediglich bei dem Kreislauf, den ich in ›*Segel und Steuer*‹ beschrieben habe, noch den Faktor des aus den luziferischen Tiefen heraufreichenden Anreizes dazunehmen, der uns zu manipulieren versucht, uns Versuchungen hinzugeben. Dabei spielt die Bequemlichkeit die größte Rolle, vom Nichtsehenwollen über das Nichthandeln bis zum Nichtdenken. Jedes Mal, wenn man der Versuchung erliegt, sich mit etwas zu beschäftigen, und sich sagt ›Ach, das spielt keine große Rolle‹ oder ›Ich möchte das oder das nicht aufs Spiel setzen‹ oder ›Das wird schon nicht so schlimm sein‹, obwohl einem sein Bauchgefühl etwas ganz anderes sagt, zweigen wir für diese Energiefelder *von unserer Energie* etwas ab und stärken sie. Je mächtiger diese Felder werden, umso geringer muss in einem selbst Resonanz von derselben Eigenschaft vorhanden sein, dass man darauf anspringt.

Nehmen wir als Beispiel die aktuelle Zeit der Coronakrise. Sehr, wirklich sehr viele Menschen leiden derzeit unter Ängsten der unterschiedlichsten Art. Man kann sich leicht vorstellen, dass das Feld dieser Ängste unglaublich aufgeladen ist. Während man früher durchaus mutig gewesen sein mag, genügt heute bereits ein winziger Angstanteil in einem, um diese ›Angstwolke‹ anzuzapfen, und man erhält gefährliche Verstärkung der eigenen, zuvor noch winzigen Angst, die daraufhin richtiggehend bedrohlich werden kann. Und wieder ist damit eine allgemeine Rechnung der Versuchung aufgegangen … Es mag sein, dass Ihnen das weit hergeholt zu sein vorkommt. Aber beobachten Sie bitte selbst einmal Ihr Gefühlsleben: Versuchen Sie zu spüren, wie ständig irgendwelche, meist negativen emotionalen Beeinflussungen versuchen, Sie in ihren Bann zu ziehen.

Bezogen auf unsere aktuelle Zeit möchte ich nun etwas Essenzielles betonen:

Wie ich es bereits gesagt habe, ist eine Gesellschaft die Summe des Wollens all ihrer Mitglieder. Vielleicht ist das nach den Ausführungen von soeben noch etwas klarer geworden. Jeder von uns beschickt mit jedem noch so kleinen emotionalen Wollen Energiezentralen von ungeahntem Ausmaß. Ständig. Unablässig. Diese Energie wirkt rückwirkend auf alle Menschen, die auch nur eine ganz kleine Resonanz der gleichen Energieart aufbringen (Angst zu Angst, Wut zu Wut, Hoffnungslosigkeit zu Hoffnungslosigkeit und so weiter). Sie können das derzeit sehr einfach beobachten! Man sagt dann einfach ›momentan sind alle so aggressiv‹. Das bedeutet, je mächtiger ein Feld wird, umso intensiver kann es sich verbreiten und alle, die darauf anspringen, beeinflussen. Auf diese Weise formt die Summe des Wollens Einzelner die gesamte Gesellschaft, direkt, aber vor allem indirekt.

Bitte verinnerlichen Sie, welch große Verantwortung damit *auf jedem Einzelnen von uns* liegt! Es geht nicht darum, dass ›jemand das Ruder herumreißt‹, sondern es geht sehr deutlich um jeden von uns! Es gibt aber nicht den geringsten Grund, deswegen zu verzagen. Im Gegenteil! Erinnern Sie sich an den Satz im Kapitel *›Sehnsucht und Abscheu‹*, der lautete: *So wiegt ein Mensch mit Bewusstheitsgrad 300 bereits 90.000 Menschen mit einem unter 200 auf?* Sie haben eine unglaubliche Macht, je mehr Sie sich nach dem Lichten ausrichten, desto größer! Sie können Berge versetzen, ohne dass Sie es zu bemerken brauchen. Das kann sogar im stillen Kreis der Familie sein, es kommt auf die Energie an und keine Public Relations. Sie werden es merken, wenn ›sich‹ etwas beginnt zu ändern. Wir glauben immer nur, wie schlau wir sind und wie eigenständig wir handeln. Das tun wir aber nur dann, wenn wir möglichst alles, was wir tun, *bewusst* tun. Nur bewusst gerichtetes Handeln erzeugt Emotionsenergie, alles Automatische fließt ungenutzt durch uns hindurch.

Mit automatischem Handeln leben wir nicht, sondern werden gelebt, und zwar von denen, die ihr Wollen bewusst einsetzen! Und das muss keinesfalls positiv sein. Warum glauben Sie, dass so wenige Leute so viele manipulieren können …? Man braucht nur mit wachem Blick um sich zu sehen, dann kann man das alles ganz leicht erkennen.

Viele wünschen sich die ›alte Normalität‹ zurück. Wenn Klaus Schwab vom Weltwirtschaftsforum sagt: »Die alte Normalität wird es nie wieder geben«, dann hat er durchaus recht. Aber nicht in dem Sinn, wie er sich die neue Normalität vorstellt. Sondern im Sinne einer weltweiten Gemeinschaft an selbstständigen, aus dem Dauerschlaf des Verstandes erwachte Menschen. Der Schock, der derzeit über den Planeten tobt, ist wie eine Krankheit, die einen Körper zur äußersten Heilung drängt. Leider werden wir zusehen müssen, wie Menschen diese Umstellung nicht überleben und offenen Auges (aber verschlossenen Herzens) in ihr Unheil rennen. Doch nicht deshalb, weil sie von irgendeiner Macht gezwungen werden, von der Klippe zu springen, sondern weil sie sich freiwillig aus Angst dazu entscheiden. Das Chaos, das meines Erachtens noch zunehmen wird, kann für jeden von uns zu einer heilenden Katharsis[1] werden. Wie gesagt: Es geht *nicht* primär darum, dass Juristen die vermeintlichen Drahtzieher hinter Gitter bringen oder neue Politiker aufstehen und unser Leben zum Guten verändern. Zwar sind diese Maßnahmen flankierend notwendig und werden auch geschehen. Doch der Sinn der Befreiung liegt in der bewussten Entscheidung *eines jeden einzelnen Menschen für das Licht oder für das Dunkel.* So einfach ist es. Die Menschen, die sichtbar im Großen an der Veränderung mitarbeiten, wären ohnmächtig ohne die Energie aller anderen, doch umso kraftvoller sind sie *damit!* Jeder sollte an *seinem* Platz das tun, was er am besten kann.

---

[1] Eine Katharsis ist die Befreiung von inneren Konflikten durch eine emotionale Handlung, die sich sogar in der Gesundung aus einer Krankheit zeigen kann.

Betrachten Sie die aktuelle Situation ganz speziell auf sich bezogen, bekommt alles gleich ein ganz anderes Gesicht: Es geht für Sie – für mich, für uns alle – darum, zu sich zu finden, sich kennenzulernen und das Ergebnis unserer neuen Persönlichkeit dann nach außen zu vertreten. Es bedeutet aber kein Märtyrertum, sondern verständlicherweise trotzdem kluges Vorgehen.

Noch etwas ist wichtig zu wissen. Neben der Versuchung ist das Hauptwerkzeug dieses Prinzips der Verstand. Jetzt wundern Sie sich vielleicht, denn der Verstand hilft uns doch, vernünftig über etwas nachzudenken. Das stimmt schon. Doch zugleich bindet er unser Wahrnehmungsvermögen an das rein Irdische und schneidet uns damit von jeglicher spirituellen Verbindung ab. Auf diese Weise ist die Werkzeugkiste komplett. Während mit dem Verstand der Zugang zu höheren Sphären durchtrennt wird, zielt die Versuchung auf die ganze Palette an zur Verfügung stehenden Schwächen ab. Da durch die abgeschnittene Verbindung auch die Hilfen gekappt sind, müssen wir mutterseelenallein mit unseren Problemen fertig werden – beileibe eine große Aufgabe, bei der es kaum wundert, wenn man scheitert.

Kompakt:

Das luziferische Prinzip bedeutet Verführung als Herausforderung, allerdings mit erbarmungslosen Folgen für die, die sich verführen lassen. Wer hingegen sich dem Licht anstatt dem Dunkel zuwendet, der kann ruhig seinen Weg gehen, ohne die geringste Angst haben zu müssen. Denn das Dunkel kann lediglich locken, aber nicht zwingen.

Empathielos

Sehen Sie diese kleinen Punkte links auf dem weißen Strand? Das sind Menschen. Daneben ihre Boote, irgendwo im südchinesischen Meer.

Könnte man nicht bei einem oberflächlichen Blick meinen, man hätte es mit ein paar Wasserläufern zu tun und daneben einem losen Verband von Obstfliegen?

Man verliert den Bezug zu etwas, das zu weit von einem entfernt ist.

Wenn man die Welt aus einer Distanz betrachtet, die sie als bildschirmfüllenden blauen Ball im schwarzen All zeigt, und dabei Gedanken zur Überbevölkerung wälzt. Wenn man in der Lage ist, sich alles inklusive ganzer Staaten zu kaufen. Wenn man alles aus so einer Entfernung von allen Menschen sieht, dass die nicht einmal mehr den Punkten von Obstfliegen gleichen. Wenn man davon überzeugt ist, zu der menschlichen ›obersten‹ Schicht zu gehören, die über Wohl und Wehe unserer Erde entscheiden soll, weil sie glaubt, es zu können … dann kann es geschehen, dass auch noch der letzte Rest von Empathie verlischt wie das sich zurückziehende Flämmchen am sterbenden Docht.

Sucht!

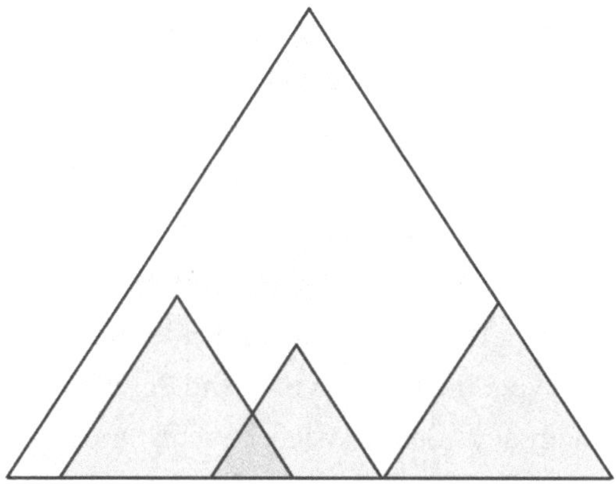

Ganz unbemerkt sind wir bei der Wurzel, bei der Schaltstelle zwischen Glück und Unglück angelangt. Die verborgene Offensichtlichkeit zeigt sich bereits in der Überschrift: Handelt es sich um eine Betonung, wie wichtig das Thema Sucht ist oder um die Befehlsform von ›suchen‹?

Im Kapitel *›Das Dunkel‹* haben wir uns grob mit dem Thema der Verführung beschäftigt. Folgend möchte ich näher darauf eingehen, denn es handelt sich dabei um die arglistigste Taktik des Dunkels, die man sich vorstellen kann: Es sind lediglich kleine Lockimpulse notwendig, den Weg in den Abgrund hingegen gehen wir selbst, aus freier Entscheidung und auch noch mit voller Inbrunst. Kein Mensch könnte auf eine derart geniale Strategie kommen. Lassen Sie uns näher auf dieses Konzept schauen, Sie werden gleich bemerken, wie eng es auch in Ihren Alltag eingeflochten ist.

Unter Sucht leidet man entweder selbst oder man blickt mit einer Mischung aus Mitgefühl und Kopfschütteln auf Menschen, die ihr anheimgefallen sind. Meistens meinen wir natürlich nur die ›großen‹ Süchte wie Alkoholsucht, Drogensucht, Sexsucht, Spielsucht, Esssucht, Arbeitssucht, Tablettensucht, Rauchen und … es gibt eine ganze Menge davon. Wie man aus dieser kurzen Aufstellung bereits entnehmen kann, gibt es physische und emotionale Abhängigkeiten, wobei die beiden gern ineinandergreifen.

Im Prinzip sind Süchte wieder nichts anderes als Training, als zur Gewohnheit gewordenes Ausprobieren von etwas auf dem Weg zu einem guten Gefühl – oder gar gleich zum Glück.

Gehen wir diesem Wohlsein weiter nach – was ist es, woher kommt es, warum streben wir es an? Ist ja völlig klar, denken Sie nun vielleicht, wer mag sich nicht wohlfühlen, mag nicht etwas Gutes essen, sich die Sonne auf den Bauch scheinen lassen und im Meer schwimmen? Oder stolz in einem neuen Auto den Boulevard entlang fahren, Applaus für seine Darbietung erhalten oder sein im Schweiße seines Angesichts antrainiertes Sixpack im Schwimmbad vorzeigen? Alles, wirklich alles sind vermeintliche Teilziele auf der großen Suche. Nur – es ist eine verbogene Suche, eine Ver-suchung und wir erinnern uns an das vorhergehende Kapitel: Luzifer braucht lediglich Impulse zu setzen, in die falsche Richtung zu gehen. Es wurde ihm sogar immer leichter gemacht, je mehr diese zu keinem wirklichen Ziel zeigenden Ziele an Beliebtheit gewonnen haben und zum guten Ton gehören. Bitte denken Sie nicht, ich wollte meine Ausführungen auf einen bigott-religiösen Level bringen. Mein Bestreben ist lediglich immer, an die Wurzel – oder besser Spitze – der Dinge zu gelangen, denn dann erklärt sich alles Darunterliegende selbsttätig. Und es gibt nun einmal zwei Pole, die für unser Handeln ausschlaggebend sind: das Licht und das Dunkel. Richtig oder falsch. Stimmig oder nicht stimmig.

Allein über die Thematik Suche und Sucht könnte man Bücher füllen und es gibt natürlich auch schon welche. Übrigens finde ich aufschlussreich, dass die Befehlsform von suchen früher ›suchet‹ lautete, während man heute im Duden das ›e‹ nicht mehr kennt und es direkt ›sucht‹ heißt. Der Unterschied ist lediglich die Groß-/Kleinschreibung geblieben. Genauer auf das Thema einzugehen würde den Rahmen dieses Buches sprengen.

Kehren wir zurück zu den Lockimpulsen und folgen ihnen. Je weiter man innerlich von seinem Ursprung abgeschnitten ist, desto mehr ist man von dem Leben hier in der Stofflichkeit abhängig. Mehr noch ist man irgendwann gar nicht mehr in der Lage, sich vorzustellen, dass es mehr als das Sichtbare hier rundherum gibt. Schon lange haben wir den Kontakt zu Wesen aus anderen Sphären verloren, zum Beispiel den ganzen Naturwesen, der vor langer Zeit noch zum Alltag gehörte. Wir sind heute völlig isoliert, und es ist in dieser tatsächlichen Blindheit sehr schwer, sich zurechtzufinden, beurteilen zu können, was richtig und was falsch ist.

Besonders schwer machen es uns – die wir in den besser situierten Regionen unserer Welt leben – die große Menge an Versuchungen; es ist ja wirklich für jeden etwas dabei. Dazu kommt noch, dass niemand auf unserem gesamten Planeten bei Null beginnt, sondern jeder bringt massives Gepäck aus einer langen Vergangenheit mit. Ständig ›fallen wir in Anfechtungen‹, wovon bereits in der Bibel gewarnt wird. Durch das Paket das wir bei jeder neuen Geburt mitbringen, lösen wir bestimmte Dispositionen aus, die unsere Kindheit bestimmen. Nach den nötigen erhaltenen Traumata, um unsere Lebensaufgabe bestmöglich meistern zu können, sind wir dann nach der Pubertät reif für unser neues Abenteuer. Bereits dann haben sich schon viele Gewohnheiten – ich sage bewusst nicht Süchte – manifestiert. Wir wachsen also bereits mit einer Vielzahl an Faktoren auf, die unsere Suchttendenz unterstützen, und haben es deshalb viel schwerer, als wir es haben müssten. Das ändert aber leider nichts an der Notwendigkeit des Veränderungsbedarfes, der durch die ganzen Hindernisse, die uns so in den Weg gelegt wurden, unterstützt wird. Im Gegenteil kann man all die Erschwernisse als wirkliche Motivationen betrachten, bitte erinnern Sie sich in dem Zusammenhang an alle Gemütszustände unter 200 (siehe Kapitel *›Sehnsucht und Abscheu‹*) die durch ihre Abscheuwirkung (‹Das will ich so nicht mehr!›) großes Potenzial zur Veränderung in uns freisetzen. Dass bei den allermeisten Menschen viel zu erledigen ist, um zu innerer Harmonie zu gelangen, kann man ständig beobachten – nicht zuletzt an sich selbst. Im für dieses Buch gesetzten Rahmen ist kein

Platz, tiefer auf die Thematik einzugehen. Aber es lohnt sich, immer wieder den Blick auf das Thema ›Versuchung‹ zu lenken, wenn man drauf und dran ist, in ungeliebte Gewohnheiten abzukippen.

Das Hinterhältige bei dieser Strategie der Beeinflussung seitens der dunklen Macht liegt ja darin, dass nur ein paar Impulse in einer ganz persönlichen Richtung notwendig sind, um jemanden auf eine abwärts führende Ebene zu bringen. Und es betrifft wirklich sämtliche Bereiche! Wir dürfen und sollen alles genießen, das uns zur Verfügung steht, vom Essen über Erotik bis zu Geld. Problematisch wird es erst dann, wenn etwas zur Gewohnheit oder sogar einem Hang wird. Dann ist es schwer, aus diesem destruktiven Kreislauf wieder herauszukommen.

Deswegen denken Sie bitte immer wieder daran:

Das luziferische Prinzip ist es, die jedem Menschengeist innewohnende Suche, die nichts anderes ist, als die Sehnsucht, wieder in unsere lichte Heimat heimzukehren, zu ver-biegen, um uns angeblich durch den nun schwierigeren Weg zu ›stärken‹. Dieses Schwerermachen ist Ver-suchung.

Auch dieses Heimkehren wird meistens missverstanden. Es geht nicht darum, im großen Einen aufzugehen, von dem wir ausgezogen sein sollen oder dem Bedürfnis, wieder in die Geborgenheit des Mutterleibs zurückzukehren oder was es sonst noch an Thesen gibt, die unsere Sehnsucht erklären sollen. Das sind alles missverstandene, da auf irdisch-verstandlichen Level heruntergezogene Überlegungen, mehr nicht. Es fehlt dabei die Sicht auf das Ganze.

Damit sind wir bei dem angelangt, was uns die Grafik dieses Kapitels veranschaulichen soll, den Erkenntnispyramiden und der Sicht auf das Ganze, beziehungsweise von der Spitze des Ganzen auf das, worum es jeweils gehen soll.

Sicher kennen Sie einige der unzähligen Bücher auf dem Markt, die eine Erklärung für irgendetwas beinhalten, seien es philosophische Werke, Ausführungen, wie man optimal abnimmt, Ratgeber, wie man ein gutes Buch schreibt, die unzähligen Heilungsmethoden auf körperlicher und vor allem psychischer Ebene und viele mehr.

Anlass für all diese Geschichten ist eine Erkenntnis des Autors, die oft aus selbst durch die Methode erzielten Erfolgen hervorgeht. Durchaus hat jemand etwas Neues ausprobiert, damit Erfolg gehabt und schreibt nun darüber, wie man gesund, glücklich oder reich wird. Da wir den Grund unserer Suche nicht mehr wissen, irren wir planlos umher, ständig suchend, ohne aber zu wissen, wonach. Nur der unbestimmte Drang hält uns in Bewegung.

Apropos Bewegung. Auch Folgendes wäre ein eigenes Buchthema, hier aber nur ein kurzer Gedankenanstoß: Alles ungewöhnliche Bewegungsbedürfnis im Außen hat seine wahren Wurzeln in einem Defizit an entsprechender innerer Bedürfniserfüllung. Sei es übertriebenes Bedürfnis nach Reisen, Bewegung, Schönheit, Ansehen, Geld oder Macht. Alles nicht erkannte innere Sehnsucht, die mehr oder weniger verzweifelt durch ihr physisches Gegenstück zu uns spricht, um gestillt zu werden. Da das wirkliche Bedürfnis, das dahinter steht, aber so nie erfüllt wird, hält die äußere Tätigkeit eventuell ein Leben lang an. Das erklärt unter anderem etwa, warum oft Millionäre, trotzdem sie mehr als genug haben, immer mehr brauchen oder es Superhausfrauen nie perfekt genug sein kann.

Doch kommen wir wieder zurück auf die Erkenntnispyramide. Wenn Sie sich irgendeinen Ratgeber, sagen wir einmal zur inneren oder physischen Heilung, in Erinnerung rufen, dann ist Ihnen vielleicht aufgefallen, dass diese Methode bei Ihnen oder jemandem Bekannten nicht funktioniert hat. Das liegt nicht daran, dass die Methode nicht funktionieren muss und ebenso wenig daran, dass man sie nicht richtig genug durchgeführt hätte. Dieses Mal-schon-mal-nicht-Funktionieren liegt daran, dass die Methode nicht unter allen Bedingungen klappt.

Das größte der Dreiecke stellt die Schöpfung dar, an der Spitze wiederum die Quelle oder völlige Einfachheit. Die Grundlinie des Dreiecks bildet unser normales Leben ab. Darin finden immer wieder Menschen ganz besondere Zusammenhänge, die ›funktionieren‹. Das sind die kleinen Dreiecke. Da diese Zusammenhänge aber so gut wie nie zu Ende gedacht sind, decken ihre Grundlinien nur einen kleinen Bereich unseres Lebens ab. Unter Zu-Ende-Denken verstehe ich die Stimmigkeit bis hinein in die drei Grundgesetze Schwere, Anziehung der Gleichart und Wechselwirkung (beschrieben im Kapitel *›… Wahrheit‹*), also die Spitze der großen Pyramide, die Quelle von allem.

Gleich ein Beispiel für dieses Nicht-zu-Ende-Denken, das wir in diesem Buch bereits hatten: Christof Niederwiesers astrologische Deutung des Wechsels von einem Erdzeitalter in ein Luftzeitalter im Kapitel *›Die Sterne sprechen‹*. Die Grundlinie des großen Dreiecks betrifft nicht nur das irdische Leben, sondern das gesamte Sein, von der obersten Sphäre bis in unsere Grobstofflichkeit herunter. Niederwiesers Beobachtung war zwar richtig, weshalb man ihre Auswirkungen auch beobachten kann (Schwerindustrie wird zunehmend von digitaler, leichter Industrie abgelöst). Seine Pyramide hat aber den geistigen Aspekt dabei vernachlässigt, wodurch seine Auslegung nur einen Teilbereich abdeckt – also eines der kleinen Dreiecke. Sie sehen damit, von je höher eine Sicht ausgeht, umso breiter deckt sie auch alle Lebensbereiche ab.

Weil viele Erkenntnispyramiden nicht sehr hoch sind, kann es zum gleichen Thema durchaus mehrere geben. Manche mögen sich in Teilbereichen überschneiden, andere hingegen gehen von völlig anderen Voraussetzungen aus. Dass auf diese Weise leicht Auseinandersetzungen entstehen können, bei denen jeder meint, *er* hätte mit *seiner* Erkenntnispyramide recht, ist leicht nachvollziehbar. Besonders schwierig wird es, wenn keine Schnittmenge vorhanden ist. Dann können nämlich beide stimmen – oder auch nicht …

Es gibt sehr wenige Autoren, bei denen ich das Empfinden habe, dass sie besonders weit aufwärts vorgestoßen sind. Einer davon ist zweifelsohne Anthony William mit seiner *Medialen Medizin*. Und tatsächlich hat er seine Informationen von höherer Ebene, weshalb auch all seine Aussagen sehr stimmig wirken. Anmerkung: Es geht dabei um physische Heilung und körperlich-ernährungsmäßige Funktionen und Zusammenhänge.

Kompakt:
Sucht entsteht aus dem jedem Menschengeist innewohnenden Bedürfnis, sich auf die Suche nach einer mystischen Heimat zu machen, nach seiner geistigen Heimat. Das dunkle Prinzip versucht den Menschen dazu, diese Suche im rein Grobstofflichen versiegen zu lassen, und gaukelt ihm vor, dort seine Erfüllung zu finden. So entstehen aus der Wiederholung physischer Befriedigungen unterschiedlichste Süchte, die wir zum Großteil gar nicht als solche benennen, wie etwa der Sucht nach Sicherheit oder Anerkennung.

Urvertrauen

Was ist es eigentlich, dieses Urvertrauen, dem die Vorsilbe ›Ur‹ eine so schwerwiegende Bedeutung verleiht?

Ich habe eben einfach das Wort in meine Suchmaschine eingegeben und möchte die ersten drei Treffer vorstellen. Dabei beginne ich mit Platz drei.

Nummer 3 – Focus online – Urvertrauen: Das steckt hinter dem Begriff.

> »Das Urvertrauen ist die Basis für eine emotional stabile Persönlichkeit und eine positive Grundeinstellung zum Leben. Denn wer in sich und das Leben vertraut, der tut sich leichter.«

Dann wird darüber gesprochen, dass die ersten Beziehungspersonen für ein Kind in der Regel die Eltern seien. Erhielte das Baby in der ersten, völlig hilflosen Phase die fundamental wichtige Sicherheit, so wüchse sein Vertrauen in Eltern und Leben. Es gewänne Sicherheit und Selbstvertrauen, was schließlich in Urvertrauen mündete. Geriete ein so gestärkter Mensch später in Krisen, würde er mit ihnen leichter fertig werden.

Nummer 2 – Online-Lexikon für Psychologie und Pädagogik

> »Unter Urvertrauen versteht man in der Psychologie jene innere emotionale Sicherheit, die ein Kind in den ersten Lebensmonaten entwickelt, d. h., das Kind entwickelt das positive Grundgefühl, dass es Menschen

> vertrauen kann, dass diese ihm wohlgesonnen und verlässlich sind.«

Das Urvertrauen entstünde im Wesentlichen aus der positiven Erfahrung, zwischen den persönlichen Bedürfnissen und der Umwelt herrschte Übereinstimmung. Weitere Aussagen decken sich mit denen von Jean Liedloff, die ich im Kapitel ›Noch vor der Geburt‹ angesprochen habe. Mit dem Experiment von einer ›Stoffmutter‹ und einer ›Drahtmutter‹ hätte Harry Harlow nachgewiesen, dass einem Baby Haut und Wärme wichtiger wären als Nahrung. Schließlich liest man, dass das Vertrauen bis ins Volksschulalter stark weiterwüchse.

Nummer 1 – Wikipedia – Urvertrauen

> »Das Urvertrauen ist ein Begriff, der in Biosoziologie, Psychologie und Psychoanalyse verwendet wird. Sein Bedeutungsumfang wie auch der Begriff selbst sind häufig Gegenstand von Diskussionen.«

Das erfahren wir in der üblichen ersten Wikipedia-Kurzerklärung. Danach erfährt man im Prinzip dasselbe wie in den beiden anderen Quellen, nämlich dass sich Urvertrauen aus der verlässlichen Zuwendung einer Pflegeperson entwickle und die Grundlage für Selbstwertgefühl und Liebesfähigkeit wäre.

Wie üblich geht es ausschließlich um rein physische Aspekte, was auch nicht anders zu erwarten war. Durch ein vertrautes Nahverhältnis zu Mutter oder einer Pflegeperson entsteht im Kind die Sicherheit, die ihm später ermöglicht, selbstbewusst und empathisch durchs Leben zu gehen. Auch erfahren wir, dass Vertrauen mit zunehmendem Alter zunimmt. Das finde ich insofern bemerkenswert, als ja der nahe Kontakt zur Mutter mit zunehmendem Alter abnimmt bis zur pubertären Peinlichkeit mütterlicher Berührungen in der Öffentlichkeit.

Unter dem Aspekt des Großen und Ganzen aber glaube ich nicht, dass diese Erkenntnisse der Weisheit letzter Schluss zum Thema Urvertrauen sind. Natürlich spielt am Anfang die möglichst nahtlose Nähe zur Mutter mit der folgenden natürlichen Ablösung von ihr eine entscheidende Rolle. Das würde dann aber bedeuten, dass man, sollte man es bis dahin nicht geschafft haben, später zu Urvertrauen nicht mehr fähig wäre. Das glaube ich nicht. Und noch etwas kommt hinzu:

Zwar wird überall beschrieben, woher das Urvertrauen kommt, aber nirgends, was es eigentlich ist. Es wird lediglich angedeutet, dass es etwas mit Ich- und Selbstbewusstheit zu tun hat. Dieser Ausblick wirkt auf mich gleichermaßen logisch als auch verstörend. Natürlich spielt die Ichbewusstheit eine entscheidende Rolle, denn sie ist die Voraussetzung für eigenständiges Denken und Handeln. Allein daran kann man beobachten, wie es um den Großteil der Menschheit bestellt ist. Wenn man jedoch an all unsere Verknüpfungen in andere Sphären denkt und die Tatsache, dass das Physische, dem wir so große Bedeutung beimessen, lediglich das Ergebnis geistigen Wollens ist, dann finde ich es viel zu kurz gedacht, Urvertrauen an dem von der Psychologie Gelehrten festzumachen. Es mag zu einem guten Teil für die emotionale Vertrauensfähigkeit ausschlaggebend sein. Aber als ›Urvertrauen‹ würde ich das nicht bezeichnen – bestenfalls als Grundvertrauen oder emotionales Vertrauen.

Allein die Vorsilbe ›Ur‹ impliziert schon eine viel umfassendere Tiefe und Konsequenz im Nachgehen einer logischen Gedanken-, beziehungsweise Empfindungskette. Natürlich bedeutet die mütterliche Nähe einen einfacheren Start ins Leben. Aber bereits bei diesem Satz sollte man ins Nachdenken kommen. Denn muss ein einfacherer Start auch immer der bessere sein? Denken wir doch zurück an das Kapitel ›Karma, Belohnung und Strafe‹, in dem wir uns auch dem Auflösen von Bindungen gewidmet haben. Nehmen wir noch die Erkenntnisse aus dem Kapitel *›Sehnsucht und Abscheu‹* dazu, dann liegt es ganz offen vor einem, dass durchaus sogar traumatisierende Erlebnisse effektiver zur persönlichen Befreiung führen können. Bequemlichkeit ist auch dafür selten hilfreich. Hat jemand dieses emotionale Grundvertrauen nicht erhalten, dann hat er ziemlich sicher sogar die wirksamere Initialzündung damit bekommen, sich mit den Dingen hinter den Dingen auseinanderzusetzen. Denn wie wir ja schon besprochen haben, sind wir zu einem großen Teil eher aus Druck heraus gewillt, etwas zu verändern, als nur aus der reinen Erkenntnis heraus, es wäre besser so.

So oder so bleibt es das Ziel eines jeden Menschen, sich das tatsächliche Urvertrauen zu erarbeiten. Hier meine ich es wirklich im Sinne von Arbeit, allerdings nicht ›im Schweiße …‹, sondern als ernsthaftes Bemühen.

Urvertrauen bedeutet das Verstehen oder zumindest die innere Gewissheit, im Universum, der Schöpfung geborgen und willkommen zu sein – nicht in unserer Gesellschaft! Aus dem ›willkommen‹ kann man schon erahnen, dass das eigene Verhalten, beziehungsweise die Beziehung zur Schöpfung eine bestimmende Rolle spielt und ebenfalls wieder nicht unbedingt die zur einen umgebenden Gesellschaft. Ich kann schlecht etwas vertrauen, von dem ich nicht überzeugt bin oder das ich sogar ablehne. Ob die Überzeugung aus einem logischen Verstehen rührt, aus innerer Klarheit oder kindlich-intuitivem Glauben, spielt dabei keine Rolle. Da wir Menschen uns aber so lange Zeit zum Verstand hin erzogen haben, wird vielen von uns nur das gedankliche Nachvollziehen und Verstehen übrig bleiben. Das ist im Prinzip kein unüberwindbares Hindernis, es führen einfach viele Wege nach Rom. Es lässt sich auch ganz gut vergleichen mit den Wesen der geistig bewussten Ebene, die sofort bewusst waren, während wir uns diese Bewusstheit erst erarbeiten müssen. Doch am Ziel angekommen wird unser Wert nicht geringer sein.

Urvertrauen ist etwas unbeschreiblich Großes. Es ist herzöffnende Freude, Glück, Sicherheit, Geborgenheit und die Gewissheit, dass selbst in erschreckenden Situationen alles mit rechten Dingen zugeht – alles in einem. Zwar verstehen wir oft nicht alles, aber allein zu *wissen*, dass es keine Willkür gibt und keinen Zufall – *wir selbst* also *immer* für das verantwortlich sind, was uns begegnet, aber auch begegnen *wird* – sondern sich alles streng nach den ewigen Schöpfungsgesetzen ereignet, gibt Sicherheit, Gelassenheit und Ruhe.

Kompakt:
Urvertrauen ist nicht das, wofür es uns die Psychologie verkauft. Es geht weit über das hinaus, was uns körperliche Nähe in unseren ersten Lebensmonaten und -jahren vermittelt. Urvertrauen ist das Empfinden, in der Schöpfung richtig zu sein, so, wie man ist – egal, *wie* man ist; verbunden mit dem Wissen, dass man ausschließlich selbst für das verantwortlich ist, was einem widerfährt. Und somit natürlich auch das Wissen, jederzeit sein Schicksal selbst verändern zu können und nicht ausgeliefert zu sein. Urvertrauen bedeutet wahre Sicherheit.

Heilung

Ab nun wollen wir uns mit Heilung beschäftigen und allem, was dazu nötig ist zu wissen. Die persönliche Heilung wird in der Folge automatisch dazu führen, dass auch die Gesellschaft heilt und das Verhältnis mit der Natur mehr in Ein-Klang kommt. Für die Heilung der Gesellschaft braucht es keine Revolution, niemanden, der von einem Podium aus mit einem Megafon die Massen in irgendeine Richtung lenkt.

Heilung erfolgt von innen heraus!

Mediziner und alle, die selbst schon einmal eine tiefere Wunde hatten, konnten die Erfahrung des Von-innen-nach-außen-Granulierens machen: Die Heilung erfolgt von innen nach außen, bis sich die Wunde langsam geschlossen hat. Bitte erinnern Sie sich an die herausragende Möglichkeit der Analogie, des Wie-im-Kleinen-so-im-Großen. Sie werden immer wieder auf solche Parallelen stoßen, in Wirklichkeit Gesetzmäßigkeiten, die sich in jedem Bereich, den jeweiligen Gegebenheiten entsprechend wiederholen.

Denken Sie bitte nie, ein Einzelner könnte ohnehin nichts erreichen. Sollten Sie mutlos werden ob der großen Anzahl dieser Notwendigkeit gegenüber gleichgültigen Menschen, erinnern Sie sich bitte daran, dass ein einziger Mensch auf Bewusstseinsstufe 300 bereits 90.000 Menschen unter 200 ausgleichen kann! Ich persönlich finde das unglaublich ermutigend, denn so weiß man, dass es nicht zwingend nötig ist, mit großer Resonanz ins Außen gehen zu müssen, wie das Autoren, Vortragende oder andere Personen in der Öffentlichkeit tun können. Hat man diese Möglichkeit, ist es natürlich fantastisch, doch wenn nicht, dann bewirkt allein die Energie des So-Seins Unglaubliches.

Um innerlich stark zu werden, ist es notwendig, dass man seine durch die parasitären Ausstülpungen geschwächten Anteile wieder zusammenführt, das heißt, entweder diese externen Anteile aushungert – die bedeutend mühsamere Strategie – oder dass man sie wieder zu sich holt. Warum das die bessere Lösung ist, werden wir gleich sehen. Es gibt dafür viele Wege und ich möchte Ihnen in den folgenden Unterkapiteln ein paar davon vorstellen. Es geht dabei nicht um dezidierte Interventionen zum Zweck der Heilung, sondern man kann einiges auch ständig im Alltag anwenden. So zum Beispiel später, was wir im Kapitel ›*Zuhören*‹ betrachten wollen.

Doch ich möchte noch drei Dinge loswerden, bevor wir uns der Heilung selbst widmen.

Das Erste muss man sich sehr oft ganz bewusst ins Gedächtnis rufen, bis man es als automatischen Einstellung verinnerlicht hat:

›Du bist (völlig!) anders als ich‹.

Natürlich, sagen Sie vielleicht, sieht man doch sogar. Doch so leicht lässt sich diese Tatsache gar nicht auf Anhieb ausmachen – und die mit ihr verbundene Notwendigkeit, sich dessen immer wieder ganz bewusst zu erinnern. Nehmen wir dafür ein beliebiges prominentes Beispiel, einen Milliardär. Vielleicht denkt man dabei, was man alles mit dem Geld anfangen könnte, vom Abbezahlen eines Kredits bis hin zu vielleicht einem Segelboot. Jedenfalls alles Gedanken, die der eigenen Wirklichkeit entspringen. Aber diese Wirklichkeit ist völlig anders als bereits die des Nachbarn und schon überhaupt von jemandem Reichen oder Prominentem. Wie fühlt sich ein Milliardär?

Nehmen wir an, unser Beispielsmilliardär Richard wäre ein Kind reicher und viel beschäftigter Eltern, die für ihn kaum Zeit haben, sondern alles einer Nanny übertragen. Geld ist nie Thema, aber Liebe und Empathie auch nicht. Zudem äußern sich die Eltern häufig abfällig über ›nicht gesellschaftsfähige‹ Menschen, wie sie sagen, Arme, Alte und Unintelligente, eigentlich das ganze sogenannte dumme Volk, den Plebs, wie Opa zu sagen pflegte. Eine weitverbreitete Einstellung bei den oberen Zehntausend. Richard ist schlau, ergaunert sich eine gute Idee, mit der er eine Firma aufbaut und schon in jungen Jahren zum Milliardär wird. Mehr Geld ist für ihn nur insofern von Belang, als er es braucht, um seine Visionen umzusetzen. Aber was sind das für welche? Er spricht mit niemandem darüber. Im Laufe der Jahre nehmen in seinem Kopf die zuerst vagen Vorstellungen immer konkretere Formen an. Er träumt von der perfekten Erde. Grün, saftig und gesund, von einem strahlend blauen Himmel überdacht. Natürlich wäre das mit den Menschenmassen in Afrika, Indien oder China schwer möglich. Man müsste demnach zwei Dinge tun: Einerseits lebensunwürdigen Menschen es unmöglich machen, sich zu vermehren, denn ausrotten könnte man sie schlecht – er wollte doch kein zweiter Hitler werden.

Bei diesem abgrenzenden Gedanken fühlt er sich richtig gut. Nein, es würde niemandem wehtun, wenn solche Leute einfach alt würden und stürben, aber keine Nachkommen hätten, oder? Und die, die sich fortpflanzten, hätten ausgewählte Gene. Da sich die Technik rasant weiterentwickelt, scheint es keine Utopie mehr zu sein, bald den Menschen so mit Technik zu verquicken, dass zuerst Organe durch synthetische ersetzt werden können und man schließlich sein Gehirn in eine Cloud hochladen kann, um einfach den Körper zu wechseln, wo nach dem Download alles weitergeht – ewiges Leben. Ja, das ist eine Vision, die seiner würdig ist. Richard jettet über die Erde, von Termin zu Termin, spendet Geld und investiert geschickt in Medien und PR-Kampagnen, die seine Pläne und sein Image als Menschenfreund dem Volk verkaufen. Kleine Lateralschäden muss man halt in Kauf nehmen, das sollte einem so ein Vorhaben schon wert sein. Weit abgekoppelt von der realen Welt jagt Richard seinen Visionen nach, getragen von Wogen der Unterstützung. Dass er dabei nicht von Zuneigung getragen wird, sondern von abhängig gewordenen Menschen, die in Angst davor leben, fallengelassen zu werden, davon bemerkt er nichts. Dort, so fern von jeder Realität und Menschlichkeit. *So* anders können andere sein.

Das zweite mir Wichtige betrifft das Beurteilen.

Wie kann man etwas als stimmig oder nicht stimmig einordnen? Wir haben zwar schon mehrfach davon gesprochen, doch ich möchte es noch einmal tun, da es so wichtig ist. Schließlich ist die Beurteilung, ob etwas für einen richtig oder falsch ist, der Schlüssel dazu, ob man es zulässt oder nicht.

Es kommen wieder unsere Werte zum Zug. Wir haben genaue Vorstellungen, was sein darf und was nicht. Diese Vorstellungen können so weit gehen, dass wir krank werden oder heilen, sie sich also auf unseren körperlichen Zustand auswirken. Wenn wir unser ganzes Leben gelernt haben, dass im Staat zwar auch korrupte Menschen zu finden sind, aber ansonsten alles ›eh ganz okay‹ ist, dann sind wir einfach nicht gewillt, etwas zu akzeptieren, was dem widerspricht, vor allem dann, wenn es unser ganzes bisher Geglaubtes auf den Kopf stellt. Nein, nein, so etwas wollen wir nicht hören. Dasselbe Spiel findet auch häufig den eigenen Eltern gegenüber statt. Viele Menschen stehen selbst dann noch hinter ihnen – vor allem der Mutter – wenn sie schlecht behandelt wurden. All das sind neuronale Bahnen, die sich in unseren Körper und unser Gemüt eingegraben haben und es uns sehr schwer machen, aus ihnen auszubrechen.

Und doch werden wir keine Heilung erfahren, wenn wir nicht gerade dazu bereit sind. Bereit sind, etwas zu hinterfragen, was wir aus einem Reflex heraus ablehnen oder einfach nicht glauben *wollen*. Solange wir noch nicht in der Lage sind, etwas blitzschnell intuitiv als richtig oder falsch einzustufen, sollten wir uns unbedingt die nötige Zeit für diesen Prozess geben. Setzen Sie sich zum Beispiel hin und lassen Sie die Bilder zu den beiden Szenarien vor ihrem inneren Auge erstehen. Welche fühlt sich besser an?

Beim schließlich Dritten geht es um Rhythmen.

Wir sind Linearität dermaßen gewohnt, dass wir sie in allem und jeden erwarten. Kein Wunder, spielt sich doch unser denaturiertes Leben möglichst gleichmäßig ab. An fünf bis sechs Tagen die Woche stehen wir um die gleiche Zeit auf, nehmen zur gleichen Zeit den gleichen Weg zur Arbeit, wo wir das gleiche erledigen, um wieder zur gleichen Zeit heimzukehren. Auch dort wiederholt sich dann immer das Gleiche. Dieses Gleiche zieht sich durch unser Leben wie ein Fraktal[1]. Das Gleiche ist auch in immer größeren Ebenen sichtbar, jedes Wochenende, Betätigungen in den Jahreszeiten, Urlaube.

Trotzdem lässt sich in allem ein Rhythmus erkennen. Tag und Nacht, Wochentage und -enden, Jahreszeiten, der eigene Biorhythmus. Der Biorhythmus wird in drei Wellen dargestellt, einer körperlichen (23 Tage), einer emotionalen (28 Tage) und einer ›geistigen‹ (33 Tage). Inwieweit an diesem Biorhythmus was dran ist, kann ich nicht beurteilen, ich habe mich selbst diesbezüglich auch nie beobachtet, doch es wäre es sicher wert, es einmal zu tun. Aber dass wir nicht immer gleich sind, uns mitunter sehr unterschiedlich fühlen, stellt sicher niemand in Abrede.

Es ist alles einem Rhythmus unterworfen. Demnach auch Veränderungen. Veränderung verläuft genauso wenig linear wie irgendeine Entwicklung, sondern in Rhythmen,

---

[1] Fraktale sind zwei- aber auch dreidimensionale Objekte, bei denen das Ganze seinen Bestandteilen ähnelt. Man kann es bei Bäumen, Kristallen, Polymermolekülen aber auch Galaxien beobachten - wie im Großen, so im Kleinen.

Wellen. In Folge dessen scheint es bei jeder Entwicklung auch zwischendurch ›rückwärts‹ zu gehen. Wichtig ist lediglich die Tendenz der Kurve. Bei positiver Tendenz der Kurve wird jedes Hoch ein wenig höher sein und jedes Tief etwas geringer.

Die Tatsache dieser Wellenbewegung betrifft jede Entwicklung, *also auch die Heilung!* Das immer im Hinterkopf zu behalten ist hilfreich, um nicht an Veränderungsprozessen ins Zweifeln zu geraten!

Kompakt:

Heilung setzt unsere Bereitschaft voraus, zwar keine fremden Überzeugungen ungeprüft zu übernehmen, aber doch, uns damit auseinanderzusetzen, selbst wenn sie unseren eigenen Überzeugungen wehtun. Alles Andere und Neue bedeutet zugleich auch Abschied von etwas Altem, und Abschied schmerzt immer, selbst wenn das, von dem wir uns trennen, uns nicht dienlich war.

Wut, Angst und ihre Brüder

Wut, Angst, Scham, Schuldbewusstsein, Neid und Stolz – sie alle sind Zeichen dafür, dass man sich angegriffen fühlt. Dass man seine Werte in Gefahr sieht und glaubt, sie verteidigen zu müssen. Eines haben sie gemeinsam: Sie sind Zeichen dafür, dass man nicht in der eigenen Mitte ist. Auch wenn man es uns so gelehrt hat und wir es lehren, und sei es nur im Verhalten, so sind sie genau das nicht: Anlass, das zu verletzen oder gar zu zerstören, was diese Emotionen erzeugt hat. Mit anderen Worten: alles platt zu machen, was den eigenen Werten nicht entspricht.

Emotionen sind genau das Gegenteil.

Wut, Angst, Scham, Schuldbewusstsein, Neid und Stolz und all ihre Verwandten sind vom Universum freundlich gemeinte Hinweise, in sich zu gehen und genau das Gegenteil zu tun: *seine Werte zu hinterfragen.* Denn sie sind nie anderes als der Ausdruck von irgendetwas aus unserer eigenen Historie, das gesehen und geheilt werden möchte.

Wenn Sie irgendetwas stört oder ärgert oder aufregt, nervt oder erhitzt – nutzen Sie die Botschaft zur eigenen Veränderung. Immer.

All diese Emotionen – ich erinnere an das Kapitel ›*Sehnsucht und Abscheu*‹ – sind Zustände unter der Schwelle ›Mut‹. Damit sind sie alle Hinweise dafür, uns von etwas zu lösen. Wenn Sie also zornig sind auf eine Meinung, ein Handeln von jemandem andern, dann nutzen Sie die Gelegenheit dazu, sich selbst besser kennenzulernen. In den weiteren Kapiteln werden Sie Anregungen finden, wie Sie das konkret umsetzen können.

Dieses Kapitel ist im zweiten Teil, der mit dem Kapitel ›*Heilung*‹ begonnen hat, deshalb an erster Stelle, weil alles Heilenwollen nichts nützt, solange man nicht weiß was überhaupt geheilt werden möchte. Zwar kann man auch über die Emotionen Kummer und Angst direkt einsteigen, aber Anlässe, die einen aufregen, sind perfekte Hinweise.

Unter ›zuhören‹ meint man üblicherweise, dass man ein offenes und möglichst neutrales Ohr für sein Gegenüber hat und nicht sofort in die Konfrontation geht. Darum soll es in dem folgenden Kapitel ›*Zuhören*‹ auch vordergründig gehen.

Hier möchte ich aber betonen, dass es genauso wichtig ist, sich selbst zuzuhören, und damit meine ich nicht dieses Kopfkino, das einen mitunter in Stücke zerreißen möchte. Nein, es sind einfach die gerade angeschnittenen Situationen: Jemand sagt oder tut etwas, das einen auf die Palme bringt. Um uns solche Konflikte zu vergegenwärtigen, brauchen wir gar nicht weit zu gehen. Wieder möchte ich als Beispiel die aktuelle Gegnerschaft der Coronamaßnahmenbefürworter und -gegner heranziehen. Sollten Sie Befürworter sein, dann könnte Sie es eventuell ärgern, wie unverantwortlich und unloyal sich Menschen verhalten, die keine Masken tragen und damit andere gefährden. Sind Sie Maßnahmengegner, dann ärgert Sie vielleicht mangelndes Wollen, alles zu hinterfragen. Beide Parteien denken sich: ›Das kann doch nicht wahr sein!‹ Und beide Parteien sind davon überzeugt, recht zu haben.

Ob man jedoch recht hat oder nicht, darum geht es gar nicht. Es geht tatsächlich darum, dass jemand anderes mit seinen Aussagen oder Handeln die eigenen Werte verletzt. Es geht nicht einmal darum, ob die eigenen Werte nun richtig sind, denn so landen wir flugs in einer Diskussion, ob Grundrechte oder Gesundheit wichtiger wären, und gelangen kaum zu einem Ergebnis.

Hören wir jedoch in uns hinein, werden wir erkennen, dass dort irgendein Programm gestartet worden ist. Erinnern Sie sich an die parasitären Anteilsteile aus dem Kapitel *›Anteile‹*? Die freuen sich sehr, wenn es Ihnen so geht, denn sie bekommen jede Menge Energie von Ihnen ab. Wollen Sie dieses Spiel weiterhin mitspielen? Wenn nicht, dann schenken Sie diesen Anteilen Aufmerksamkeit und würdigen Sie sie. Schließlich sind es ja Ihre. Wie Sie das konkret tun können, erfahren Sie im Kapitel *›Anteile heimholen‹*.

Vorderhand aber können Sie sich auf die Schulter klopfen, wenn es Ihnen gelungen ist, den Zusammenhang zwischen dem externen Auslöser und ihrem Abwehrreflex zu erkennen! Denn dadurch ist Ihnen der Vorgang bewusst geworden. Ohne diesen Schritt geht gar nichts. Er ist der Mut, die Wasserscheide zwischen Dunkel und Licht, mit Mut die Eigenverantwortung zu übernehmen.

Kompakt:

Wut, Angst, Scham, Schuldbewusstsein, Neid, Stolz und wie sie alle heißen, wirken sich zwar störend auf jede Beziehung aus, aber sie haben auch ihre Sonnenseite. Wenn es uns gelingt, sie ganz bewusst zu beobachten, haben wir den wichtigsten Schritt in Richtung Veränderung zum Glück getan.

Täuschung

Zum Prozess der Heilung gehört es, sich mit Täuschung auseinanderzusetzen – auch wenn Ihnen das auf den ersten Blick seltsam erscheinen mag.

Werfen wir einen Blick auf das, was mit uns geschieht, sobald wir auf die Welt kommen. Wir kommen zwar nicht als ›neue‹ Seele auf die Welt – schon sehr, sehr lange nicht mehr – aber die Erfahrungen in diesem Leben sind für uns jedes Mal völlig neu. Wir lernen nicht nur mit jedem neuen Leben neu, wie wir essen und stubenrein werden, sondern wir werden auch bezüglich unserer Muster, also Ansichten und Gewohnheiten immer wieder neu ›programmiert‹. Das hat etwas sehr Gutes, denn so ist uns von Mal zu Mal ein Neustart möglich.

Allerdings ist etwas im Laufe der Menschheitsentwicklung schief gelaufen, ich habe es schon öfters erwähnt: Durch die ständige Konzentration auf unseren Verstand als Führungsinstanz durch unser Leben haben wir alle Energie an ihn abgegeben und naturgemäß einen anderen Zweig geschwächt: unsere Intuition, die Fähigkeit des Mit-allem-verbunden-Seins.

Die Folge davon liegt auf der Hand: Wir haben uns dadurch immer nur aufs Außen konzentriert. Das scheint, grob betrachtet, nichts Schlechtes zu sein. Doch was bedeutet es, wenn man genauer hinschaut? Es folgert daraus eine so ungeheuer weitläufige Konsequenz, dass man es erst einmal sacken lassen muss, um sich der Tragweite bewusst zu werden. Doch fangen wir vorne an.

Wir haben ja im Verlauf des Buches festgestellt, dass wir nicht nur aus unserem Körper bestehen, sondern der Körper die gröbste und äußerste, na ja, besser: dichteste Hülle ist, die wir benötigen, damit unsere Seele sich hier verständigen und handeln kann. Sich auf den Verstand zu konzentrieren, wie ich eben geschrieben habe, bedeutet auch, den Schwerpunkt auf diese äußere Hülle, also auf den Körper, beziehungsweise das Materielle im Allgemeinen zu legen. Durch diese konzentrierte Wahrnehmung auf das Außen findet das Innen kaum bis gar keine Beachtung mehr. Es gibt tatsächlich so empathielose Menschen, dass man beinahe von menschlichen Robotern sprechen kann.

Durch diese so erfolgte Trennung von Diesseits und Jenseits, um es einmal mit anderen Worten auszudrücken, ist es schleichend zu einer Spaltung gekommen. Die einen Menschen sind vornehmlich auf das Äußere bezogen, während andere den Zugang zu ihrem Kern, der den Geist umhüllenden Seele, noch nicht ganz verloren haben.

Diesen Vorgang zu erkennen ist wichtig, denn er erklärt vieles!

Wir haben es daher in unserer Realität nicht mit dem Großen und Ganzen zu tun, wie es sein sollte und könnte, sondern mit einer Scheinwelt und einer echten. Nur ist die Scheinwelt nicht die, für die wir sie halten, sondern es verhält sich genau umgekehrt. Die echte Welt ist die im Inneren, von der alles ausgegangen ist. Praktisch jeder, der über Nahtoderfahrungen spricht, hat diese andere Realität als die echtere und eindrücklichere empfunden. Sie ist aktuell ziemlich isoliert von der Scheinwelt, unserer sogenannten ›Realität‹.

Aus diesem Grund hört man auch ab und zu Menschen sagen, das Leben wäre eine Illusion, die ›Realität‹ gäbe es so gar nicht. Das ist allerdings das Kind mit dem Bad ausgeschüttet, also das gegenteilige Extrem derer, die leugnen, dass es etwas anderes gibt als das Sicht- und Messbare.

Durch die erfolgte Trennung des Stofflichen vom Rest der Schöpfung (in Wirklichkeit ist es aber umgekehrt, das Grobstoffliche ist der Rest) haben wir das große Ganze in eine äußere Welt und eine innere Welt aufgespalten. Und nun wird es richtig spannend!

Diese Spaltung kommt langsam ans Tageslicht – zum Beispiel in der Matrix-Trilogie mit der blauen und der roten Pille – während sie durch die Coronakrise sogar ins grelle Licht der Unübersehbarkeit *katapultiert* worden ist! Das, was wir als aktuelle Spaltung in der Gesellschaft erleben, ist nichts anderes als das Offensichtlichwerden dieser ›Dualität‹. Merken Sie, wie sich plötzlich Stück um Stück alle Puzzlesteine zu einem Großen und Ganzen zusammenfügen, das sie eigentlich schon immer waren?

Es wird in spirituell interessierten Kreisen gern über ›Dualität‹ gesprochen, und in der Folge davon, dass wir dabei wären, sie hinter uns zu lassen. Um klar zu sehen, sollten wir zuerst den Begriff für uns klären. Wikipedia ist dafür, wie nicht anders zu erwarten, kein hilfreicher Ort. Dort findet man unter diesem Begriff derzeit lediglich die Optionen der Dualität in der Logik, Mathematik und Verbandstheorie sowie drei weiteren mathematisch-geometrischen Varianten. ›Nicht hilfreich‹ und ›nicht anders zu erwarten‹ insofern, als Wikipedia wohl der größte Jenseitsleugner (und damit Verstandesverehrer) ist – um aktuelles Vokabular zu nutzen.

Sieht man sich auf anderen Seiten um, so kommt man dort dem Begriff zwar näher, nur wird dort gern über das Ziel in der anderen Richtung hinausgeschossen und in mir entsteht schnell ein Bild von einem süßlich-rosaroten Abgehobensein, mit dem ich genauso wenig etwas anfangen kann. Warum muss alles immer schwarz oder weiß sein?

Dualität ist das, was wir in der Datentechnik als binär bezeichnen. Ein oder aus, entweder – oder. Das Wort kommt von dem lateinischen *Dual*, was so viel wie Zweiheit bedeutet. Es geht also um zwei sich ausschließende Zustände. Nebenbei: Im Gegensatz dazu bedeutet Polarität zwei maximal voneinander entfernte Pole, zwischen denen es beliebig viele Abstufungen geben kann. Heiß und kalt, hell und dunkel und so weiter. Wenn wir rein verstandesorientiert leben und alles Nichtmess- und Sichtbare in die Fantasie verbannen, befinden wir uns in einer dualen Sichtweise. Genauso wie dann, wenn wir der Meinung sind recht zu haben und das Gegenüber nicht. Diese Dualität hat sich mittlerweile so zugespitzt, dass wir in einer Gesellschaft von nur noch Kritikern und Befürwortern in allen möglichen Belangen leben.

In Bezug auf unsere Weltanschauung bedeutet Dualität die strenge Trennung zwischen Diesseits und Jenseits (der physischen Wahrnehmung). Insofern sind Aussagen wie

›wir lassen die Dualität hinter uns‹ dann richtig, wenn man darunter versteht, dass wir uns dessen bewusst werden, dass Diesseits und Jenseits keine voneinander getrennten Welten sind, sondern ineinander verschränkt, gleichzeitig und immer miteinander magnetartig verbunden.

Ein Beispiel zu dem, was ich mit dem Über-das-Ziel-Hinausschießen meinte, erläutert eine Überschrift zum Thema, die ich im Netz fand: *›Was ist Dualität und wie du aus dieser ausbrechen kannst…!!‹*. Es geht nicht darum, aus etwas auszubrechen, sondern im Gegenteil darum, etwas zuzulassen.

Diese große Zweiteilung ›Diesseits‹ und ›Jenseits‹, man kann auch sagen ›Verstand‹ und ›alles andere‹ hat zu allem nicht Mess- und Sichtbaren eine Trennwand hochgezogen. Um besser zu erklären, worauf ich hinaus möchte, will ich die beiden dualen Bereiche als ›sichtbar‹ und ›unsichtbar‹ benennen.

Also, zwischen diesen Bereichen existiert eine Wand, ganz am Rand der Sichtbarkeit. Sie ist aber nicht einfach nur eine Stahlwand, sondern besser vergleichbar mit den Wänden von alten Schlössern. Bekanntlich gab es in denen oft Geheimtüren und ganze geheime Gangsysteme.

Legen wir dieses Bild auf unsere aktuelle Gesellschaft um, so gibt es einen nach außen sichtbaren Bereich und einen Schattenbereich. Der ist zwar ebenfalls noch diesseits der Sichtbarkeit, befindet sich aber hinter der offiziellen Wand. So, wie die Geheimtüren und -gänge dem Besucher eines solchen Schlosses nicht erkennbar verbleiben, sondern nur Einrichtung und Tapeten, so bekommen auch wir nur alles bis inklusive einer Tapete zu sehen – das, was man uns zeigen will.

Hie und da kommt es nun vor, dass eine Geheimtür oder ein geheimer Gang ›geleakt‹ werden, also etwas von deren Existenz an die Besucher (Öffentlichkeit) gelangt. Was würde nun der Schlossherr eines solchen Gemäuers, in dem häufig geheime Verhandlungen stattfinden, die mithilfe dieser geheimen Areale abgehört werden, tun, wenn die Existenz dieser Geheimräume ans Licht käme? Er würde alle Propaganda dafür aufwenden, die er aufwenden könnte, um es als Unsinn abzutun und lächerlich zu machen, oder als etwas, das doch allen nützen würde. Vielleicht, dass in den doppelten Wänden medizinisches Personal patrouillierte, um gegebenenfalls bei gesundheitlichen Problemen einem der Versammelten zur Hilfe eilen zu können – je absurder, desto besser. Zusätzlich werden die Entdecker als Spinner und Dampfplauderer diffamiert, also als verrückt hingestellt.

Ist Ihnen nun zufällig eine Parallele zu den aktuellen Ereignissen aufgefallen, dann war das durchaus beabsichtigt. Sollten Sie sich nicht mit den drei folgenden Ereignissen kritisch beschäftigt haben, hier drei Beispiele für Fakten, die eventuell auch Sie anzweifeln: Praktisch alle Kriege, von Afghanistan bis Syrien entstanden nicht lokal, sondern waren geopolitische[1] Machenschaften seitens der USA. WTC7, der dritte Turm des World Trade Centers in Man-

[1] Geopolitik betrifft nicht nur die Politik in Regionen, sondern geografisch weitgreifender, oft weltweit.

hattan (von dem man wenig hört, der aber auch eingestürzt ist), der am 11. September 2001 einstürzte, war gesprengt worden. Die erste Mondlandung am 20. Juli 1969 hat nicht wirklich stattgefunden. Bitte keine Diskussion jetzt dazu. Beobachten Sie sich lediglich selbst, wie es Ihnen mit diesen Aussagen geht.

Ob die drei Ereignisse stattgefunden haben, wie man es der Allgemeinheit erzählt, soll nicht das Thema sein. Zwei dieser Begebenheiten wurden definitiv falsch an die Öffentlichkeit weitergeben, ziemlich sicher sogar alle drei. Ich möchte Sie mit diesem eventuell kleinen Schock lediglich daran erinnern, dass es in der Wand an der Grenze der Sichtbarkeit, also dessen, was wir sehen und hören, jede Menge an Geheimräumen gibt. Sie werden besiedelt von CIA, MI6, BND, GRU und wie all die Geheimdienste – oder ›Nachrichtendienste‹ – auch heißen. Von dort aus wird gesteuert, welche Tapeten an den Wänden nach außen hin den Besuchern – uns, den Uneingeweihten – präsentiert werden.

Das alles ist Ihnen wahrscheinlich bekannt. Nun möchte ich aber den Schluss daraus ziehen, der das Verhalten vieler Menschen erklärt. Noch einmal zusammenfassend: Wir kommen auf die Erde und beginnen jedes Mal bei Null. So scheint es jedenfalls nach außen zu sein und wird von einem großen Teil der Menschen so geglaubt. All unsere Persönlichkeitsmerkmale sollen entweder genetisch bedingt oder der Erziehung geschuldet sein. Ein Vorleben wird als unwahr oder zumindest unwahrscheinlich abgetan.

Obwohl es genügend Erlebnisberichte gibt, in denen Gegenteiliges berichtet wird, hält sich dieses Narrativ[1] beharrlich. Warum? Für jeden Diktator, ob es sich um ein Staatsoberhaupt, einen Religions- oder Sektenführer handelt, sind kritisch denkende Menschen unbequem, weil sie dieses Narrativ hinterfragen könnten. Ganze psychologische Zweige beschäftigen sich schon seit Jahrhunderten mit Manipulationstechniken, um diese Geschichten aufrecht zu erhalten.

Die wohl älteste derartige heute bekannte Manipulation erfolgte 553 nach Christi, als Theodora, Kaiser Justinians Frau, einen der wohl ältesten geopolitischen Ränke in die Wege leitete. Nach ihrem Tod vollendete Justinian den von ihr angezettelten Plan, indem er erreichte, dass im Fünften Allgemeinen Konzil von Konstantinopel die Reinkarnation aus der christlichen Lehre entfernt wurde. Man bediente sich damals schon derselben manipulativen Mechanismen wie heute. Während man heute Menschen mit unpassenden Ansichten als Verschwörungstheoretiker oder Rechtsradikale diffamiert, wurden solche Menschen früher verflucht. Heute in Gefängnisse oder psychiatrische Anstalt weggesperrt, früher auf dem Scheiterhaufen verbrannt.

Was aber hat das mit dem Verhalten vieler Menschen zu tun?

Wir alle sind in dem Glauben aufgewachsen, dass der Staat für seine Bürger sorgt. Vor allem bei uns sieht ja alles

---

[1] Erzählung, die über die Vermittlung von Werten und Emotionen Einfluss darauf hat, wie die Umwelt wahrgenommen wird.

danach aus, es gibt Krankenkassen und kostenarmen Krankenhausaufenthalt, nach Traumatisierungen erhält man psychologische Betreuung, man hatte früher Grundrechte … hatte? Zurzeit haben wir sie nicht, zumindest in Mitteleuropa. Wie konnte es dazu kommen?

Stellen Sie sich vor, ein Kind wüchse in einer harmonischen Familie auf. Es fühlt sich geliebt, seine Eltern sind loyal, wenn es Probleme hat, kurzum eine gute Kindheit. Mit achtzehn kommt es nun durch einen Zufall dahinter, dass es erstens ein nicht gewolltes Kind war, dass seine Eltern beide fremdgehen und sein Vater das Einkommen nicht als Geschäftsführer einer großen Firma verdiente, sondern als Dealer. Zugegeben, es ist unwahrscheinlich, dass alles verborgen bleiben konnte. Doch nehmen wir an, es wäre so. Wie, glauben Sie, würde das Kind reagieren? Liefe es zu seinen Freunden und würde von den Ungeheuerlichkeiten erzählen? Sicher nicht. Im Gegenteil würde es alles unternehmen, um diese schändlichen Tatsachen nicht wahrhaben zu müssen – zwar auch deshalb, weil so seine Welt einstürzte, aber vielleicht noch mehr vor Scham, dass es sich so lange hinters Licht hat führen lassen.

Genauso geht es heute den Menschen, wenn sie damit konfrontiert werden, dass sie von Politikern und Geschäftsleuten nach Strich und Faden belogen worden sind.

Bei allem, das nicht in unser Weltbild passt, reagieren wir zuerst mit Ablehnung. Das ist verständlich, wenn wir uns daran erinnern, welchen Stellenwert Werte für uns haben. Sie sind die Anker, an denen unsere Persönlichkeit festgemacht ist, sie bringen uns die so notwendige Sicherheit. Sie sind umso wichtiger, je weniger echtes Urvertrauen man hat. Wehe, es wird an diesen Werten gerührt, dann sind sich viele nicht zu schlecht dafür, selbst Freunde und Verwandte zu denunzieren. Im Dritten Reich und der DDR genauso wie offenbar heute immer noch.

Der erste Wert der aktuellen Krise liegt im Einreißen der ersten Mauerschicht, die all diese menschenunwürdigen Geheimgänge und -kammern verbirgt. Es schmerzt, sein ganzes Leben dermaßen hintergangen worden zu sein. Je mehr man dem allgemeinen Narrativ geglaubt hat, umso mehr. Aber dieser Schmerz, diese Ent-Täuschung ist heilsam.

Trotz der Ungeheuerlichkeit sind das aber Äußerlichkeiten. Sie sind lediglich ein Symptom für das noch viel größere Übel: Unsere (Selbst-)Täuschung in Bezug auf unser menschliches Dasein und unsere Aufgabe in der Schöpfung – *die* sind gründlich miss- oder besser gar nicht verstanden worden. Zum Geopolitischen mag sich jeder selbst denken, was er will. Hätten wir uns von unserer Intuition und damit dem Zusammenspiel mit den anderen Sphären unserer Schöpfung nicht dermaßen entfremdet, hätte auch all das Drama im Außen nicht geschehen müssen, ja, nicht einmal können.

Kompakt:

Die Täuschung, in der wir seit unserer Geburt leben, ist dermaßen unfassbar, dass wir sie nicht wahrhaben wollen, selbst wenn die Beweise noch so erdrückend sind. Wir werden störrisch, wenn unser Weltbild angegriffen wird, und sind uns oft nicht einmal zu schade, andere Menschen zu dessen Aufrechterhaltung zu schaden.

Zuhören

Im Kapitel ›*Die neue Kommunikation*‹ haben wir bereits darüber gesprochen: Das Hilfreichste und zugleich Effizienteste ist zuzuhören, was zugleich bedeutet, dass wir unser Gegenüber besser kennenlernen und damit besser verstehen. Auch wird sich das Gegenüber wertgeschätzt fühlen, denn Zuhören bedeutet zugleich ernst nehmen. In weiterer Folge geschieht damit etwas sehr Schönes: Unsere eigenen Muster werden weniger angesprochen, weil wir auf diese Weise vieles weniger oder gar nicht mehr persönlich nehmen. Wir können so zwei Fliegen mit einer Klappe erledigen: Einerseits verbessern wir die Kommunikation und damit die Beziehung zu unserem Gegenüber und auf der anderen Seite schwächen wir so automatisch unsere destruktiven parasitären Anteile und gesunden dadurch.

Hier möchte ich Ihnen drei Wege vorstellen, zu denen es auch Bücher und Kurse gibt.

Der **Redestab**, auch **Talking Stick**

Bei dem Redestab handelt es sich um ein traditionelles Instrument der Indianer. Er ist ein weiser Brauch und gewährleistet eine entspannte und faire Unterhaltung. Das Konzept ist denkbar einfach: Nur der, der den Redestab in der Hand hält, darf reden, während alle anderen schweigend zuhören.

Wir Menschen sind nun einmal gewohnheitsgetriebene

Wesen. In einem Gespräch kommen häufig Trigger[1] auf, die bei uns emotionale Programme in Gang setzen und die wir instinktiv ausführen, ohne darüber nachzudenken. Das macht sich leider häufig in schlechter Gesprächskultur bemerkbar, indem man das Gegenüber unterbricht, das so seine Ausführungen nicht zu Ende bringen kann.

Gerade gestern erlebte ich so eine Situation. Ich wollte einem Besucher etwas erklären, zu dem es zuerst nötig war, auszuholen, um schließlich auf den Punkt kommen zu können; es war ein komplexes Thema. Nachdem ich mich zuerst eine Weile lang bemühte, in herkömmlichem Sinn möglichst ausgewogen mich einmal unterbrechen zu lassen, um dann wieder darauf hinzuweisen, dass ich noch nicht fertig war, musste ich mir etwas anderes überlegen.

Ich erklärte zuerst mein Bedürfnis, das Bild ausrollen zu wollen, bevor wir darüber sprächen. Denn wenn wir bereits bei den ersten Strichen über deren Farbe und Stärke diskutieren, bei denen der andere ja gar nicht wissen kann, was für ein Gesamtbild herauskommt, kämen wir nie zu einem Ziel. Leider funktionierte auch das nicht, bereits nach zwei Sätzen wurde ich wieder unterbrochen.

Zwar hatte ich keinen Stab zur Verfügung, aber es lässt sich jeder andere Gegenstand genauso gut verwenden. In einer Schale lagen einige ungewöhnliche Steine. Ich erklärte, dass derjenige, der den Stein in der Hand hält, so lange reden kann, wie er will und auch Pausen machen darf – übrigens eine der kritischen Stellen in jedem Gespräch, auf

---

[1] Trigger sind Auslöser, die zum Beispiel emotionale Programme starten. Der berühmte ›Knopf‹, auf den der andere drückt.

die meistens das Gegenüber schon lauert, um sich in die Lücke zu werfen. Als ich trotzdem, zwar immerhin erst zwei Sätze später, aber doch noch viel zu früh unterbrochen wurde, um erkennen zu können, was ich meinte, gab ich mein Vorhaben auf. Normalerweise funktioniert der Redestab ziemlich gut. Nur müssen natürlich beide dazu bereit sein, sich an die Regel zu halten. Solche Misserfolge versuche ich nicht als solche zu sehen, sondern als einen Hinweis, dass dieses Thema für das Gegenüber momentan nicht aktuell ist.

Die **Gewaltfreie Kommunikation** (GfK) nach Marshall Rosenberg.

Sie ist eine Mediations- und Deeskalationsmethode, die man bei praktisch allen zwischenmenschlichen Problemen anwenden kann. Grob geht es dabei darum, einen Konflikt in vier Stufen aufzutrennen.

Nehmen wir als Beispiel, jemand würde zu Ihnen »Du Trottel« sagen.

Der erste Teil der Botschaft ist die reine Realität ohne jegliche Wertung. Es so zu sehen, fällt speziell am Anfang der Anwendung der GfK nicht einfach, denn der Impuls, der beim Unterbewusstsein ankommt und die Emotion auslöst, ist einfach schneller. Laut dieser ersten Stufe handelt es sich um eine Aussage einer Person, die aus zwei Worten besteht und sonst um nichts weiter.

Die zweite Komponente ist die Emotion, die dadurch erzeugt wird. Das könnte etwa Zorn sein.

Beim dritten Teil geht es darum, das *Bedürfnis* hinter dieser Emotion zu ergründen. Was könnte das sein? Zum Beispiel Wertschätzung oder Achtsamkeit oder nur gesehen zu werden. Dieses Bedürfnis wurde dabei so gar nicht erfüllt. Nun gilt es, das Bedürfnis – nicht die Worte/Tat – zu kommunizieren. Also nicht mit »Selber Trottel« darauf zu reagieren, sondern dem Gegenüber ein Feedback dafür zu geben, welches Bedürfnis damit nicht erfüllt wurde. Das wirkt immer deeskalierend, allein schon deshalb, weil das Gegenüber mit dieser Reaktion nicht rechnet. Im konkreten Fall wirkt es zusätzlich auch noch paradox, denn wer erwartet, auf die Aussage »Du Trottel« diese Reaktion zu erhalten: »Für mich ist ein wertschätzender Umgang wichtig, dieses Bedürfnis erfüllst du mit deiner Aussage aber nicht.« Okay, das ist auf eine sehr simple Weise heruntergebrochen, die es so in der Praxis selten geben wird, aber Sie verstehen den Schritt so vielleicht besser als ohne Beispiel.

Die vierte Komponente besteht darin, die verloren gegangene Verbindung zum Gegenüber wieder aufzubauen. Das könnte etwa so erfolgen, als man dem Gegenüber sagt: »Okay, ich hätte mich nicht hinter dich schleichen und eine Papiertüte zum Platzen bringen sollen.« Es geht also darum, Verständnis für den anderen aufzubringen, indem man dessen Bedürfnis würdigt und das artikuliert.

Bei der **Imago-Therapie** geht es vor allem um Paare.
Bei dieser Methode geht es besonders darum, den anderen bewusst zu *hören.* Oft ist es ja bei Auseinandersetzungen

so, dass der eine bereits über sein Anliegen nachdenkt, während der andere noch spricht und nur wartet, bis das Gegenüber Luft holt, um seine Argumente anbringen zu können. Oder, im schlimmsten Fall reden beide parallel. So kommt man nie dazu, seine Meinung ganz darzulegen und zerfranst sich ständig in Details.

Diesen Teufelskreis bricht die Imagotherapie dadurch auf, als jeweils nur eine der beiden Personen spricht und die andere bestätigt, was sie gehört hat, indem sie das kurz zusammenfasst, jedoch ohne eigene Meinung oder Wertung. Und das nicht nur Satz für Satz, sondern in der einen Sitzung ist die eine Person an der Reihe, in der nächsten die andere.

»Du lässt ständig Wurst im Kühlschrank vergammeln, was nicht nur eklig ist, sondern mir auf die Nerven geht, weil ja immer ich es bin, die das dann putzen muss!«

»Ich höre, dass es dich stört, wenn du die vergammelte Wurst, die ich habe liegenlassen, aus dem Kühlschrank wegräumen und ihn putzen musst.«

Nicht nur, dass sich die erste Person wertgeschätzt fühlt, wird der zweiten dadurch eventuell klar, dass es wirklich nicht so angenehm für den anderen ist, die vergammelte Wurst von einem wegräumen zu müssen.

Solche Perspektivänderungen können nur geschehen, indem man zuhört, egal, mit welcher Methode.

Kompakt:

Zuhören kann – oft muss – man üben, bis es funktioniert. Wie überall handeln wir impulsiv und automatisch. Nun plötzlich zuzuhören bedeutet eine Veränderung. Veränderungen wiederum brauchen Zuwendung und Ausdauer.

Wunder

Wunder sind schon etwas Eigenartiges. Einerseits mag man nicht daran glauben – hofft aber heimlich oft auf sie – aber leugnen kann man sie auch nicht, denn es gibt definitiv zu viele von ihnen.

Sollten Sie ohnehin nicht an Zufälle geglaubt haben oder durch die Lektüre dieses Buchs nun zu der neuen Ansicht neigen, dass es sie tatsächlich nicht gibt, so stellt sich in beiden Fällen eventuell die Frage, wie unter den beiden Aspekten ›es gibt keine Zufälle‹ sowie ›Die Schöpfungsgesetze sind vollkommen‹ Wunder möglich sind. Schließlich scheinen die doch sowohl für den Zufall als auch die Unvollkommenheit der Beweis schlechthin zu sein.

Sollten diese beiden Argumente die letzte Hoffnung eines zweifelnden Anteils in Ihnen sein, dann muss ich den enttäuschen und bitten, freiwillig die Segel zu streichen. Denn Wunder und keine Zufälle plus Vollkommenheit spießen sich keineswegs.

Wunder haben den gleichen Hintergrund wie Dinge, die sich ›rein zufällig‹ ereignen: Wir kennen die Hintergründe nicht. Zum sogenannten Zufall lade ich Sie zu diesem Gedankenspiel ein:

Stellen Sie sich eine beliebige Inselgruppe vor, von den Malediven über die Capverden bis zu den Balearen oder auch eine Gruppe erfundener Inseln. Sie blicken über die See, und rein zufällig sticht hie und da ein Hügelchen durch die Wasseroberfläche – eben besagte Inseln. Der professionell Zufallsgläubige erwartet vielleicht sogar, dass die eine der Inseln plötzlich ab- und wo anders wieder auftaucht. Doch wenn wir diesem Teil des Meeres den Stoppel zögen, dass alles Wasser abliefe, würden wir eine Berglandschaft erkennen, in der manche Berge einen Deut höher sind als die restlichen. Das sind dann die, die es über die Wasseroberfläche geschafft haben. Der Standort der Inseln wäre nicht mehr mysteriös, sondern aufgrund der Topografie[1] folgerichtig und gar nicht anders möglich.

Genauso verhält es sich mit den Zufällen. Wir sehen nur das, was sich plötzlich ereignet, wissen aber nichts von der Vorgeschichte, die dazu führte. Wenn wir sie hingegen kennen und etwas geschieht dann, so meinen wir lakonisch: ›Na ja, das ist nun auch kein Zufall.‹

Bei Wundern ist es genau das Gleiche: Sie geschehen nicht willkürlich, sondern folgen genauso bedingungslos den Natur- und Schöpfungsgesetzen wie das Wasser, wenn es bergab rinnt. So, wie die Menschen lange vor den Griechen glaubten, die Erde wäre eine Scheibe und erst durch philosophische, dann rechnerische Erkenntnisse zu unserem heutigen Wissen der Planeten und des Alls gelangten, haben wir bezüglich des Verständnisses von Wundern auch noch einiges vor uns.

Zuerst einmal zum Wissen, was Wunder eigentlich sind, also die logische Komponente. Das ist schnell erklärt: Wunder bewegen sich außerhalb unseres bisherigen Erfahrungshorizonts, und zwar hauptsächlich deshalb, weil wir uns nicht vorstellen können, dass Gesetzmäßigkeiten der-

---

[1] Topograpfie bedeutet ›Ortsbeschreibung‹ oder ›Geländeskizze‹ und beschreibt die Erdoberfläche mit ihren künstlichen Objekten.

maßen schnell und intensiv ablaufen können. Mit anderen Worten: Wunder sind nichts anderes, als ungewohnt schnelle und intensive Abläufe von durchaus Bekanntem. Einfache Beispiel sind Wunderheilungen, genauer die von ihnen, die ungewöhnlich schnell geschehen. Es geschieht dabei nichts anderes als der normale Heilungsvorgang – nur eben sehr schnell. Das wiederum ist möglich durch maximale energetische Unterstützung des Heilungsprozesses, egal woher die nun kommen mag. So erklärt sich, warum Wunderheilungen an besonderen Orten oder in Gegenwart besonderer Menschen eher stattfinden – der Ort oder der Mensch stellt die nötige Energie zur Verfügung. Das war der einfache, da erklärbare und verständliche Einstieg in Wunder.

Heilungswunder geschehen auch gerne im Zusammenhang mit Nahtoderlebnissen. Auch dafür ist der Grund einfach. Diese Menschen erleben etwas, das sie von der Erde hier nicht kennen: bedingungslose Liebe. Liebe aber ist pure Energie. Durch das Erlebnis sind sie dermaßen berührt und erfüllt, dass die so entstandene starke Energie und das Bestreben der Person selbst nach Heilung – oder das naher Angehöriger – das Wunder der Heilung bewirkt.

Schwieriger wird es, wenn wir Wunder an uns geschehen lassen wollen. Denn wenn wir etwas im Kopf wissen, bedeutet das noch lange nicht, dass wir auch davon *überzeugt* sind. Überzeugt sein heißt nämlich, zu *wissen*, dass etwas so *ist*. Dagegen allerdings leben jede Menge Gegenstimmen in uns. Selbst wenn man zum Beispiel davon überzeugt ist, dass Geist Materie formt, sitzt doch tief in einem etwas drin, das fragt: ›Bist du wirklich sicher …?‹ Solange diese Stimme nicht nur Gehör findet, sondern überhaupt noch da ist, glauben wir zwar vom Kopf her, dass etwas möglich ist, aber es wird nicht möglich werden, weil wir sozusagen nicht die Freigabe durch das Unterbewusstsein haben. Man kann es so sehen, dass ein blitzblankes Rohr für die Energie zur Verfügung stehen muss, damit sie ungehindert fließen kann. Solange nur die kleinste Verschmutzung an der Innenwand vorhanden ist, werden Wirbel erzeugt, die den Fluss schwächen oder ganz vereiteln. Und selbst wenn diese Voraussetzung optimal gegeben ist, kommt es immer noch auf die Intensität der Energie an.

Vielleicht haben Sie ja das Buch *Intelligente Zellen* von Bruce Lipton gelesen oder Bücher von Joe Dispenza und anderen Autoren, die das richtige Wünschen lehren. In ihnen geht es darum, dass wir mittels unseres Wollens ›Materie formen‹, also zum Beispiel gesund – aber auch krank – werden oder andere Dinge wie einen besseren Job oder den Traumpartner in unser Leben holen können. Es werden auch Beispiele vom Gelingen der Thesen angeführt – natürlich, es soll ja auch eindrucksvoll sein. Allerdings klappt es mit dem Nachmachen nur in seltenen Fällen. Das ist übrigens auch bei den meisten anderen Büchern, die sich mit Wünschen, Heilung oder jeder anderen bewussten Zukunftsgestaltung befassen, nicht anders. Warum ist das so?

Wie es das oben angeführte Buch Bruce Liptons gut herausarbeitet, ist die zündende Energie für Veränderung *nicht* der Gedanke. Es ist vielmehr die Emotion. Emotionen könnte man auch als den Brennstoff zur Umsetzung des geistigen Wollens in der Stofflichkeit bezeichnen. Emotionen sind schwer steuerbar, weil sie viel schneller anspringen, als man mit dem Denken hinterherkommt. Sie sitzen dem Unterbewussten viel näher, als wir meinen. Und sie drücken das aus, wovon wir unterbewusst überzeugt sind. Was wir hier sehr eindrücklich erleben, ist der oft lange Weg zwischen dem willigen Geist und dem schwachen Fleisch. Anders ausgedrückt: Was als Erkenntnis aufblitzt, hat noch lange nicht den Weg in unser Selbstverständnis gefunden. Das kann zwar durch seltene ›Schockerlebnisse‹ stattfinden, ist aber die Ausnahme. So ein Schockerlebnis im Positiven kann ein sogenanntes Aha-Erlebnis sein. Wenn man zum Beispiel seit vielen Jahren wegen einer Sache im Dunklen getappt hat und dann plötzlich einer Lösung begegnet, kann das sogar einen Gesinnungs- oder Weltanschauungswechsel auslösen. Wenn einem nicht das Glück solch eines positiven Schocks widerfährt, dann bleibt nur die zweite Möglichkeit: Wiederholung, also Training. Erkennen Sie übrigens die Parallele zum Entstehen unserer abgespaltenen Anteile?

Ich bin überzeugt davon, dass jeder Mensch Wunder bewirken kann – bei sich selbst als auch bei anderen. Geist beherrscht nun einmal Materie, das ist eine Tatsache. Doch wir müssen es auch zulassen und alle Zweifelbarrieren entfernen – nicht leicht in einer derart diesseitsorientierten Gesellschaft. Unzählige fernöstliche – dort ist man religionsbedingt aufgeschlossener – Gurus haben uns das schon gezeigt mit unglaublichen Übungen wie zu schweben, Gerüche zu erzeugen oder sogar an zwei Orten gleichzeitig zu sein. Auch die Sichtbarmachung von erdgebundenen Seelen, die sich dann als Geister zeigen, sind keine Wunder, sondern ein ganz natürlicher Vorgang, der durch eine starke Komprimierung, also ›Verstofflichung‹, zustande kommt.

Das ›Dass‹ ist also verdeutlicht, bleibt nur noch das ›Wie‹ zu klären.

Rufen wir uns dafür etwa in Erinnerung, was wir zu den Sphären besprochen haben: Je höher eine Sphäre, umso lichter, leichter und vor allem höher schwingend ist sie. Umso näher liegen ja auch Wollen und dessen Erfüllung nebeneinander. Höher schwingend bedeutet mehr Energie.

Entsinnen wir uns nun einer zweiten erörterten Erkenntnis, und zwar der Skala von David Hawkins (Kapitel ›*Sehnsucht und Abscheu*‹). Hier erleben Sie übrigens einen der unzähligen Prozesse mit, der sich immer wieder ergeben muss, wenn man sich mit dem Denken innerhalb der Schöpfungsgesetze bewegt: Puzzlesteine finden sich wieder und fallen zu einem erweiterten Bild zusammen. Hier ist es die Parallele zwischen den Sphären (je höher, je mehr Energie) und den Bewusstseinsebenen – je höher, je ebenfalls mehr Energie, aber vor allem innerlich nachempfindbare Zustände. Denn Frieden und Freude kennen wohl die meisten von uns, wenn auch meist nur zeitweilig.

Zählen wir nun eins und eins zusammen, so sagt uns die Zwei, dass eine innere Atmosphäre von Frieden, Glück und Freude Voraussetzung für Wunder ist.

Sie können sich etwas noch so intensiv wünschen – wenn das nicht mit Ihrer Emotion zusammenpasst, sondern die vielleicht das Gefühl des sorgenvollen Mangels ausstrahlt, dann ist der Erfolg von vornherein ausgeschlossen.

Hier übrigens ein kleiner Ausflug zu einem der ›Grundprinzipien des Wünschens‹: Man soll sich laut den Wünschlehrern innerlich in die Situation versetzen, dass ›es bereits geschehen ist‹, also nicht wünschen, dass etwas geschehen möge, sondern sich dafür bedanken, dass es bereits geschehen *ist*. Ohne dass die Verbreiter dieser Notwendigkeit wissen, warum es funktioniert, tut es das, und zwar aus zwei Gründen. Einerseits verbildlichen wir das Ziel, das heißt, wir verringern die Spanne zwischen Wunsch und Erfüllung. Damit wird zum einen die Energie erhöht. Natürlich spielt auch eine Rolle, dass das Universum ›weiß‹, woran uns gerade gelegen ist, aber das ist sekundär, denn das Universum ist nicht so begriffsstutzig – schließlich beinhaltet ja der Wunsch das Bild des erfüllten Zustandes.

Der zweite Grund für die Wirkung bei diesem Vorgehen liegt in der höheren Schwingung des Gefühls der Freude über die Erfüllung. Und das bedeutet wiederum nichts anderes als eine Erhöhung der Energie. Alles in allem ganz ›reale‹ Vorgänge ohne jede Magie.

Diese Freude über den erfüllten Wunsch stellt sich allerdings oft nicht sehr gerne ein. Das wiederum liegt darin, dass unser Unterbewusstsein nicht wirklich davon überzeugt ist, dass es auch funktioniert. Kein Wunder bei einer

Welt von so vielen Zweiflern wie heute. Auch zeigt es, wie sehr wir uns schon von unserer Essenz getrennt haben, dass wir dermaßen in der aktuellen Hülle feststecken.

Der Weg, Wunder zu vollbringen liegt bei jedem Einzelnen selbst. Jeder muss seinen eigenen Weg dorthin finden. Die unzähligen Bücher zu geglückter Wundermanifestation sind Beweise für die unglaubliche Vielfalt.

Im Weg steht uns immer nur unser Unterbewusstsein. Die fernöstlichen Gurus schaffen diese Leistungen ganz einfach deshalb, weil sie vielleicht ein Leben lang geübt haben und, wie gesagt, man im Osten dem Jenseits gegenüber offener ist als bei uns. Das heißt aber nicht, dass wir ebenfalls ein Leben lang ›üben‹ müssen, um zum Beispiel geheilt zu werden wovon auch immer. Denn wir haben heute den unschätzbaren Vorteil gegenüber früher, dass die generelle Lichtkraft um vieles höher ist und noch weiter zunimmt. Auch sind bei uns hilfreiche Aha-Erlebnisse eher möglich, weil wir von dieser Sichtweise noch weiter entfernt sind. Deshalb kommen ja auch aktuell die ganzen Diskrepanzen zum Vorschein.

Insgesamt sind drei Voraussetzungen notwendig, damit Wunder geschen können:

1. Es muss eine stark erhöhte Energie zur Verfügung stehen, um dem geistigen Wollen schnell zu ermöglichen, die Materie umzuformen.
2. Man darf das Ergebnis weder denken noch wünschen, sondern es als gegenwärtig, sozusagen als bereits geschehen, betrachten. Hier stehen uns üblicherweise eine ganze Menge an Hindernissen im Weg: Zweifel,

Glaubenssätze, Wünschen im Kopf, während das Herz das Gegenteil signalisiert, also alles, was man als ›Verunreinigungen des Formungskanals‹ bezeichnen kann.

3. Doch selbst wenn diese beiden Punkte erfüllt sind, muss es immer noch keinen Erfolg bedeuten. Die letzte Hürde ist die Antwort auf die Frage: ›Darf es sein?‹. Es kann nämlich durchaus sein, dass die Erfüllung des Wollens dem Lebensziel insofern kontraproduktiv im Wege steht, als das Leid noch eine Aufgabe zu erfüllen hat, die wir noch nicht gelöst/gelernt haben. Das spielt speziell in unserer Zeit eine große Rolle. Denn ein kollektiver Menschheitszustand, also einer, der jeden betrifft, ist, dass wir eine Zeit lang als Wesen ›Mensch‹ entmachtet sind bezüglich unseres Wollens. Zu viel haben wir durch unser Besserwissenwollen beschädigt, in der Natur und unserem gesamten Universum. Es geht nun deshalb auch darum, uns in Demut zu üben. Selbst wenn man die ersten beiden Punkte erfüllt, kann Erfolg ausbleiben, weil – neben eventuell anderem zuvor noch zu Lösenden beziehungsweise Erlösenden – die notwendige Demut nicht vorhanden ist, diese kollektive Lernaufgabe.

Vielleicht fragen Sie sich, warum oft sogenannte gute und spirituell interessierte Menschen mehr leiden müssen, ganz ›normalen‹ hingegen Wunder eher zuteilwerden. Das liegt zum Einen an besagten eher möglichen Aha-Erlebnissen. Andererseits neigen wir hier im Westen selbst bei Spirituellem dazu, es mit dem Kopf zu erfassen anstatt mit dem Herzen. Zwar wende ich mich mit diesem Buch durch all die Erklärungen an genau dieses Publikum, also Menschen, die auch die logischen und verständlichen Erklärungen suchen, trotzdem bringt dieses Wissen nichts, solange es nicht vom Hirn ins Herz rutscht. Oder vom Verstand ins Fühlen, die Emotionen und die Überzeugung. Genau dieser Vorgang ist bei vielen spirituellen Menschen noch ausstehend: die Verankerung des Kopfwissens im Boden der Überzeugung.

Man kann es nicht treffender beschreiben, als es Abd-ru-shins im Vorwort seines Buches *Im Lichte der Wahrheit* tut:

Die Binde fällt, und Glaube wird zur Überzeugung. Nur in der Überzeugung liegt Befreiung und Erlösung!

Ich spreche nur zu denen, welche ernsthaft suchen. Sie müssen fähig und gewillt sein, sachlich dieses Sachliche zu prüfen! Religiöse Fanatiker und haltlose Schwärmer mögen ferne davon bleiben; denn sie sind der Wahrheit schädlich. Böswillige aber und die Unsachlichen sollen in den Worten selbst ihr Urteil finden.

Die Botschaft wird nur solche treffen, die noch einen Funken Wahrheit in sich tragen und die Sehnsucht, wirklich Mensch zu sein. Allen denen wird sie auch zur Leuchte und zum Stab. Ohne Umwege führt sie heraus aus allem Chaos jetziger Verwirrung.

Das nachstehende Wort bringt nicht eine neue Religion, sondern es soll die Fackel sein für alle ernsten Hörer oder Leser, um damit den rechten Weg zu finden, der sie zur ersehnten Höhe führt.

Nur wer sich selbst bewegt, kann geistig vorwärtskommen. Der Tor, der sich dazu in Form fertiger Anschauungen fremder Hilfsmittel bedient, geht seinen Pfad nur wie auf Krücken, während die gesunden eignen Glieder dafür ausgeschaltet sind.

Sobald er aber alle Fähigkeiten, welche in ihm seines Rufes harrend schlummern, kühn als Rüstzeug zu dem Aufstiege verwendet, nützt er das ihm anvertraute Pfund nach seines Schöpfers Willen und wird alle Hindernisse spielend überwinden, die ablenkend seinen Weg durchkreuzen wollen.

Deshalb erwacht! Nur in der Überzeugung ruht der rechte Glaube, und Überzeugung kommt allein durch rücksichtsloses Abwägen und Prüfen! Steht als Lebendige in Eures Gottes wundervoller Schöpfung!

Abd-ru-shin

Wenn es uns gelingt, Zugang zu Freude und Frieden zu erhalten und zu wahren und dann auch noch uns dessen eingedenk zu sein, dass tatsächlich alles möglich *ist*, dann haben wir die besten Voraussetzungen, echte Wunder zu schaffen.

Kompakt:
Wunder sind nichts anderes, als schöpfungsgesetzmäßig völlig normale Vorgänge, die lediglich durch Zufuhr höherer Energie unmittelbarer wirken. Dass wir selten Wunder erleben, liegt daran, dass wir sie nicht für möglich halten, und das, weil wir nicht verstehen, wie sie entstehen und weil uns die wirkliche Überzeugung fehlt.

Herausforderung

Die aktuelle Zeit bringt Veränderungen. Das ist unübersehbar, denken Sie vielleicht. Das ist es wirklich. Aber diese Tatsache empfinde ich als so wichtig, dass ich ihr ein eigenes Kapitel widmen möchte.

Auf Veränderungen reagieren wir vor allem dann unwirsch, wenn sie keine Freude auslösen. Auf Freude werden wir aber bei dem aktuellen Umbruch leider selten hoffen können. Ich beobachte es sowohl bei mir als auch meiner Umgebung, dass bereits Kleinigkeiten unangemessene Reaktionen auslösen.

Erinnern wir uns an die beiden Kräfte, einerseits des Strebens nach Homöostase (Gleichgewichtszustand eines offenen Systems) und des Chaos'. Diese beiden Kräfte halten ein System am Leben. Fiele die Homöostase aus, zersplitterte alles in ungeordnetem Durcheinander. Fehlte hingegen die Chaosenergie, gliche das System bald einem stehenden, faulenden Tümpel ohne Zufuhr von Frische. Übersetzen wir diese beiden Energien auf uns selbst, indem wir uns selbst als so ein System betrachten, dann bedeutet das ebenfalls, dass beide Energien nötig sind.

Situationen wie die gegenwärtige – also intensive Veränderungen – bringen ein erhöhtes Maß an Chaos mit sich, mit anderen Worten einen Angriff auf unseren Anteil, der nach Homöostase strebt, also danach, dass alles bleibt, wie es ist. Diese unerwünschte Veränderung äußert sich, wie alles, in Emotionen. Und schon haben wir eine schlüssige Erklärung für die allgemein erhöhte Gereiztheit. Und auch für den richtiggehenden Hass auf all die, die den Umfang der Veränderung auch noch erkennen und erklären wollen.

Wie immer haben wir zwei Optionen: Wir geben dem Impuls nach oder wir betrachten ihn genauer.

Um auf den Punkt zu kommen, sollte ich etwas weiter ausgreifen.

Bereits im Kapitel ›*Verblendung*‹, doch dann auch in den Kapiteln ›*Größer denken*‹, ›*Schöpfung*‹, ›*Sehnsucht und Abscheu*‹ und ›*Evolution und Vererbung*‹ habe ich versucht, zu erklären, dass die nun notwendige Veränderung nicht politisch von oben, also einer Instanz wie dem Staat, angeordnet werden wird, sondern dass sie von uns aus, also Ihnen, mir und jedem Einzelnen ausgehen muss. So, wie die aktuelle Gesellschaft auf diesem Weg entstand, wird es auch die neue werden. Denn eine Gesellschaft ist immer die Summe des Verhaltens all seiner Mitglieder – und die sind zu einem großen Maß träge. Deshalb lässt sich der Großteil der Menschen ja so gut manipulieren.

Bei der Verantwortung für unsere Zukunft, also die aktuelle und auch die kommende Gesellschaft, nehmen wir uns gerne aus. Schließlich haben wir ja nicht die Kriege angezettelt, andere Menschen getötet und außerdem: Was sollte man als Verkäuferin oder Buchhalter an der gesamten Gesellschaft ändern? Nichts, eben.

Das stimmt in zweierlei Hinsicht nicht.

Erstens ist mit ziemlicher Sicherheit jeder von uns vor nicht langer Zeit auch hier gewesen. Zwar bekommen wir den Mantel des Vergessens umgehängt, sobald wir in ein neues Leben eintauchen, doch ändert das zum einen nichts daran, dass wir in der Vergangenheit an unserer jetzigen Gesellschaft konkret *mitgeformt* und zum andern wir die damit entstandenen Bindungen *mitgebracht* haben. Dass wir sie nicht sehen und meistens nicht einmal etwas darüber und davon wissen, ändert nichts. Als ich im Rahmen meiner Arbeit einmal mit einem Klienten eine Rückführung machte, stellte sich heraus, dass er vermutlich in einem Lager des Dritten Reichs ums Leben gekommen war. Das würde bedeuten, dass er nur rund zwanzig Jahre ›drüben‹ war.

Zweitens erinnern Sie sich sicher an das Kapitel ›*Sehnsucht und Abscheu*‹, in dem Sie von den faszinierenden Entdeckungen von David Hawkins lesen konnten und der Macht, die von einem nur etwa höheren Bewusstseinszustand ausgeht als dem des Muts. Zur Erinnerung: Ein Mensch mit 300 wiegt 90.000 mit unter 200 auf!

Damit möchte ich sagen, dass es sich sehr lohnt, *sich mit sich selbst zu beschäftigen.* Nicht nur sich selbst zuliebe, sondern der ganzen Menschheit. Die Aufgabe, die wir damit haben, kann man nicht hoch genug einschätzen!

Damit ist der kleine Ausflug beendet und ich kann dort weitermachen, wo ich abgezweigt bin: dem Impuls des Ärgers über Veränderung nachgeben oder …

Dieses Oder ist eine riesengroße Herausforderung. Denn Sie werden mit völlig Neuem konfrontiert! Ich kann nicht eindringlich genug betonen, wie wichtig diese Konsequenz ist. Neues, vor allem in dem aktuellen Ausmaß, stellt uns vor Aufgaben, die wir so noch nicht kennen! Es geht nicht um das, was im Außen passiert, sondern ausschließlich um das, was in Ihnen sich emotional abspielt. Mechanismen, die bisher nur ab und zu anspringen mussten, sind nun oft im Dauereinsatz. Diese Mechanismen können das Ausleben des Ärgers über die Veränderungen genauso sein, wie ein unablässiges Verdrängen. Ich weiß nicht, welches davon schwieriger ist.

Solche Herausforderungen sind nicht ganz unbekannt. Wenn man zum Beispiel krank wird, steht eventuell auch eine grundlegende Veränderung an. Nur haben wir in so einem Fall bisher wenigstens sonst um uns herum Kontinuität vorgefunden, die beruhigend und ausgleichend wirkte. Doch jetzt?

Für viele von uns bedeutet die aktuelle Situation oft einen einschneidend anderen Alltag. Doch auch der Blick in die Zukunft bedeutet größte Verunsicherung, sofern man sich mit den ganzen geopolitischen Hintergründen befasst. Es offenbaren sich Ungeheuerlichkeiten, die man selbst in einer Dystopie damit abgetan hat, dass es ja nur ein Buch oder Film wäre. Andererseits ist es auch wieder gut, denn nun wird mit offenen Karten gespielt. Für einen Menschen mit einem gewissen Maß an Eigenverantwortlichkeit mag das zwar furchterregend sein, aber man weiß wenigstens, woran man ist.

Alles, wirklich alles läuft darauf hinaus, dass jeder von uns sich einem Veränderungsprozess unterziehen *muss.* Wenn sich unsere Homöostase mit Händen und Füßen dagegen wehrt, dann werden wir sie wohl oder übel ersuchen müssen, sich zu gedulden, bis die Veränderung vorbei ist. Denn derzeit ist Umformung angesagt.

Unerbittlich ist die Herausforderung. Je weniger wir uns bisher darauf eingelassen haben, umso größer. Doch zu schaffen ist es allemal.

Wenn Sie also entdecken, dass Sie ärgerlich werden oder wenn Sie merken, dass Sie etwas verdrängen, dann halten Sie bitte in beiden Fällen inne. Nehmen Sie sich kurz die Zeit, zu betrachten, was gerade geschehen ist, und wenn Sie dafür auf eine Toilette flüchten müssen.

Missverstehen Sie diese Situationen bitte nicht, denn das geschieht leicht. Wir glauben, dass wer oder was auch immer uns ärgern will, doch das stimmt nicht. Jede Art der emotionalen Unstimmigkeit bedeutet, dass man mit der Situation nicht umgehen kann. Das ist kein böser Wille eines Gnoms, der sich freut, wenn man sich ärgert – nun ja, zwar mitunter auch, aber darauf kommt es jetzt nicht an – sondern ein Hinweis, dass man mit einer vermutlich neuen Situation nicht umgehen kann. Wenn Sie Ihre Wahrnehmung anwerfen, werden Sie vielleicht nicht sofort eine Antwort erhalten. Betrachten Sie es wie eines der Adventuregames, der Abenteuerspiele, bei denen es darum geht, Rätsel zu lösen, jemanden zu befreien und Kämpfe zu bestehen. Dabei geht es schließlich auch nicht darum, möglichst hindernisfrei zum Ende zu kommen. Oder vergleichen Sie es mit einer Reise in ein völlig unbekanntes Land, über das Sie sich vorher nicht informiert haben. Neigen Sie von Haus zu Abenteuern, sind also eher der Chaos- als der

Homöostasetyp, wird Sie die Herausforderung reizen. Andernfalls beängstigen. Unsere Herausforderungen sind nichts anderes als Rätsel, die gelöst werden wollen. Es gibt für sie keine einzige Lösung, sondern so viele, wie es unterschiedliche Herausforderungen gibt. Auch dass es einem nicht leicht gemacht wird, hat einen Sinn. Man verinnerlicht nämlich nur das, was einen beeindruckt. Und nur was beeindruckt, birgt die Fähigkeit in sich, uns zu Veränderung zu bewegen.

Wenn Sie erkennen, dass alles Unangenehme, was Ihnen begegnet, Botschaften sind – und keine boshaften Possen – Nachrichten, wo Sie etwas eleganter lösen können, dann kommen Sie irgendwann einmal in die Lage, die Herausforderungen immer öfters mit sportlichem Interesse zu betrachten, anstatt als ›Schlag des Schicksals‹.

Wenn es Ihnen gelingt, Ihre Einstellung zu herausfordernden Situationen von der sportlich-interessierten Seite zu betrachten, fahren Sie übrigens einen riesigen Bonus ein: Jede so gemeisterte Situation können Sie als Erfolgserlebnis verbuchen!

Sobald Sie alle Herausforderungen wieder und wieder so gut Sie können annehmen und zu meistern versuchen, können Sie sich auch zufrieden zurücklehnen und beobachten, was rundherum so alles geschieht. Sobald Sie diesen Entschluss gefasst haben und nach bestem Vermögen folgen, werden Sie nur mehr etwas in die Zukunft schicken, worauf Sie sich freuen können. Natürlich werden nicht sofort alle Probleme weg sein – schließlich hat sich ja von früher her einiges angesammelt – doch die unangenehmen Erlebnisse werden abnehmen und, von dem, was doch noch kommen muss, wird es Sie weniger treffen. Sie können es drehen und wenden wie Sie wollen: Mit der Entscheidung, Eigenverantwortung für alles *ganz bewusst* zu übernehmen, ist der einzige, dafür aber sichere Weg dafür, dass alles besser wird. Für Sie, aber auch alle anderen – Sie wissen ja: 300 …

Kompakt:
Wir erleben derzeit einen gewaltigen Umbruch in mehrfacher Hinsicht. Am meisten davon ist jeder Einzelne von uns betroffen, denn von und aus uns heraus soll, nein, muss eine neue Gesellschaft entstehen. Aus diesem Grund kommen auch auf jeden von uns völlig neue Herausforderungen zu. Das Gebot der Zeit lautet weder Verdrängung noch Verärgerung, sondern zu lernen, tanzend mit allem Neuen umzugehen, das uns begegnet. Erst durch die Bereitwilligkeit dazu können die Herausforderungen zu einem großen Gewinn für alle werden.

Fokus

In mehrern Kapiteln habe ich angesprochen, dass wir mit jedem Augenblick unsere Zukunft gestalten. Dazu möchte ich gegen Ende des Buches auf etwas hinweisen, was gern unter den Tisch fällt.

Das Prinzip des Zukunftgestaltens erfolgt ja durch die Qualität unserer Emotionen. Die wiederum entstehen aus unseren Gedanken und spontanen, unbewussten Reaktionen unseres Unterbewusstseins, also den berühmten ›Mustern‹ beziehungsweise ›Programmen‹, wie man gern sagt.

Bevor man darangehen kann, diese Muster zu bearbeiten, ist es hilfreich, möglichst schnell zu erkennen, wenn man gerade wieder dabei ist, so einer impulsiven Aufforderung des Unterbewusstseins Folge zu leisten. Das ist schwierig, weil es blitzschnell geht. Das Gegenüber sagt etwas und sofort ist man aufgebracht. Am Anfang kann man es schon als schönen Erfolg verbuchen, wenn man die Reaktion hinauszögern kann, indem man vielleicht erst auf zehn zählt, bevor man reagiert.

Es geht mir aber momentan um etwas anderes, das man gerne übersieht. Man kann zwar jede Konfliktsituation für diese Gedanken verwenden, aber aus gegebenem Anlass möchte ich das Corona-Thema verwenden. Es eignet sich insofern sehr gut, weil es die Gesellschaft dermaßen spaltet, wie es vorher nichts anderes getan hat. Versetzen wir uns einmal in die Sicht eines Kritikers der ganzen Maßnahmen. Nehmen wir weiter an, die Person beschäftigt sich mit den Hintergründen. Sie erfährt von den vielen tragischen Reaktionen auf Impfungen und trifft eine andere gleichgesinnte Person. Schnell geschieht es, dass man sich an schrecklichen Beispielen überbietet. Dabei alles natürlich unter der heiligen Entrüstung, was es für Unmenschen sein müssen, die so etwas in die Wege leiten, unterstützen, fördern, die Leute dazu animieren und es schließlich durchführen.

Das alles geschieht in der Überzeugung, auf der ›guten‹ Seite zu sein. Den Befürwortern geht es gleich. Sie wiederum überbieten sich gegenseitig damit, wie unglaublich verantwortungslos es sei, sich nicht impfen zu lassen und keine Masken zu tragen.

Bemerken Sie dabei etwas?

Beide Gruppen glauben, auf der Seite ›der Guten‹ zu sein. Was aber in beiden Fällen definitiv nicht vorhanden ist, das ist ein Gemütszustand, der sich über den 200 befindet – siehe Kapitel *›Sehnsucht und Abscheu‹* – also zum Beispiel Neutralität, Bereitwilligkeit, Akzeptanz, Sachlichkeit, ganz zu schweigen von Liebe, Freude oder Frieden. Mit anderen Worten: In dem sicher gut gemeinten Ereifern drücken wir unsere emotionale Zukunftsausbeute auf kein gutes Niveau, sondern schaffen uns damit selbst Stolz-, Wut-, Angst- oder Kummerenergie, also weit unter 200. Und das erzeugt für uns naturgemäß genau solche Situationen in der Zukunft.

Ich möchte damit bitten, sich stets etwas Wichtiges ins Gedächtnis zu rufen: Selbst wenn Sie für noch so etwas Gutes Stellung beziehen und sich dafür einsetzen, wird Ihnen das nur auch dann Gutes bescheren, wenn die Emotionen, die Sie dabei empfinden, frohe sind! Natürlich ist es wichtig, sich gut zu informieren. Aber man sollte die Ergebnisse seiner Recherchen nicht dazu verwenden, in diesen dunklen Regionen zu wühlen. Das stelle ich nämlich immer wieder fest. »Hast du gehört, was da alles geschehen ist?« Und dann geht eine Reihe von Aufzählung schrecklicher Dinge los, die mit allem, nur nicht mit Freude oder Liebe zu tun haben.

Ich verstehe, dass man entsetzt ist von dem, was die Gegenseite tut und daraus das Bedürfnis entsteht, das Entsetzen zu teilen – aus welchen Gründen auch immer. Doch man würde gut daran tun, stattdessen das Negative lediglich zu bemerken und sich dann auf die Unterstützung des Guten zu fokussieren.

Nicht umsonst schreibt Abd-ru-shin in seinem Buch *Im Lichte der Wahrheit*:

»Haltet den Herd des Wollens und Eurer Gedanken rein, Ihr stiftet damit Frieden und seid glücklich!«

Kompakt:

Gerade bei Aktivitäten, die eigentlich etwas Positives betreffen, geschieht es oft, dass der Fokus nicht dort landet, sondern bei entrüsteten Beschreibungen und gegenseitigem Aufwiegeln des negativen Gegenstücks. Da nützt dann das beste Wollen nichts, denn durch den verschobenen Fokus schicken wir nur dunkle Energien in unsere Zukunft.

Aufstellen

Eine weitverbreitete Methode zum Heilen innerer Unrundheiten ist sogenannte Aufstellungsarbeit. Es handelt sich dabei um systemisches arbeiten. ›Systemisch‹ bedeutet Einbeziehen auch aller umgebenden Faktoren, also des ganzen betroffenen Systems. Geht es bei systemischer Arbeit um Beziehungsthemen, so wird alles mit einbezogen, das mit der Beziehung zu tun hat. Das kann die ganze Familie inklusive etwaiger Ahnen sein, aber auch der Ort, an dem man lebt. Bei diesen Arbeiten, und oft überhaupt in der Psychologie, ist es ganz selbstverständlich, die Umgebung mitsamt ihrem Einfluss – ihren Energien also – mit einzubeziehen.

Aufstellen‹ bedeutet, dass sich Menschen als Platzhalter beziehungsweise Resonanzgeber für Menschen oder Dinge zur Verfügung stellen und davon berichten, wie sie sich in diesen Stellvertreterpositionen fühlen. Aufstellen ist ein wunderbares Beispiel der Sichtbarmachung von Energien. Innerhalb des Aufstellens gibt es mehrere Methoden. Alle haben jedoch das Gleiche gemein: Die Energie zum gewählten Thema wird durch Personen sichtbar gemacht, die damit in Resonanz gehen.

Die Familienaufstellung ist wohl die bekannteste dieser Methoden.

Sie wird in der Regel folgendermaßen gehandhabt: Eine Gruppe von zwanzig bis fünfundzwanzig Menschen sitzt kreisförmig in einem passend großen Raum, damit in der

Mitte noch genügend Platz verbleibt. Eine Person davon ist der Aufstellungsleiter. Ein Mitglied der Gruppe setzt sich üblicherweise auf den freien Stuhl neben dem Aufstellungsleiter und trägt das Anliegen vor, das er aufstellen lassen möchte. Selten wird auch die Methode der verdeckten Aufstellung angewendet, bei der nicht einmal das Thema genannt wird. Nehmen wir als Beispiel ein verqueres Verhältnis des Aufstellenden – also um dessen Thema es sich dreht – zu seinem Vater an. Der Aufstellende geht nun die Runde der anderen Gruppenmitglieder ab und fragt eines, das ihm am besten für die Rolle von sich selbst zu eignen scheint, ob es die Rolle von ihm übernehmen möchte. Bei Zustimmung geleitet er die Person an den Ort innerhalb des Kreises, die ihm empfindungsmäßig am passendsten erscheint. Das kann am Rand sein oder in der Mitte, die Person wird eventuell auch gedreht, dass sie in eine stimmige Richtung blickt. Nun wird der Aufstellende aufgefordert, eine Person für seinen Vater zu wählen. Dann meist auch noch zwei, drei andere Gruppenmitglieder, die vielleicht die Mutter, den Opa oder einen Bruder darstellen sollen, also Menschen, die in dem Setting maßgeblich sind. Alle Repräsentanten werden so aufgestellt, wie es der Aufstellende als stimmig empfindet.

Nun übernimmt der Leiter die Moderation. Die Repräsentanten werden gefragt, wie sie sich in ihrer Position fühlen. Manchmal bereits jetzt, manchmal erst später, können sie sich auch selbst so bewegen, wie sie es als passend empfinden. Aus dieser nun entstehenden Dynamik wird sehr viel offenbar und es kann mitunter richtiggehend dramatisch werden, was die Darsteller fühlen und ausagieren. Der Aufstellende ist nicht direkt in den Prozess integriert, sondern beobachtet ihn von außen und erlebt so sein eigens Setting aus der Ferne. Es ist einerseits verblüffend, wie genau die Gefühle der Darsteller zur tatsächlichen Situation passen, aber noch mehr, welche versteckten Beziehungen und Gefühle zum Ausdruck kommen. Ziel ist es, eine familiäre Ordnung wiederherzustellen. Dazu werden die Repräsentanten unter Umständen aufgefordert, etwas zu einem anderen Darsteller zu sagen, um etwa eine missachtete Familienordnung wiederherzustellen. Ganz am Schluss tauschen oft der Darsteller des Aufstellenden und der Aufstellende die Position, damit der Aufstellende die nun verwandelte Energie wahrnehmen kann.

Familienaufstellungen sollten professionell geleitet werden, denn es kann für Darsteller unangenehm sein und Auswirkungen haben, wenn die Prozesse nicht stimmig abgeschlossen werden. Allerdings würde ich nicht so weit gehen, dass jemand in eine unverschuldete Retraumatisierung geraten ist. Denn: Es gibt keinen Zufall … Trotzdem: Spüren Sie als Darsteller, ob die Aufstellung professionell geführt wird, und nehmen Sie keine Rolle an, wenn es für Sie nicht stimmig ist.

Die Anliegenmethode ist eine andere Art der Aufstellung.

Diese Methode hat der Psychotherapeut Professor Dr. Franz Ruppert entwickelt. Zwar geht es dabei um das gleiche Prinzip, Energien durch Repräsentanten sichtbar werden zu lassen, aber einerseits ist das Setting kleiner – höchstens zehn, fünfzehn Personen – und es geht nicht darum, eine Familienordnung wiederherzustellen. Auch wird die Thematik nicht erzählt, sondern in maximal sieben Satzkomponenten (Wörtern und Satzzeichen) aufgeschrieben, die dann ›aufgestellt‹ werden.

Hat ein Aufstellender zum Beispiel das Anliegen, eine Angst loszuwerden, dann könnte das Anliegen so lauten: ›Ich will meine Verlustangst loswerden!‹ Das gibt sechs Zettelchen für die fünf Wörter zuzüglich des Ausrufezeichens. Nun geht es ähnlich weiter wie bei der Familienaufstellung: Man findet Repräsentanten (Ruppert nennt sie ›Resonanzgeber‹), die für diese sechs Begriffe stehen. Sie berichten von den Gefühlen, die sie erleben, können sich auch entsprechend bewegen. Und wieder werden dem Aufsteller dadurch Zusammenhänge klar und können sich so auflösen.

Externalisieren ist das kleinste Setting an Aufstellungen.

Im Prinzip ist jede Aufstellung eine Externalisierung, weil ja Energien nach außen gebracht und sichtbar gemacht werden, aber hier geht es um ein Minisetting, das Therapeuten mit einem oder selten zwei Klienten nutzen. Bei dieser Methode dreht es sich darum, die Energie von etwas von außen her zu betrachten. Nehmen wir an, jemand hat ein Problem mit seinem Lebenspartner. Der Klient hat vor sich einen leeren Stuhl stehen. Das Thema wäre ein bestimmter Streit. Der Klient sagt nun, was er zu sagen hat. Dann setzt er sich auf den Stuhl sich selbst gegenüber, begibt sich in die Rolle seiner Partnerin und antwortet. Durch dieses Nach-außen-Stellen ergibt sich eine andere Sicht, die tiefe Erkenntnisse ermöglichen kann.

Man kann auch zwei, drei Begriffe auf Zettel schreiben, die man auf den Boden legt, wenn man keine Darsteller zur Verfügung hat, zum Beispiel [Ich] [will] [Gesundheit]. Nun stellt man sich nacheinander auf die Zettel und fühlt sich in die Energie des jeweiligen Begriffs hinein. Das kann man sogar alleine machen, wenn man ein wenig Gespür, Geduld und Konzentration aufbringen kann.

Aufstellen mit Figuren.

Hat man gar keine Darsteller zur Verfügung oder ist nur zu zweit – Therapeut und Klient – dann kann man auch mit sogenannten Aufstellungsbrettern arbeiten und auf diese Weise ein größeres Setting simulieren. Wenn es einem gelingt, sich innerlich gut abzugrenzen, kann man so auch alleine arbeiten. Dabei verwendet man ein Holzbrett von etwa fünfzig mal fünfzig Zentimetern, das sozusagen den Raum abbildet, der sich innerhalb des Kreises bei einer Familienaufstellung befindet. Kauft man so ein Set, dann gibt es zu dem Brett noch rund zwanzig unterschiedliche Figuren, oft rund und eckig, um weiblich beziehungsweise männlich darzustellen. Nun versetzt man sich selbst in die Lage dieser Figuren, kann sie auch beliebig innerhalb des Bretts verschieben. Verblüffend, dass man aus diesen Holzfiguren heraus Energien wahrnehmen kann, allein wenn man hinsieht und sich der Situation hingibt. Selbst bei dieser Minimalvariante kommen sehr interessante Bezüge ans Tageslicht.

Maly-Meditation

Die Maly-Meditation heißt deshalb so, weil sie seinerzeit Wolfgang Maly für sich selbst entwickelte. Er beginnt im ersten Kapitel seines Buches:

> »Mehr als fünf Jahre litt ich unter starken Missempfindungen in Beinen und Füßen. Es war, als gehörten sie nicht zu mir. Jahrelang lief ich von einem Arzt zum nächsten, ohne dass ich Hilfe gefunden hätte. Man erklärte mir ein ums andere Mal, dass ich mir die Beschwerden nur einbilde und die von mir beschriebenen Symptome keinerlei körperliche Ursache hätten. Selbst als ich mein Auto beim Einparken frontal gegen eine Wand fuhr, weil mir das Bein auf dem Gaspedal nicht mehr gehorchte und sich verselbstständigt hatte, sah der behandelnde Neurologe und Psychiater noch immer keinen Handlungsbedarf. Stattdessen empfahl er mir psychologische Sitzungen, um das aus seiner Sicht ursächliche Problem zu beheben.«

Bald nach diesem unbefriedigenden Anfang konnte er fast nicht mehr laufen und erhielt in der Augsburger Universitätsklinik die Diagnose auf eine arteriell-venöse Durale AV-Fistel. Es folgte eine siebenstündige Operation. Zwar traten die prognostizierten Lähmungen danach nicht ein, aber viele Regionen seines Körpers waren nach dem Eingriff ohne Gefühl. Die betreuenden Ärzte erklärten Maly, dass sich das Rückenmark nicht regenerieren würde und er deshalb nie wieder laufen würde. Mit voller Überzeugung antwortete er daraufhin: »Und ich werde wieder laufen!«

Noch im Krankenhaus begann Maly, Gott um Hilfe zu bitten. Er schreibt:

> »Ich stellte mir vor, dass er [Gott] mir ein heilmachendes Licht schickt, das über den Kopf in meinen Körper einströmt und in mein Rückenmark fließt. Während ich betete, konzentrierte ich mich auf meine Rückenpartie. Ich wusste noch nicht einmal, wie lange ich so verharrte. Das fortwährende Gebet und die Versenkung in meinen Körper waren so intensiv, dass mir jegliches Zeitgefühl abhandenkam. Als ich aus der Meditation erwachte, fühlte ich mich erleichtert, ruhig und zuversichtlich, ohne dass ich das hätte erklären können.«

Obwohl der Wegweiser nun in eine positive Richtung zeigte, war das Leben von Wolfgang Maly auf den Kopf gestellt. Er musste seine Betriebe – Zahnlabore – aufgeben, interessierte sich in der folgenden Zeit für Psychologie, Interreligiosität und das Gottesverständnis anderer Kulturen. Zu manchem davon absolvierte er Ausbildungen. Er erweiterte die Gebetsmeditation, hatte aber nicht im Sinn, sie mit anderen Menschen zu praktizieren. Nachdem ihn jedoch eine Bekannte mit Brustkrebs darum gebeten hatte, mit ihr zu meditieren und sich die Meditation auch bei ihr als erfolgreich herausstellte, wurde die Meditation sozusagen erwachsen und zog als Maly-Meditation in die Lande, in Form von Sitzungen, Gruppensitzungen und mittlerweile auch Büchern und CDs.

Das Prinzip der Maly-Meditation ist sehr einfach: Es geht darum, mit jedem Einatmen Licht ins Herz zu atmen, das man mit dem Ausatmen auf den ganzen Körper verteilt.

Was mich persönlich an dieser Meditation überzeugt, ist ihre Schlichtheit. Dem Buch *Die Maly-Meditation – wie Zuwendung heilen kann* liegt eine CD mit drei Versionen bei, einmal mit Musik und sehr loser Führung, einmal mit noch weniger Führung und einmal ohne Musik. Ich persönlich mag die mit Führung – wenn man davon sprechen kann; denn nach wenigen einleitenden Worten bleibt man bis auf vier ganz kurze Aussagen sich und seinem Atem überlassen, mit dessen Hilfe man Lichtenergie in den Körper allgemein oder an bestimmte Stellen atmet.

Ich finde es wichtig, dass man sich vorher in eine freudig-friedvolle Stimmung bringt, denn die hohe Schwingung unterstützt die Meditation gut. So habe ich für mich selbst ein kurzes, munteres Musikstück bei meiner Version davor eingefügt, das spielt, während ich mich weg vom Arbeitstisch zu meinem Meditationsplatz begebe. Ich mache die Meditation immer abends, wenn es dunkel ist, während eine dreiflammige Kerze brennt, denn ich glaube, dass diese Atmosphäre das Vorhaben weiter unterstützt.

Schamanische Arbeit

Die schamanische Arbeit ist vielseitig und vielschichtig. Ich selbst habe mich allerdings intensiv nur mit dem südamerikanischen Schamanismus auseinandergesetzt, den der amerikanische Psychologe und Anthropologe Alberto Villoldo erforscht hat und lehrt. Manche dieser Ausbildungszyklen zählten zum Berührendsten, was ich je erlebt habe. Sei es in den Anden Perus, im peruanischen Dschungel oder bei den Initiationen in der Turnhalle eines Hotels nahe dem Chiemsee.

Auf die Techniken einzugehen würde den Rahmen dieses Buches sprengen. Wen es interessiert, dem kann ich Villoldos Bücher empfehlen, vor allem *Seelenrückholung* und *Das geheime Wissen der Schamanen.*

Verblüffend ist die Parallele bei der Arbeit mit sogenannten ›Abdrücken‹ zu der mit den abgespaltenen Anteilen in der Psychologie. Im Prinzip handelt es sich um das Gleiche, nur ist die Herangehensweise eine andere. Bei dieser Arbeit geht es darum, diese Abdrücke auf der feinsten erreichbaren Ebene zu löschen und durch neutrales Licht zu ersetzen. Eine Sitzung ähnelt teilweise manchen energetischen Arbeiten.

Aber es geht nicht nur darum, sondern auch um die Befreiung von Fremdenergien oder anhaftenden Seelen. Letzteres habe ich ein paarmal erlebt und es geht sehr zu Herzen, miterleben zu dürfen, wie jemand vielleicht nach Jahrzehnten an einen Menschen Gebundenes frei werden darf und was das auch auf der anderen Seite an Erleichterung hervorruft.

Natürlich gibt es auch die mittlerweile legendären schamanischen Reisen. Dazu möchte ich ein Erlebnis erzählen. Ich bot an, bei einem ein paar Hundert Kilometer entfernten Freund einen Nachmittag lang schamanische Sitzungen durchzuführen. Eine der Klientinnen war eine resolute junge Frau. Alles an ihr erinnerte eher an einen Mann: Kurze Haare, ein kariertes Hemd, Jeans, selbstbewusstes Auftreten, Hobby Bogenschießen. Auf meine Frage, was ich für sie tun könnte, meinte sie: »Nichts, ich bin einfach gekommen, weil ich neugierig bin.« Sie wäre voll zufrieden mit ihrem Leben. Was sollte man damit anfangen? Kein Thema, also keine Intervention. So plauderten wir ein bisschen. Irgendwann meinte sie nebenbei, dass es schon langsam Zeit würde, einen netten Freund zu finden. Okay, dachte ich, das wäre doch ein Thema für eine schamanische Reise. Bei diesen Reisen, und der Arbeit überhaupt, gelingt es mir glücklicherweise, absolut nichts von mir einzubringen, sondern, wie bei einem Film, nur staunend zuzusehen, was sich abspielt. Unter anderem gelangte ich in die Kammer der Geschenke. Ich dachte mir nichts dabei, als ich für meine Klientin ein Paar roter Schuhe mitbekam. Nach der Reise, als ich davon erzählte, wurde mir erst bewusst, was ich da unsichtbar in meinen Händen hielt und musste mich zusammennehmen, nicht zu schmunzeln. Ich sagte ihr vorerst nichts davon, sondern fragte sie ein bisschen über ihre Garderobe aus. Röcke? Nein. Kleider? Um Himmelswillen! Schuhe? Solche. Dabei deutete sie auf ihre hinunter – sagen wir mal sehr zweckmäßige Arbeitsschuhe. Was sie von hochhackigen Schuhen hielte? Verwundert sah sie mich an. Wozu denn das? Schließlich fragte ich sie, ob Männern weibliche Frauen gefielen? Nach kurzem Nachdenken nickte sie. Ich konnte in ihren Zügen förmlich stufenweise ablesen, wie ihr einiges klar wurde. Langer Rede kurzer Sinn: Eine Viertelstunde später war sie Feuer und Flamme für einen vollständigen Garderobewechsel, gleich morgen würde sie einkaufen gehen. Die leger-flapsige Frau, die eine Stunde zuvor den Raum betreten hatte, war nicht wiederzuerkennen. Ihr Gesicht glühte vor Begeisterung, Ihre Energie hatte sich verblüffend verändert.

Wie bei allen Dienstleistern gibt es auch bei Schamanen welche, die nicht viel Ahnung davon haben, was sie tun. Das sehe ich aber nicht als Problem an und schon gar nicht als generelle Warnung vor dieser Zunft. Wie immer ist es wesentlich, auf das zu hören, was man in sich spürt, also wahrzunehmen. Sollte man trotzdem einmal auf ein Windei hereinfallen, dann ist diese Erfahrung dennoch nützlich, wenn es einem gelingt, sich an die wahrscheinlich vorher vorhandenen Zweifel oder an das mulmige Gefühl zu erinnern. Man weiß so auf jeden Fall, wie sich diese innere Stimme anfühlt, und was dabei herauskommt, wenn man sie verleugnet.

Nichts ist vergebens, alles kann man für sich nutzen, wenn man es in den Dienst der Wahrnehmung stellt.

Anteile integrieren

Es war bei einer Ausbildung zu geistigem Sehen, als ich ein Schlüsselerlebnis hatte für die Methode, die ich ab dort entwickelte, sie vor allem an mir selbst ausprobierte und als effizient erkannt habe. Es ist nicht schlecht, wenn man jemanden hat, der einem bei dem Prozess begleitet. Aber man kann ihn auch alleine durchlaufen, braucht also, außer etwas Ruhe, keine weitere Hilfe. Keine Werkzeuge, nichts sonst. Man kann sie also immer und überall anwenden, ist vollkommen autark. Im Lauf der Jahre kam ich stückchenweise dahinter, wieso sie so verblüffend effizient ist.

Bei besagter Ausbildungssession war die Aufgabe, einen beliebigen störenden Energieanteil in sich selbst zu orten, ihn herauszuholen und in ein virtuelles Feuer in der Mitte der Runde zu werfen, um sich anschließend den dort gereinigten, entpersönlichten und nun neutralen Anteil wieder zuzuführen. Als ich diesem Anteil gegenüberstand, sträubte sich etwas in mir, ihn zu vernichten, um diese Energie loszusein. Ich ließ mich auf einen Dialog ein und, siehe da, er wechselte die Fronten und versprach mir, in Zukunft für mich zu kämpfen.

Seit damals bin ich oft zu meinen Anteilen gereist, die für mich destruktiv waren. Jedes einzelne Mal war ein Erlebnis für mich, jedes der Erlebnisse überraschend und anders und oft haben sich Probleme dadurch gelöst. Jedes Mal erhielt ich eine hilfreiche Erkenntnis.

In einem eigenen Buch werde ich näher mit Beispielen auf diesen Prozess eingehen, doch möchte ich ihn hier so weit beschreiben, dass Sie ihn schon einmal bei Bedarf sofort nutzen können.

Suchen Sie sich einen Ort aus, an dem Sie wenigstens eine halbe Stunde ungestört für sich haben. Wenn Sie jemanden Kompetenten kennen, die oder der Sie begleiten kann, dann empfehle ich das. Diese andere Person gibt Ihnen die Schritte vor und Sie erzählen, was Sie erleben – so bleibt man als Ungeübter leichter am Ball. Wenn Sie möchten, können Sie leise instrumentale Meditationsmusik (keine Worte, kein Gesang, wenig Rhythmus) währenddessen hören, am besten ein einziges Stück für die gesamte Dauer.

Setzen Sie sich aufrecht hin und entspannen Sie sich mit einigen Atemzügen. Lassen Sie sich Zeit damit, um alle Glieder, den Rumpf und den Kopf einzeln durchzugehen, um zu spüren, wie sie sich der Schwerkraft hingeben und atmen Sie bewusst.

Wenn Sie zur Ruhe gekommen sind und sich von allen Alltagsgedanken abgekoppelt haben, versuchen Sie die Emotion, die mit dem ausgewählten Thema zusammenhängt, zu fühlen. Zugleich spüren Sie nach, *wo* die Emotion sitzt. Im Bauch? Im Hals? In der Brust? Oder an mehreren Orten zugleich?

Wenn Sie sie lokalisiert haben, dann beobachten Sie sie und versuchen auszumachen, *wie sie ist.* Welche Farbe hat sie? Wie ist ihre Beschaffenheit? Hart? Feucht? Quallig? Wie ist ihre Oberfläche? Fest? Schleimig? Stachelig? Trocken oder feucht? Lassen Sie sich Zeit dabei und beobachten Sie genau. Sie haben momentan nichts anderes zu tun als zu beobachten.

Sollten sich Gedanken einschleichen, dann schicken Sie sie sanft aber bestimmt weg. Konzentrieren Sie sich darauf, immer im Beobachten zu bleiben.

Lassen Sie alles zu, was Sie wahrnehmen und haben Sie keine Angst. Es kann Ihnen nichts geschehen, da Sie sich ja nicht irgendwelcher Hilfsmittel wie Drogen oder Medikamenten bedient haben! Es können die verrücktesten Dinge geschehen. Manchmal zum Beispiel verstecken sich Anteile. Sie spüren, wenn sich das, worauf Sie innerlich blicken, sich nicht echt anfühlt. In so einem Fall schicken Sie dem Anteil liebevolle Gedanken und versichern Sie ihm, dass Sie ihm nichts tun werden. Vergessen Sie nie, dass, auch dann, wenn Sie dieser Anteil in der Vergangenheit arg drangsaliert hat, es trotzdem *ein Teil von Ihnen* ist. Sie haben es nicht mit einem Feind zu tun, sondern mit etwas, das Sie sehr gut kennt und dieses Know-how auch *für Sie* einsetzen kann, anstatt gegen Sie wie bisher.

Wenn Sie den Anteil vor sich haben, können Sie versuchen, mit ihm zu kommunizieren. Fragen Sie ihn zum Beispiel, ob er der ist, für den Sie ihn halten.

Es kann sein, dass Sie etwas fühlen oder dass Sie etwas riechen. Die Kommunikation kann auf allen Kanälen erfolgen. Lassen Sie alle Bilder zu, aber *ergründen Sie nie und analysieren Sie nie!* Bleiben Sie beim reinen Beobachten und Fragen. Seien Sie neugierig.

Vielleicht gelangen Sie irgendwann zu einem Punkt, an dem der Dialog ruhig wird und zum Stocken zu kommen scheint. Wenn Sie spüren, dass es möglich scheint, fragen Sie den Anteil, ob er zu einem Deal bereit wäre, es wäre ein Win-Win-Deal, von dem Sie beide etwas hätten, er und Sie gleichermaßen. Warten Sie nicht unbedingt, bis ein Nein oder Ja auftaucht, sondern fahren Sie fort, wie dieser Deal aussehen soll.

Sie könnten zum Beispiel das sagen: »Lieber Anteil … (benennen Sie ihn, zum Beispiel ›Wut‹ oder ›Angst‹ oder ›Mutlosigkeit‹ oder das, was er repräsentiert), wir kennen uns schon so lange … ich habe durch dich in der Vergangenheit viel gelitten (oder verpasst oder verloren oder was auch immer). Ich weiß, dass du in deiner Kammer isoliert bist vom Leben und nur dich hast und meine Kraft, die dich am Leben erhält. Ich weiß, dass du Angst davor hast, zu vergehen, wenn ich dir keine Kraft mehr zukommen lasse. Ich weiß aber auch, dass du mich in gewissen Belangen sehr gut kennst. Ich würde mir wünschen, dass du und ich zusammenarbeiten können, anstatt dass wir getrennt handeln. Wie wäre es für dich, wenn du dein einsames Dasein aufgäbst und mich ersatzweise unterstützt? Dafür teile ich mit die die ganze farbige Palette des Lebens. So haben wir beide etwas davon.«

Bitte lernen Sie diese Ansprache nicht auswendig, sondern sagen Sie das, was sich für Sie in diesem Augenblick stimmig anfühlt. Auch muss es nicht so eine lange Rede am Stück sein, sondern kann ein Dialog werden, zum Beispiel indem Sie zwischendurch fragen, was der Anteil davon hält.

Zu den ›Antworten‹ des Anteils: Ich persönlich höre sie nicht akustisch, sondern die Botschaften sind auf einmal ›da‹. Das kann man sich so vorstellen, als hätte man es soeben gehört. Das können Bilder, Sätze oder auch alles andere sein, etwa ein Geruch, der eine Assoziation auslöst. Gerade für das ›Hören‹ der Antworten ist es wichtig, selbst nicht zu denken, sondern darauf zu achten, immer nur im Beobachtungsmodus zu sein. Auch die Fragen, also all ihre Teile des Dialogs, sollen nicht erdacht sein, sondern ganz natürlich aus Ihnen aufsteigen. Haben Sie einmal keine Idee, was Sie fragen könnten, so warten Sie einfach. Haben Sie Geduld und lassen Sie sich Zeit. Aber gleiten Sie nicht ins Denken ab!

Sollten Sie Zustimmung erhalten, dann lassen Sie den Anteil vorschlagen, was er ab nun repräsentieren will. Greifen Sie auf keinen Fall mit irgendwelchen Vorschlägen ein! Diese Kontextänderung ist insofern wichtig, weil ja die Trigger, also die Anreize von außen, nach wie vor auf diesen Anteil zeigen. Nur dass ab nun nicht mehr die altbekannte Reaktion erfolgt, sondern die neue Qualität, die oft das Gegenteil ist. Mit anderen Worten: Wenn jemand bisher etwas getan hat, was Sie zu dem bisherigen unerwünschten Verhalten animiert hat, zum Beispiel Wut oder Zurückziehen, dann wird nun die neue Eigenschaft ausgelöst. Das sehen Sie jetzt gleich in einem Beispiel.

Und hier ist es auch schon: Ein Mann wollte den Anteil integrieren, der in ihm bei Begegnungen mit Menschen Wut samt einem abschätzigen Gefühl auslöste ›Die sind ja alle nur dumm‹, die sich akribisch an die Corona-Maßnahmen hielten. Der Anteil, der sich in der Nähe der Prostata zeigte, stellte sich als bleicher Kugelfisch heraus mit einigen noppenartigen Ausstülpungen, ganz außen mit winzigen Trompeten – ein rührendes, liebenswertes Wesen. Sobald der Mann dieses Gefühl von Verachtung spürte, färbte sich der Kugelfisch rot. Überraschenderweise war weder eine vorsichtige Annäherung notwendig, noch ein großes Gespräch, denn der Fisch sagte von sich aus: »Ich wäre so viel lieber Mitgefühl … ist das möglich?« Ab da lösten solche Äußerungen statt der Wut bei ihm – Mitgefühl aus.

So einfach kann Veränderung auch sein.

Bei mir selbst ist keine einzige Sitzung ähnlich verlaufen, jede war völlig anders. Mittlerweile bin ich immer neugierig, was mir nun wieder begegnen wird. Ich bin allen möglichen Wesen begegnet, manche waren aggressiv, andere haben sich in einem Nebel verborgen gehalten. Als ich mich einmal auf die Suche nach der Angst begab, stellte ich verblüfft fest, dass es gleich mehrere Angstanteile waren. Doch nach der Transformation waren alle in ihrer Art große Hilfen.

Wichtig ist bei diesen Begegnungen immer, sich dem Anteil liebevoll zu nähern, ihm keine Angst zu machen. Denn die hat er ständig, die Angst, vernichtet zu werden.

Sollte der Versuch fehlschlagen, dann probieren Sie es ein andermal wieder. Ich habe auch schon Situationen erlebt, bei denen es einfach nicht gepasst hat. Es macht keinen Sinn, dann mit dem Kopf durch die Wand zu wollen. Es ist dann lediglich der falsche Moment, vermutlich weil vor der Arbeit noch ein anderes wichtiges Erlebnis aussteht.

Wie bei allen Therapieansätzen kann es auch bei dieser sein, dass er nicht funktioniert. Das ist kein Drama. Es ist wichtig, zu wissen: Veränderungen können unter Umständen nicht stattfinden, weil das Leid noch für unsere Entwicklung wichtige Erlebnisse in petto hält. Man muss in so einem Fall vielleicht noch etwas anderes an seiner Persönlichkeit erledigen oder die Methode passt für einen generell nicht. Zum Glück ist es ja nicht die einzige.

Neue Landkarte

Gleichgültig, welche Arbeit man macht, eines sollte man nie vergessen, da sonst der Erfolg nicht lange anhält:

Machen Sie danach eine neue emotionale Landkarte.

Die ist deshalb notwendig, weil Ihr ganzes Körpersystem sich an den veränderten Zustand gewöhnen muss, beziehungsweise immer wieder daran erinnert werden soll. Tun Sie das nicht, kann Ihr Verhalten wieder in den alten Zustand zurückschnappen.

Eine emotionale Landkarte erstellen Sie so: Direkt nach der Arbeit verspürt man gewöhnlich Erleichterung. Diese Erleichterung sollte man allen Ebenen seiner selbst mitteilen und diese Mitteilung festigen. Änderungen betreffen generell immer vier Ebenen in uns.

Nehmen Sie einen Zettel zur Hand und notieren Sie Folgendes:

1. Die körperliche Ebene. Überlegen Sie sich eine *Bewegung*, die zu dem neuen Gefühl passt.
2. Dann die mentale Ebene. Finden Sie ein paar *Wörter*, die zu der neuen Situation passen.
3. Die dritte ist die seelische Ebene. Wählen Sie für sie ein *inneres Bild* aus.
4. Die vierte, die geistige Ebene lässt sich am schwersten einfangen, denn Sie brauchen eine Empfindung aus dem tiefen Inneren für den neuen Zustand. Diese allzusammenfassende Wahrnehmung, dass alles eins ist.

Diesen Zettel legen Sie neben Ihr Bett. Jeden Tag, nachdem Sie erwacht sind, nehmen Sie ihn als Erstes zur Hand.

Lassen Sie ganz bewusst die vier Einzelheiten nacheinander auf sich wirken – in der beschriebenen Reihenfolge oder, nach etwas Übung gleichzeitig. Sie brauchen dafür lediglich pro Tag zwei Minuten.

Machen Sie das 21 Tage lang hintereinander und lassen Sie keinen Tag aus. Haben Sie Stille zur Verfügung, können Sie das kleine Ritual auch während des Tages wiederholen.

Erst danach können Sie ziemlich sicher sein, dass dieser Anteil wirklich bei Ihnen bleibt und nicht wieder ins alte Verhalten zurückfällt.

Licht sein

Wir haben so viel über Licht gesprochen, dass wir es ruhig auch in unseren Alltag mitnehmen können. Dabei helfen uns vor allem zwei Gegebenheiten weiter.

Zum einen besinnen wir uns zurück an das Kapitel *›Segel und Steuer‹. Wir erhalten unablässig Energie, die uns, durch unsere Emotionen ›eingefärbt‹, wieder verlässt,* heißt es dort.

In *›Sehnsucht und Abscheu‹* haben wir von der Skala David Hawkins' erfahren. Den Mut, um den es dort geht, kann man gut nachvollziehen in dem kühnen Sprung eines fliegenden Fisches, wenn er die Wasseroberfläche durchbricht. Diese Trennlinie zwischen dem Nass und der Luft ist der Mut, der uns befähigt, uns unserer Fesseln energisch zu entledigen; der uns in die Lage versetzt, unserem bisher gewohnten Raum des zwar Leids aber doch Bekannten zu entkommen, um nun gänzlich neue Energien zu nutzen, die uns vorwärtsbringen.

Damit Sie sich jeden Tag dieser neuen, kraftvollen Energie bewusst sind, möchte ich Ihnen nun eine Übung mitgeben, mit der Sie sozusagen jeden Tag Anlauf nehmen, um über sich selbst hinauszufliegen.

Sie steht ganz zu Beginn unseres täglichen Bewusstwerdens – und zwar dann, wenn Sie zwar morgens schon erwacht sind, aber noch nicht die Augen geöffnet haben. Und Sie behalten für diese Übung auch Ihre Augen noch geschlossen. Stellen Sie sich vor, sie hätten um sich herum eine Blase aus reinem Licht. Die Hülle bewegt sich zart wie

Tang in der Dünung, ist nie ganz still. Das in dieser Blase wogende Licht ist dasselbe, das Sie unablässig erhalten, rein und hell. Spüren Sie, wie es Sie durchdringt, mit jedem selbsttätigen Atemzug Ihre Lungen füllt und Sie mit dem Ausatmen verlässt. Sie sind von strahlendem Licht umgeben und spüren, wie es durch Sie hindurchfließt. Nehmen Sie diesen Zustand eine Minute lang – natürlich auch länger, wenn es möglich ist – bewusst wahr. Sie sind ein geistiges Wesen, dass die Welt formt. Ihre eigene und alles mit Ihnen Verbundene. Erinnern Sie sich daran, dass wahre Liebe zu leben bedeutet, diese ständig in Sie fließende Lichtenergie möglichst nicht durch niedrigschwingende Emotionen zu verdunkeln. Je lichter Sie sie wieder loslassen und weiterfließen lassen können, umso reiner ›lieben‹ und leben Sie.

Sie können sich auch an die Bewusstseinsebenen über 200 erinnern und daran, dass jemand mit ›nur‹ 300 bereits 90.000 Menschen mit unter 200 aufwiegen kann. Und dass es völlig genügt, Sie *sind* einfach in diesem Zustand. Es ist weder nötig, Menschen von einer Bühne herunter zu begeistern, ein Buch zu schreiben oder über Youtube-Videos Menschen zu inspirieren. Es genügt, *in diesem Zustand zu sein!* Denn Energie *wirkt* einfach. Sie sind damit ein Lichtbringer!

Nach dieser Minute – oder eventuell etwas mehr – dehnen und strecken Sie sich und nehmen sich vor, diese Energie nun in den jungen Tag mitzunehmen, und öffnen lächelnd Ihre Augen. Und: Egal, was Sie heute erwarten wird, erinnern Sie sich daran, dass Sie zu jedem Moment ein Lichtbringer sein können.

Ich wünsche Ihnen wunderbare Tage!

Neuer Alltag

Vielleicht denken Sie, Mönche in tibetischen Klöstern haben es einfach, in ihrer Mitte zu sein, denn die haben schließlich keine Tochter in der Pubertät, keinen Kotzbrocken im gleichen Büro und auch keinen Installateur, der zu viel berechnet hat. Abgesehen davon, dass die endlos meditieren können und dabei nicht vom Nachbarn, der sich einen Hammer ausleihen möchte, unterbrochen werden.

Nein, es liegt nicht an den Umständen, dass man sich wohlfühlen kann.

Es gibt manche Menschen, die Erleuchtungserlebnisse gehabt oder in einem Nahtoderlebnis erfahren haben, dass es ein unglaublich anderes Sein gibt, als das, in dem wir noch tagein tagaus stecken. Zwar haben diese Menschen den kleinen Bonus, dass sie zumindest diesen Zustand einmal kennengelernt haben. Doch selbst dann überwuchert der Alltag diese Empfindungen wieder, und sie leuchten nur noch selten dazwischen heraus und verblassen irgendwann ganz. Doch man braucht nicht zwingend solche Erlebnisse, um sein Leben zu verbessern.

Mit jedem kleinen Schritt, mit dem es einem gelingt, wieder mehr man selbst zu sein, ändert sich etwas in der Beziehung zu sich selbst und von einem zur Umwelt. Und die Umwelt antwortet darauf. Sicher haben Sie schon einmal bemerkt, dass Ihnen viel mehr fröhliche Leute begegnen, wenn Sie zum Beispiel verliebt sind. Geht es Ihnen hingegen nicht gut, dann scheint einem auch die Umwelt mit einem feindlicheren Grundton zu begegnen. Mitunter mutiert sogar Gutgemeintes zum Angriff.

Glauben Sie mir, es scheint immer so, als ob sich die Umwelt an Sie anpassen würde. Das ist eine wunderbare Nachricht, sollte Ihnen das nicht aufgefallen sein. Denn sie bedeutet, dass alles besser wird, sobald es *Ihnen* besser geht.

Mit jedem Anteil, den Sie dazu motivieren konnten, sich aus seiner Isolation zu lösen und sich wieder aktiv in seine ursprüngliche Gemeinschaft mit Ihnen und damit auch den anderen zu begeben, verändert sich die Welt ein wenig und sie wird Ihnen von Mal zu Mal mehr zulächeln.

Indem es Ihnen besser geht, verschönern Sie nicht nur Ihr eigenes Leben, sondern breiten auch ein bisschen Glanz über Ihre Umgebung.

Somit werden Sie zu einer der Personen, die aus unserer lieblosen und kalten Welt Schritt für Schritt eine machen, deren Namen Sie vielleicht schon einmal gehört haben: Paradies.

Zukunft

Vor der Coronakrise hätte ich dieses Kapitel vermutlich nicht geschrieben. Doch angesichts der Verzweiflung und Ratlosigkeit vieler, wie es nun weitergehen mag, möchte ich das Thema als Abschluss dieses Buchs und damit als Aussicht auf eine bessere Zukunft nehmen.

›Es wird nie wieder so werden wie vorher‹, lautet die drohende Prophezeiung von Klaus Schwab, dem Gründer des Weltwirtschaftsforums. Und das wird es tatsächlich nicht. Allerdings wird die Zukunft ganz anders werden als seine düsteren Prognosen, die für den größten Teil der Menschheit ein unwürdiges Leben bedeuten.

Was wir derzeit erleben, ist nichts anderes als ein Topf, der dermaßen viel Druck angesammelt hat, dass der Deckel wegfliegt. Gründlich und in allen Belangen.

Man redet immer nur von der eben noch verhinderten Finanzkrise um 2008, dass es diesbezüglich nun noch schlimmer käme und man alles versuchen würde, den totalen Crash zu vermeiden. Das ist aber nicht einmal die halbe Wahrheit und kaschiert etwas völlig anderes: Es hängt nicht nur unser Finanzsystem schief, sondern so gut wie alles. Wirtschaft, Soziales, Ethik – die Fehlentwicklung zieht sich durch all unsere Lebensbereiche.

Mittlerweile werden neue Parteien gegründet und lebhaft an deren Programmen gearbeitet. Ich bezweifle aber, dass sich das aktuelle System reparieren lässt, denn zu tief liegt die Wurzel für alles Übel, das wir heute bei genauerem Hinsehen überall beobachten können. Wir haben über unzählige Generationen ein zu falsches Verhältnis und Verhalten allem und auch uns gegenüber aufgebaut, als dass man es im Handumdrehen geradebiegen könnte. Aus diesem Grund glaube ich nicht, dass der Versuch, eine Basisdemokratie einzuführen, genügt. Wir werden grundlegend und in allen Belangen umdenken lernen müssen. Was für einen Umfang das haben wird, wage ich mir gar nicht vorzustellen. Denn es muss wirklich *alles* anders werden! So einfach werden wir also nicht davonkommen. Selbst wenn manche Menschen zu einer Veränderung *bereit* sein mögen, so wird sie nur einem kleinen Teil *gelingen.* Der allergrößte Teil macht sich keine großen Gedanken über das Leben. Vielleicht empfinden Sie diese Aussage als überheblich. Das ist sie nicht. Nur, wäre es nicht so, dann hätten Menschen wie die aktuelle Finanzelite nicht die geringste Chance, ihre Programme auch nur ansatzweise umzusetzen, geschweige denn ganze Nationen in Angst und Schrecken zu versetzen.

Die neue Zeit wird nicht von oben her ›gebaut‹ werden, sondern sie wird sich von unten nach oben entwickeln. Wie – von unten nach oben …?

Wir Menschen neigen dazu, immer alles zu planen. In vielen Fällen ist eine gewisse Planung unerlässlich, das möchte ich gar nicht bestreiten. Zum Beispiel hätte man ohne Planung nie ein 830 Meter hohes Gebäude in den Wüstensand von Dubai setzen können, wenn nicht vorher gehörig geplant worden wäre. Diese Art von Planung meine ich aber nicht. Denn sie ist das Ergebnis einer Jahrtausende alten Entwicklung in Sachen Gebäudeerrichtung.

Der Anfang auch davon war klein und unbeholfen – eine Evolution. Unablässig wird bei so einem Prozess ausgelotet, was funktioniert und was nicht, verworfen und neu konzipiert. Dass ein Funktionieren letztlich ein Indiz dafür ist, dass der Weg zum Schöpfungsplan passt, das entgeht uns schon seit Langem. Ein mühevoller Weg von ›Versuch und Irrtum‹. Gingen wir weniger verstandlich an alle Aufgaben und dafür mehr intuitiv, würden sich die Irrtum-Erlebnisse dieses Prozesses erheblich reduzieren. Eigentlich wäre es so einfach, stünde uns nicht ständig das eigene Besserwissenwollen im Wege.

Was zeichnet einen frischen, appetitlichen Apfel gegenüber einem mit braunen Flecken aus? All seine Zellen sind gesund. Oder ein anderes Beispiel: Ist es bei einem Haus egal, ob die Ziegel, aus denen es erbaut wird, tragfähig sind? Nein. Zwar wird es einige nicht perfekte Steine nicht gleich zum Einstürzen bringen, aber nur dann, wenn die wichtigen Positionen verlässlich sind. Kann man also demnach eine funktionierende, gegenseitig empathische Gesellschaft aufbauen, wenn viele ihrer Mitglieder andere Interessen haben? Das kann nicht funktionieren. Was dabei herauskommt, wenn jeder nur seine eigenen Interessen vertritt, das zeigt uns ja aktuell die angeblich ungeregelte Marktwirtschaft. Es ist sogar schon so weit, dass es ein Gentlemandelikt ist, jemand anderen über den Tisch zu ziehen – hätte er halt besser aufgepasst, wäre er stärker gewesen, hätte er schlauer gehandelt, dann wäre ihm das nicht widerfahren. All diese Argumente sind zwar durchaus korrekt, nur es fehlt etwas Grundlegendes dabei – die

Zuwendung. Oder auch ›Liebe‹, wenn Sie so wollen. Kommt Ihnen bei dieser Erwähnung etwas in den Sinn? Genau. Im Kapitel *›Das Dunkel‹* haben wir gesehen, was geschieht, wenn der Genialität die Liebe abhandenkommt. Legen wir diese Erkenntnis auf die heutige Lage um, dann sehen wir ganz klar, was fehlt.

Wir werden grundlegend umdenken müssen! Und zwar so grundlegend, wie wir uns das heute nicht ansatzweise vorstellen können. Zwei kleine Ausblicke auf die Richtung:

1. Stellen Sie sich vor, dass in jeder Unterhaltung das Gegenüber bei anderer Meinung zuerst versucht, die Position des anderen zu verstehen, bevor man gemeinsam einen Konsens sucht (siehe Kapitel *›Die neue Kommunikation‹*).
2. Stellen Sie sich vor, was geschehen würde, wenn jeder als erstes Ziel hätte, dass es allen um ihn herum gut geht.

Vielleicht denken Sie reflexmäßig bei dem zweiten Beispiel, dass man sich augenblicklich ausgesaugt unter den Rädern wiederfinden würde. Wenn es nach aktuellem marktwirtschaftlichem Plan ginge, natürlich schon. Deshalb muss man speziell am Anfang sehr wachsam sein, wenn man diese neue Beziehung zum Andern anwendet. Aber muss nicht alles neu werden?

Diese beiden Aspekte im Zusammenleben kann man nicht verordnen. Sie sind etwas, das aus besserem Wissen und Erkenntnis bei jedem einzelnen Menschen als Wunsch, als Sehnsucht entstehen muss. Verstehen Sie nun, warum die Veränderung vom Einzelnen ausgehen muss?

Die Veränderung muss im Sinne einer Evolution aus der Sehnsucht jedes Einzelnen wachsen. Zuerst ist die Fläche braun und öde, während lediglich eine Menge kleiner, weißer Pünktchen auf ihr verstreut sind. Doch Tag für Tag regt sich etwas, hier und dort schiebt sich etwas Frisch-Grünes aus den Pünktchen, etwas Buntes. Und eines Tages – und das muss keineswegs sehr lange dauern, stehen wir als prächtige Blüte inmitten einer wunderbaren Wiese, über die sanft der Wind streicht.

Das sind keine hoffnungsvollen Fantasiebilder, die ich Ihnen versuche einzupflanzen. Und es sind auch keine romantischen Wünsche nach einem ohnehin nie erreichbaren Paradies. Sollten Sie das denken, so sind Sie auf dem Holzweg. Diese bunte Blumenwiese ist die einzige Alternative, die wir haben. Alles andere führt uns mit Sicherheit in den Abgrund. Wie nahe wir dem stehen, ahnen wir zum Glück nicht.

Abschließend möchte ich noch einmal etwas betonen, was uns in dem Kapitel *›Sehnsucht und Abscheu‹* begegnet ist und das ein großes Potenzial der Hoffnung in sich birgt. Dort konnten Sie lesen: »So wiegt ein Mensch mit Bewusstheitsgrad 300 bereits 90.000 Menschen mit einem unter 200 auf, jemand mit 600 bereits 10 Millionen Menschen unter 200!«

Sie brauchen keine Heilige zu sein und auch kein erleuchteter Guru. Wenn es Ihnen gelingt, einen Durchschnittslevel von nur 300 zu schaffen – und bei gutem Bemühen ist das keine Utopie – dann wiegen Sie immerhin 90.000 der Menschen unter 200 auf. Damit bewegen Sie unendlich viel mehr, als Sie je geahnt hatten, in der Lage zu sein.

Ist das nicht eine Aussicht, die zu erreichen es sich lohnt, indem Sie einfach nur, so oft Sie daran denken, bewusst *Liebe in jede Ihrer Handlungen* zu legen?

Kompakt

Nach so vielen ›Kompakts‹ geht es eigentlich gar nicht ohne ein allgemeines.

Es gibt ja den schönen Spruch: ›Warum einfach, wenns kompliziert auch geht?‹ Den könnte man trefflich auf uns Menschen allgemein anwenden. Das ganze Verstehen, das ich in diesem Buch vermitteln will, wäre nicht notwendig, hätten wir uns nicht in unseren Verstand verstiegen. Dadurch ist uns das natürliche Gespür abhandengekommen, was richtig und falsch ist, stimmig und nicht stimmig sowie wichtig und unwichtig. Wir haben unsere Reise zurück in unsere geistige Heimat unnötig verlängert und dadurch unsagbar viel Leid verteilt und selbst erleben müssen. Aber so ist es nun halt einmal geworden – oder: haben wir es gemacht.

Verabschieden möchte ich mich von Ihnen mit den ersten Strophen eines Schlagers aus dem Jahr 1964. Er stammt von einer Gruppe, die sich interessanterweise *The Seekers* – die Sucher – genannt haben:

Lemon Tree

When I was but a little boy, my father said to me

»Come here and learn a lesson from the lovely lemon tree.«

»My son, it's most important,« my father said to me

»To put your trust in what you feel and not in what you see.«

Lemon tree, very pretty, and the lemon flower is sweet

but the fruit of the poor lemon is impossible to eat

Zitronenbaum

Als ich noch ein kleiner Junge war, sagte mein Vater zu mir

»Komm her und lerne eine Lektion vom schönen Zitronenbaum.«

»Mein Sohn, es ist sehr wichtig«, sagte mein Vater zu mir.

»sich auf das zu verlassen, was man fühlt und nicht, auf was man sieht.«

Zitronenbaum, so schön, und die Zitronenblüte ist süß,

doch die Frucht der armen Zitrone ist einfach ungenießbar.

Urvertrauen auch im Internet:
https://urvertrauen.jetzt

Anhang

Über den Autor

Martin Danesch ist 1952 in São Paulo in Brasilien geboren, mit zwei Jahren in die Schweiz übersiedelt, hat ab dreizehn drei Jahre in einem süddeutschen Internat verbracht, das Gymnasium anschließend in Innsbruck abgeschlossen und ebendort studiert. Nach einigen interessanten Stellen in der Privatwirtschaft machte er sich 1982 selbstständig und hatte über dreißig Jahre eine IT-Firma, die Software für große Unternehmen, zuletzt vornehmlich Baufirmen, erstellte. Nach der Jahrtausendwende wandte er sich dem psychologisch-spirituellen Bereich zu, um so seinem schon immer bestehenden Interesse an den großen Zusammenhängen und Fragen besser nachkommen zu können. Im Rahmen der neuen Zielrichtung erwarb er fundierte Kenntnisse in Energiearbeit, geistigem Sehen, Schamanismus und Psychotherapie. Er begann zu schreiben und verarbeitete in all seinen Romanen Themen wie die Frage nach dem Sinn des Lebens, Reinkarnation und die Schöpfungsgesetze. Als sozusagen Gegengewicht hat er ein Programm für Schriftsteller entwickelt, das sehr beliebt und Autoren aller Genres eine wertvolles Werkzeug ist.

Im Text genannte Bücher

Abd-ru-shin: Im Lichte der Wahrheit
Das für mich grundlegende Werk zum Verständnis der Zusammenhänge in unserem Universum, speziell in Bezug auf unsere geistige Herkunft und menschliche Aufgabe.

Eben Alexander: Blick in die Ewigkeit
Ein renommierter Neurochirurg erkrankt an einer seltenen Hirnhautentzündung. Er fällt ins Koma, sein Gehirn irreparabel geschädigt. Zurückgekehrt ins Leben berichtet er.

David R. Hawkins: Die Ebenen des Bewusstseins
Hawkins hat herausgefunden, dass man mit der kinesiologischen Muskeltestmethode Qualitäten des menschlichen Bewusstseins (Scham, Mut, Liebe, …) eichen kann.

Jean Liedloff: Auf der Suche nach dem verlorenen Glück
Die Autorin, die mehrere Jahre bei den Yequana-Indianern im Dschungel Venezuelas gelebt hat, schildert deren harmonisches, glückliches Zusammenleben und entdeckt dessen Wurzeln im Umgang dieser Menschen mit ihren Kindern.

Wolfgang Maly: Die Maly-Meditation
Eine Meditation, die durch ihre Einfachheit wirkt. Man kann sie nur für sich selbst aber auch für andere durchführen, mit und ohne Handauflegen.

Weitere Bücher von Martin Danesch

Corona-Chance

Eine neue Weltsicht – Sachbuch, 2020

Ist die Krise wirklich eine Krise oder ein kathartischer Prozess, aus dem eine neue Welt hervorgehen wird? Mit Blick auf die für jeden sichtbaren Fakten, aber auch auf die menschheitsgeschichtlichen Hintergründe.

Parallelreise I und II

Aufbruch – Reifung – Roman, 2018/2019

Die ersten beiden Bände einer Trilogie, die in Griechenland und Bhutan handelt und die manchmal leidvolle Entwicklung beschreibt, bis man zueinanderfinden kann.

Airport Madrid

Eine Managerin findet sich selbst – Roman, 2018

Eine toughe Managerin wird durch ein kleines Ereignis aus der Bahn geworfen und findet zu sich selbst auf einer abenteuerlichen Reise, die sie bis zu Schamanen im peruanischen Dschungel führt.

Bühnenzauber

Ein Mann findet zu sich – Roman, 2018

Der Beziehungs-Loser Julian Hesse erlebt darin eine anfixende Cross-over-Geschichte in einer neuen Mischung aus Liebe, Spannung und spiritueller Weisheit.

Ich möchte gern ein Buch schreiben

Ein Prozessbegleiter von der Idee bis zur Veröffentlichung – Sachbuch, 2017

Ein Sachbuch, das Autoren darauf vorbereiten soll, was sie alles auf ihrer Reise beim Schreiben erwartet – von der Idee bis zur Veröffentlichung.

Nur sieben Worte I und II und III

Begegnung – Meisterung – Sieben Worte – Romantrilogie, 2017/2018

Manchmal können Kleinigkeiten wie sieben Worte völlig andere Lebenspläne bewirken. Im ersten Band begegnen sich Bernhard und Margot. Der Beginn des zweiten und dritten Bandes sind zwei unterschiedliche Enden der im ersten Band begonnenen Geschichte, die sich in zwei Leben für die Protagonisten entwickeln, wie sie unterschiedlicher nicht sein könnten.

Lachsspringen

Sich finden geht in Wirklichkeit ganz anders – Roman, 2014

Hektor Maria Weiland hat alles erreicht, aber er möchte das nicht alleine genießen. So macht er sich auf einen abenteuerlichen Weg, auf dem er seinem Herzen folgt, um seinen Wunsch erfüllt zu bekommen.